최근 한국교회에서 젠더 이슈와 성도덕에 대한 위기의식이 널리 공유되고 있다. 개인의 자유와 선택을 지고한 가치로 추구하는 풍조는 분명 기독교 신앙과 어긋나는 것이다. 그러나 이에 대한 대응이 근대 신념의 변화에 대한 심층적인 이해 없이 호전적이고 정죄적인 진영 논리에 함몰되면 교회의 위기는 한층 더 깊어질 것으로 예상된다. 저자는 현대인들이 이미 i세계라고 하는 자기 만족과 쾌락 추구의 신념 체계에 사로잡힌 상태에서 교회가 과거의 전통주의인 t세계를 고수하는 것은 사실상 무지와 방기일 뿐이라고 지적하며, 성경의 가르침에 근거하여 관계적인 가치를 중심으로 하는 r세계를 제안한다. 이런 분류와 이해는 단순하면서도 실제적으로 강력한 효능을 발휘할 것이다. 사역자들은 이를 통해 사람들이 어떻게 살아가는지, 무엇을, 왜 믿는지, 또한 좋은 삶이란 무엇인지에 대한 설명 체계를 확보할 수 있기 때문이다. 나는 이 책에서 현대 문화를 향한 반대와 비판으로 채색되는 기독교에 머무르지 않고 매력적인 삶의 대안을 제시하는 기독교 변증의 가능성을 발견한다.

김선일 웨스트민스터신학대학원대학교 실천신학·선교신학 교수

우리가 지나온 t세상으로 돌아가는 것이 회귀일지 회복일지는 아직 알 수가 없다. 코로나 시대를 지나면서 우리에게 더 절실하게 다가오는 공동체의 의미를 깨달음으로써 서로에 대한 책임을 버팀목 삼아 공동의 선을 향하는 r세계로 가기 위해서는 우리를 지금껏 지배해 온 i세계로부터 과감히 벗어나야 한다. 저자는 성, 사랑, 종교, 성취, 관계 등을 두고 벌이는 인류의 기나긴 여정을 조망하면서 우리가 개인주의를 극복하고 깊은 지혜가 내재된 성경적인 가르침에 귀를 기울일 때 더 나은 세계를 그려낼 수 있다고 믿는다. 지금 우리가 직면한 세계의 구조적인 모순과 갈등에 대해 관념론적인 처방은 조금 아쉽지만, 저자는 우리가 진정으로 회복해야 할 인류의 자산이 무엇인지에 관해 진지하게 고민해볼 수 있는 기회를 제공한다.

성석환 장로회신학대학교 교수, 도시공동체연구소장

데일 큐엔은 풍성한 역사적·문화적 통찰을 바탕으로 성 혁명이 어떻게 등장했는지에 대한 이야기를 들려준다. 그는 이런 변화가 사소하지 않다는 사실을 설득력 있게 증명해낸다. 우리의 삶과 사회의 안녕이 위기에 처해 있다는 그의 지적은 옳다.

데니스 홀린저 고든 콘웰 신학교

데일 큐엔의 글에는 우아하고 통찰력이 넘치며 용감하고 진정성 있는 메시지가 담겨 있다. 이 책은 우리 세대가 성적 어두움과 고통에서 벗어나 창조주이자 구원자가 되시는 분을 향한 열망을 통해 인간의 가장 깊은 갈망을 만족시키고 그분의 빛과 치유로 들어가야 한다고 지적하면서, 그 목표를 달성하는 데 도움이 될 만한 성경적으로 빚어진 윤리적 지혜를 제공한다.

조나단 채플린 영국 케임브리지 기독교 윤리를 위한 커비 레잉 연구소

에로틱한 갈망과 이것이 불러오는 개인의 행복 및 사회의 안정 간의 관계는 2400여 년 전 플라톤이 글을 쓰기 시작했을 때부터 진지한 사고의 주제였다. 이런 주제에 대한 데일 큐엔의 현대적 고찰은 육체의 감각 및 인간 영혼의 갈망이 개인의 행복과 맺는 관계에 대한 위대한 철학자들의 통찰 중 다수가 고대 아테네뿐만 아니라 오늘날에도 적용될 수 있다는 사실을 상기시켜준다.

헨리 올슨 미국 기업 연구소 국립 연구 이니셔티브

데일 큐엔은 이 책을 통해 목회자로서는 미시적 수준의 감수성과 영성을, 정치학 교수로서는 거시적 수준의 범위와 연관성을 하나로 통합한다. 이 두 가지를 연결하고 전통적 t세계와 (후기) 근대의 개인주의적 i세계를 잇는 것은 견고한 관계를 기반으로 하는 신학과 사회학이다. 큐엔은 서구 사회의 정체성과 성이라는 가장 개인적인 문제를 공개적으로 다룰 수 있는 한 가지 방법으로서 관계적인 접근을 제시한다. 그의 접근은 기독교 전통에 뿌리를 내리고 있으면서도 대중문화에 더 익숙한 나머지 그런 전통과 조화를 이루지 못

하는 사람들을 배려함으로써 많은 사람들을 포용하고자 한다. 독자들은 이 책을 읽으면서 U2와 우리 시대의 성적 무질서를 잇는 연관성을 발견하게 될 것이다.

고든 프리스 멜버른 리들리 대학

Sex and the iWorld

Rethinking Relationship beyond an Age of Individualism

Dale S. Kuehne

i세계의
섹스를 넘어서

개인주의 시대 이후의

관계를

다시 생각하다

t i r

traditional

relational

ndividualistic

데일 S. 큐엔 지음 · 장혜영 옮김

Sex
and the
iWorld

새물결플러스

당혹스러운 순간 정신을 차릴 수 있도록 해준 E. F. 슈마허에게

우주 안에서 나의 자리를 찾도록 도와준 워커 퍼시에게

나에게 영혼이 있다는 사실을 상기시켜준 폴, 데이비드, 래리, 아담에게

내 영혼을 되찾도록 눈물을 흘려준 나의 아내 레이첼에게

영혼을 이해하도록 도와준 헨리 나우웬에게

영혼의 규칙을 가르쳐준 성 안셀무스 수도원 베네딕도회 수사들에게

내 영혼을 회복시켜준 뉴햄프셔주 교도소 교회(콩코드)에게

이 모든 일이 일어날 수 있도록 도와준 나의 형제 로스에게

우리 인식자들은 우리 자신에게는 알려져 있지 않다.…우리는 불가피하게 자신에게 낯선 사람이 되어 자신을 이해하지 못하는 채로 착각 속에서 살아갈 수밖에 없다. 이는 "각 사람은 자기 자신으로부터 가장 멀리 떨어져 있다"는 말이 모든 사람에게 영구적으로 적용되기 때문이다. 우리는 스스로를 인식할 수 없다.

프리드리히 니체, 『도덕의 계보』

무기고 안에서 지내고 있는 자신을 발견할 수도 있어.

이 세계의 다른 지역에 머물고 있는 자신을 발견할 수도 있으며,

덩치 큰 자동차를 몰고 있는 자신을 발견할 수도 있겠고,

아름다운 집에서 어여쁜 아내와 살고 있는 자신을 발견할 수도 있어.

그리고 자신에게 묻게 될 거야.

음, 나는 어쩌다 여기까지 오게 된 걸까?

토킹 헤즈, 「일생에 단 한 번」

나를 여기로 데려온 사람이 누구든 다시 나를 집으로 데려가야 할 거야.

마틴 조셉, 스튜어트 헨더슨

목차

서문

진 베스키 엘시테인

시카고 대학교 사회정치윤리학 로라 스펠맨 록펠러 교수
조지타운 대학교 미국 자유 재단 리비 의장

우리는 "큰 반향을 불러오는" 질문이나 "분열의 쟁점"들을 이야기한다. 텔레비전 대담 프로그램에서는 이런 문제들의 극단을 대표하는 지지자들을 초대해서 그들이 벌이는 논쟁을 통해 "양쪽이 결코 공존할 수 없다"는 사실을 보여준다. 우리는 이런 장면을 보면서 한탄한다. 우리 중 다수가 그렇다. 동시에 우리는 "원 나잇 스탠드" 문화, 강제 요구에 의한 낙태, 결혼의 의미에 대해 많은 관심을 갖고 있으면서도 그에 대한 토론을 회피하는 경향이 있는데, 공정한 생각과 예의 바른 태도로 이런 문제들을 대하는 것이 얼마나 어려운지를 알기 때문이다. 이런 토론을 하다 보면 정치적으로 궁지에 몰리거나 핵심 없는 끝을 보기 십상이다.

데일 큐엔은 이 중요하고 새로운 작업을 통해 현실에 이런 딜레마가 존재한다는 사실을 인정한다. 말하자면 그 역시 자신이 받아들인 주제들 가운데로 억지로 끌려온 셈이다. 그는 이 문제들을 논의하는 것이 얼마나 어려운지, 누군가의 입장을 왜곡하는 일은 얼마나 쉬운지, 비난보다는 명확성과 이해를 목표로 목소리를 내는 것이 얼마나 외로운지를 잘 알고 있다. 그렇다고 해도 누군가는 회피하고 싶은 문제들을 저울질해보는 것은 중요한데, 이 문제들이 인간을 이해하고 우리 사회의 현재와 미래를 파악하는 데 결정적인 역할을 하기 때문이다. 그리고 이것은 정치인, 목회자, 교사뿐만 아니라 사실상 시민의 자격을 갖는 우리 모두의 책임이다.

큐엔은 우리의 관계 안에서 성이 차지하는 자리를 검토한다. 성적으로 방탕한 사람들과 성적 자유주의자들은 성적 행동을 억압하는 것 자체가 가장 큰 문제라는 태도를 취하면서 현대 미국을 "청교도"로 묘사한다. 이것은 우스운 일이다. 우리는 섹스에 대해 끝도 없는 대화를 나누고 있으며, 이와 관련된 거의 모든 경계가 무너진 상황이다. 성인과 아동 사이의 성적 행위와 같은 문제가 그나마 남아 있는 경계에 포함되는데, 이런 문제에 관해서는 일종의 끔찍한 관음증과 온전한 정의를 침해하면서 성급히 들이대는 가혹한 비난이 공존하고 있다. 십여 년 전 광적인 분위기 속에서 기소된 사건들을 생각해보라. 지은 죄라고는 우리가 스스로 돌보지 않은 아이들을 돌본 것뿐인 무고한 사람들이 감옥에 갇혔으며 이들 중 다수는 종신형을 받았다.

현실적으로는 경계 없는 성적 행위가 만연한 가운데 우리가 "성적으로 억압된" 사회에 살고 있다는 바보 같은 주장이 공존한다. 이 둘에 대한 동시적인 집착을 어떻게 설명할 수 있을지 그것이 문제다. 큐엔은 잃어버린 경계들을 어떻게 복구할 수 있을지를 검토한다. 그는 좌파와 우파의 입장이 모두 적절하지 않기 때문에 "큰 반향을 일으키는" 문제들에 대한 적개심을 일으키지 않음으로써 소위 문화 전쟁을 회피했다고 말한다. 하지만 여전히 자신에게 이야기해야 할 무언가가 있다고 판단했으며, 그것은 고상한 훈계보다는 사려 깊은 비평의 언어로 표현되어야 한다고 여겼다. 그는 이런 목적을 위해 동의의 문제를 제기한다. 문제는 이것이 모든 민감한 성적 문제에 대한 만병통치약이 되어버렸다는 것이다. 그것이 동의하에 이루어진 일인가? 만일 그렇다면 더는 할 말이 없다. 동의는 우리의 판단 기준이자 부적이 되어버렸다. 하지만 이것이 정말로 충분한가?

개인은 물론 사회 전체가 이 깊고 골치 아픈 문제를 회피하기 위해 선택한 한 가지 방법은 현대의 성이라는 거대하고 우려스러운 영역에 대해 고작 법률을 준수하겠다는 접근을 취하는 것이다. 큐엔은 성적 행위로부터 감정을 분리하는 것이 목표가 된 "성 혁명"과 "원 나잇 스탠드" 현상을 통해 두드러지게 나타나는 성적 태도 변화를 추적한다. 그런데 이 끝에는 안타까운 감정만 남는다. 특별히 젊은 여성들을 보면 그렇다. 이에 대한 증거는 많다. 사생아의 출산은 어떠한가? 우리는 아이들이 한부모 가정보다 양부모 가정에서 더 안정적으로 성장한다는 확실한 자료를 가지고 있다. 온전한 가정이 불완전한 가정보다 청소년의 성장에 훨씬 더 유익하다. 예를 들어 아동 학대로부터 아이를 보호하기 위한 최선은 생물학적인 양부모 가정에서 양육되는 것이다. 반면 잠시 지나가는 남성, 말하자면 엄마의 남자 친구가 있는 가정의 아이들은 상대적으로 위험에 처할 가능성이 크다. 하지만 가족의 다양성이라는 이념은 친밀한 관계의 구조와는 상관없이 모든 아이들이 동일한 위험에 처해 있다고 간주함으로써 이런 차이를 인정하지 않는다. 포르노의 급증, 아동 착취, 변태적인 성행위와 같은 "최후 경계"는 어떠한가? 인터넷에는 이런 저급하고 불쾌한 정보가 넘쳐난다. 여기에 높은 수준의 방탕함, 동성애에 대한 때로는 추악한 토론까지 포함하면 우리가 들여다볼 만한 문제들은 많다.

큐엔은 역사적으로 결혼이 탐욕스러운 "나"를 성취하기 위해 만들어진 개인적인 관계가 아니라 사회가 형성되기 위해 꼭 필요한 기초 제도였다는 사실을 상기시킨다. 그는 여기에 우리가 상실할 위기에 처한 서구의 지혜를 적용한다. 또한 가능한 선택들을 검토함으로써, 우리가 상상 불가능하던 것들로부터 수용 가능한 것들로 이동하는 과정에서 왜 공리주의라는 지배적 양식이 임시변통의 실용적 판단만을 제공하게 되었는지를 설명한다. 원칙에 기초한 "멈춤"의 장소는 없는 것처럼 보인다. 이것의 결과는 "쉴라이즘"(Sheilaism), 즉 "자신이 원하는 대로"의 종교로 귀결된다. (저자가 뒷 부분에서 다시 언급하겠지만, 쉴라는 로버트 벨라[Robert Bellah]의 저서인 『마음의 습관』에 등장하는 인터뷰 대상자로서 표현에 능한 어떤 개인주의자의 이름이다.) 이것은 기분 좋음(feel-goodism)을 이상으로 삼는 세상을 뜻하며, 여기서는 한때 중요했던 차이들이 더 이상 중요하게 취급되지 않는다. 결혼/동거, 감정이 결부된 성관계/감정 없는 하룻밤 관계 사이에 차이가 없다. 큐엔은 개인의 자유가 다스리는 이런 세상을 i세계라고 부르면서 r세계와 대조시키는데, r세계는 가정이 넓은 의미의 인간을 위해 만들어졌다는 믿음에 기초한 장소이자 건강한 인간 관계가 온전한 집합체로 드러나는 곳으로서 우리가 살고 있는 세상이다.

그렇다면 우리는 어떻게 경계를 다시 규정하고 기억에서 사라진 지혜를 부활시킬 수 있을까? 큐엔은 자연법 논쟁만으로는 이를 해결하기에 불충분하다고 판단하고 있으며, 여기엔 더 이상 설득력이 없다고 주장한다. 오히려 그리스도인들이 더 힘써야 할 것은 사랑의 삶을 살면서 좋을 때나 나쁠 때 또는 부유할 때나 가난할 때를 견디는 것이다. 나치에 반대한 독일 신학자인 디트리히 본회퍼(Dietrich Bonhoeffer)는 그리스도를 "타인을 위한 사람"이라 칭했는데, 이것이 바로 우리가 닮아야 할 모습이다. 남성과 여성은 상호 관계 안에서 세워진 관계적인 존재다. 이처럼 서로 다른 두 가지 인간의 "종류"는 우리로 하여금 가장 깊은 차원에 존재하는 차이에 반응할 것을 요구한다. 여성 혹은 남성이라는 이유로 그 "타인"을 거절한다면 매우 근본적인 수준의 깊은 관계성을 부인하는 것이다.

우리 사회의 생명이라는 관점에서 볼 때 현재 우리에게 필요한 것은 강력하고 설득력 있는 이야기다. 만일 인간의 성에 대한 "논쟁에 덧붙일 무언가가 있다"고 "정말로 믿는"다면, 다른 사람들이 우리가 선택하지 않은 방식으로 우리에게 꼬리표를 달면서 정체성을 규정짓는다고 해도 우리는 그것을 말해야 한다. 큐엔은 자신의 관점과 의견을 달리하는 기독교인들을 상대하는데, 이들 중 다수는 i세계의 추정을 무비판적으로 수용한 심리 이론과 모형의 영향을 받은 탓인지 대안적인 이야기를 전혀 제공하지 못한다.

합리적 논쟁과 비평을 대표하여 이런 논쟁에 발을 들이려면 큰 믿음이 필요하다. 어느 "편"도 당신을 무비판적인 동맹으로 여기지 않을 것이기 때문이다. 정확히 이런 이유로 이처럼 도전적이고 탄탄하게 쓰인 책을 추천하고 싶다. 큐엔은 대중문화에 깊이 몰두해 있다. 그는 음악을 듣고 영화를 본다. 그는 거만한 태도를 지양한다. 큐엔은 문화 비평가들이 자신들이 비판하는 문화 속에 깊이 몰두해 있다는 사실을 인정한다. 이들은 싸움 너머에서 고결한 입장을 취할 수 없다. 큐엔은 교사이며 학자이자 시민으로서 이 책을 쓰면서, 정치 이론가 마이클 왈처(Michael Walzer)가 "연결된 비평가"라고 칭한 것에 대한 강력한 예시를 제공한다. 그는 미국 시민인 동시에 기독교인이다. 내부인인 동시에 외부인이며, 인정하는 동시에 비평한다. 무엇보다 그는 연민과 판단을 모두 통합한 입장을 보임으로써 기독교인들이 예배하는 심판과 긍휼의 하나님을 상기시킨다. 사람들은 이 책을 읽으면서 참여하고 비판하며 음미할 만한 많은 것들을 찾게 될 것이다.

저자 서문

오랜 세월이 지나고 언젠가
한숨을 내뱉으며 이야기를 하겠지
숲속에 놓인 두 갈래 길에서 나는
사람 발길이 적어 보이는 길을 택했다고
로버트 프로스트,
「가지 않은 길」[1]

이 책은 섹스와 사랑, 종교, 정치에 대한 것으로서 우리는 부모님들로
부터 이런 주제를 논하는 대화에는 참여하지 말라는 경고를 받아왔
다. 정확히 말하자면 이 책은 성에 대한 개인적, 집합적인 선택들이 우
리에게 개인적, 관계적으로 미치는 영향을 다룸으로써 우리 삶 가운데
성이 차지하는 위치는 어떠하며 그것이 관계적인 성취에서 어떤 역할
을 하는지 검토한다. 현대 문화와 사회 체제를 비롯해 기독교 내 많은
교단들이 성적 행위에 대한 전통적인 규제나 제재를 완화하려고 하지
만, 이 책은 오히려 이런 흐름을 거슬러 지금은 완화된 다수의 경계들
을 회복하는 데 유익이 있다고 주장한다. 또한 이 책은 현재의 논쟁을

---

1   Robert Frost, "The Road Not Taken," in *Mountain Interval* (New York: H. Holt, 1916).

대부분 지배해온 "비관적" 접근에 의지하지 않는다. 단순히 말해 이 책의 목표는 우리가 엉뚱한 곳에서 끝없이 용납, 사랑, 성취를 찾으면서 길을 잃지 않도록 돕는 것이다.

사실 겁도 난다.

나는 이런 주제에 관여하기를 바란 적이 없다. 실제로 성인이 된 이후 대부분의 시간을 이 주제를 회피하는 데 사용해왔다. 나는 목사이자 정치학 교수지만 한발 뒤로 물러나서 다른 사람들이 사회 문제 속에서 서로 접전하도록 내버려 두는 것에 만족해왔다. 인간의 성적 행위에 대한 적절한 경계가 어디인지 또는 결혼의 정의가 무엇인지를 두고 벌어지는 문화 전쟁은 논쟁을 가장한 핵전쟁이다. 나는 이런 충돌 가운데서 어느 편이든 전투원이 되기보다는 길가에서 시체를 수습하는 장의사나 부상자를 치료하는 의사가 되기를 원했다.

나는 내가 좋은 사람이라고 생각하고 싶다. 내 MBTI(마이어스-브릭스 성격 검사) 결과에 따르면 나는 타인이 나를 좋아하게끔 노력하는 사람이며 필요하다면 그들이 나에 대해 좋은 감정을 느낄 수 있도록 거짓말을 하기도 한다. 또한 어떤 수를 써서든 이런 논쟁을 회피하는 성향이 있다고 지적하는 결과가 나온 걸 보면, 검사가 제대로 만들어진 것 같다.[2] 포기라는 것은 때로 참 매력적인 생각이지만, 문화 전쟁이 우리 집 앞까지 온 상황에서는 그런 선택을 하기 어렵다. 내가 사는 뉴햄프셔주의 한 성공회 교회에서 내 이웃 중 한 사람인 유진 로빈슨(Eugene Robinson) 신부에게 주교 서품을 주게 되었다. 나는 이 일

2　MBTI(마이어스-브릭스 성격 검사)에 대한 추가 정보는 www.myersbriggs.org/를 참조하라.

에 특별한 관심이 없었지만 다른 사람들은 달랐다. 더군다나 로빈슨이 자신의 동성 관계를 숨기거나 변명하지 않았기 때문에 그의 안수는 성공회 내에서 전 세계적인 논란을 일으켰다. 내가 동성애와 안수에 대한 논의를 회피할 방법을 찾고 있을 때 인근 매사추세츠 대법원은 주 헌법이 동성 결혼을 허용한다는 판결을 내렸다.

　나는 미국 동북부에 위치한 뉴잉글랜드 지역에서 아마도 유일하게 안수를 받은 정치학 교수였기 때문에, 이 문제로부터 몸을 숨기기가 거의 불가능했다. 언론과 우리 교구 사람들, 학생들, 시민들이 나를 찾아와서 물었다. "이 모든 일에 대해 어떻게 생각하십니까?" 이들은 내 주장과 설명을 들음으로써 이런 문제를 정리하는 데 도움을 받고 싶어 했다. "기독교인들이 동성애를 지지하거나 실천하는 사람에 대한 안수를 지지하는 것은 신학적으로 용납할 수 있는 일인가요?" "기독교인들이 동성 결혼에 찬성하는 것은 신학적으로 용납할 수 있는 일인가요?" "만일 이런 논의에서 종교적 추론을 제거한다면, 동성 결혼을 반대할 만한 설득력 있는 비종교적 이유들이 있을까요?" "기독교인들은, 아니 이 문제에 대해 어느 누구라도 동성 결혼을 불법화하기 위해 정치적 과정을 사용해야 할까요, 아니면 그냥 다른 사람들이 각자 선택하도록 내버려 두는 것에 만족해야 할까요?"

　나는 이 질문들이 인간관계와 성의 보다 넓고 깊은 의미를 묻는 탐구의 출발점임을 깨달았다. 여기에는 내가 논하기에 똑같이 부족하다고 느낀 여러 다른 질문들이 수반되었다. 예를 들면 "보람되고 만족스러운 관계적인 삶을 찾고자 하는 사람들에게 어떤 조언을 해주시겠습니까?" "사랑과 성, 결혼, 우정, 친밀감, 인간의 성취는 서로 어느 정도 연결되어 있습니까?" 등과 같은 질문들이 이어졌다. 그리고 이런 질문들이 일부에게만 영향을 미치는 것이 아니라 실제로 우리 모두와 관련되어 있음이 분명해졌다.

이 사실을 이해한 나는 좌우를 살펴보았지만, 품위 있는 탈출구는 보이지 않았다. 나는 뉴햄프셔의 동료 시민이었던 로버트 프로스트와 마찬가지로 갈림길에 이르렀고 선택을 내려야만 했다. 나는 정면 돌파를 하거나 내가 선택한 직업들을 부인해야 했는데, 나에게 빵을 달라는 이들에게 돌을 건네고도 목회 사역이나 교수 활동 및 정치 활동을 지속하는 것은 불가능했기 때문이다. 모든 시선이 나에게 쏠려 있었다. 하지만 내가 입을 열고 사람의 발길이 적어 보이는 그 길을 향해 육성의 한 걸음을 내디뎠을 때, 내가 말한 그 어떤 것도 도움이 되지 않는다는 사실을 깨달았다.

이때 나는 이 책을 쓰기로 했다. 나는 이런 문제들에 대해 전향한 장의사나 전할 법한 가벼운 생각이 아닌 최선의 생각을 학생들, 교구 사람들, 가족, 동료 시민들에게 전달해야 할 의무를 느꼈다. 그렇게 하는 동안 많은 기관으로부터 지원을 받는 축복을 누렸다. 성 안셀무스 대학(Saint Anselm College)은 내게 안식 기간을 허락해주었으며, 영국 케임브리지 희년 센터(The Jubilee Centre)는 재정적, 지성적, 영적 후원을 제공해주었다. 뉴멕시코 아비큐 사막의 그리스도 수도원(The Monastery of Christ in the Desert)은 내가 기도하고 집필할 수 있는 고요한 공간을 제공해주었다. 뉴햄프셔주 내슈아에 있는 임마누엘 언약 교회(The Emmanuel Covenant Church)는 대부분의 목회자들이 평생 받는 안식 기간보다 긴 5년의 안식 기간을 내게 허락해주었다.

나는 또한 많은 사람들의 도움을 받았다. 마이클 슐루터, 제이슨 플레처, 존 애쉬크로프트, 가이 브랜든, 펨크 마에스, 조나단 번사이드는 초안을 읽고 의견을 나눠주었다. 제임스 스킬렌, 엘리자베스 오소프, 몬터규 브라운, 고든 프리스, 마리오 베르그너, 크리스 클락, 아우리엘 슐루터, 브랜트와 에밀리 멘스워, 하워드 버고인, 데이비드 마타, 캐롤린 라슨, 제니퍼 도나휴를 비롯해 편집자인 제임스 어니스트와 브라이언 볼거는 그들의 시간과 전문 지식을 아낌없이 베풀어주었다. 나의 아들 라이언은 스물한 번째 여름을 이 원고를 수정하면서 보냈고, 딸 나오미와 브랜트 멘스워는 이 책에 언급된 저작권자들로부터 음악을 사용해도 좋다는 승인을 받아내는 영웅적인 업적을 세웠다. 팻 포드는 나를 새로운 음악으로 인도했고, 캐시 포드는 내가 몰랐던 영성의 차원에 눈을 뜨게 해주었다. 나는 이 책의 서두에서 사용한 니체의 인용을 워커 퍼시로부터 빌렸는데, 기쁜 마음으로 그에게 감사를 전하고 싶다. 8장을 열면서 소개한 예이츠의 인용은 마크 리그너러스에게서 빌려왔다.

성 안셀무스 대학의 총장인 조나단 드펠리체 신부님, 학장 어거스틴 켈리 신부님을 비롯해 학과 동료들의 지지가 얼마나 대단했던지, 나는 정치적 올바름에서 벗어날 법한 책을 쓰면서도 그 일이 우리의 관계를 해치지 않을지에 대해 한 번도 염려하지 않았다. 내가 알기로는 이를 뛰어넘는 학문적 자유의 예시는 없다. 지난 15년 동안 내가 가르친 "다양성의 정치학" 과목을 수강한 학생들은 내가 이 책의 기초가 되는 논쟁을 만들어가는 동안 솔직함과 진정성 및 존중을 기반으로 의견을 전달함으로써 나에게 깊은 가르침을 주었다.

임마누엘 언약 교회 성도들이 보여준 존중은 이보다 더 깊은 방식으로 나에게 다가왔다. 이 책은 학문적인 주제를 다루지만 우리 삶의 가장 깊은 부분을 만진다. 교회 안에 있는 모든 사람이 이런 문제에 전부 의견을 같이할 수는 없지만, 그것은 별로 중요하지 않았다. 우리가 하나님과 그리고 서로와 맺고 있는 관계가 우리의 의견보다 중요하다. 이 이상적인 모습을 살아 있는 현실로 구현한 성도들을 발견한 것은 내가 받은 최고의 선물 중 하나였다. 최선의 신학이 목회의 맥락으로부터 나온다는 말이 사실이라면, 그리고 이 책이 어떤 방식으로든 최선의 신학을 반영한다면, 나는 그 누구보다도 임마누엘 교회의 성도들에게 감사를 전하고 싶다.

마지막으로 이 책은 내가 평생에 걸쳐 다른 사람들을 통해 관계에 대해 배운 내용을 근간으로 한다. 내 경험을 형성한 유년 시절 친구들인 스캇 러셀, 존 니콜스, 루스 호브랜드에게 감사를 보낸다. 커서 만난 친구들인 패트리샤 세이어, 넬다와 데릴 가드프리에게도 고마움을 전하고 싶다. 부모님 노먼과 자넷, 나의 형제 로스와 그의 아내 보니, 사돈들인 제임스, 일리노어, 에릭, 수 베스, 리, 하이디에게도 큰 감사를 표하고 싶다. 그리고 나의 자녀들인 나오미, 리아, 라이언, 특별히 나의 아내 레이첼에게 가장 깊은 감사를 돌린다.

솔로몬은 지혜 가운데 "해 아래에는 새것이 없음"을 보았고, 독자들은 그런 관찰이 이 책에도 적용된다는 사실을 곧 알게 될 것이다. 책이 여러 전문 분야의 내용을 다루고 있다 보니 각 장마다 다른 사람들의 전문 지식에 크게 의존함으로써 내용과 권위를 확보한 감이 있다. 실제로 어느 지점에서는 내가 이 책의 저자라기보다 편집자라고 말하는 것이 맞겠다고 생각했을 정도다. 그럼에도 불구하고 나는 이 책을 꼭 편집해야 한다고 느꼈다. 나를 가르쳐주며 도전을 주고 앞으로도 계속해서 그렇게 해줄 많은 사람들에게 감사를 전한다.

말로 표현해야 할 만한 가치가 있다는 확신 없이 이런 문제에 대해 책을 내는 것은 어리석은 일이다. 나는 내가 말해야 할 무언가가 있다고 믿는다. 하지만 대화의 정신 안에서 그런 생각들을 제시하고 싶다. 즉 모든 확신을 가진 사람들과 그 생각들을 나누고 싶다는 뜻이다. 나에게는 그저 성명을 발표하기만 해도 충분한 지혜나 권위가 주어지지 않았다. 나는 이런 문제들이 정치적이며 사회적인 동시에 굉장히 개인적이라는 사실을 잘 알고 있다. 이 책은 나의 친구와 가족을 비롯해 내가 실천하는 행위에 관해 질문한다. 자신이 내린 선택 때문에 타인의 비난을 받아야 했거나 막을 길 없는 충동 때문에 죄의식을 갖고 있는 사람들도 이 책을 읽을 것이다. 또한 일반적으로 나의 입장과 비슷한 입장들이 선언되는 문화적 문맥을 고려할 때, 독자들은 내가 책을 쓴 이유가 가장 먼저 돌을 던지기 위함이라고 생각할 수도 있다.

하지만 사실은 전혀 그렇지 않다. 나는 돌을 던지지 않을 것이며, 이 책을 읽는 모든 독자들도 손과 정신 및 마음으로부터 돌을 내려놓기를 기도한다. 이 책을 이끄는 질문은 이것이다. "우리가 어떻게 개인과 가족, 확대 가족, 공동체로서 최선의 삶이나 가장 만족스러운 삶을 살 수 있을 것인가?" 나의 목적은 비난하는 것이 아니라 인간의 행복과 성취가 무엇을 필요로 하는지를 진지하게 생각해보는 것이다. 나는 로마서 3:23에서 바울이 한 말, 곧 "모든 사람이 죄를 범하였으매 하나님의 영광에 이르지 못하더니"라는 말이 옳다고 믿는다. 회개는 우리 중 일부가 아닌 우리 모두에게 요구되는 것이다. 용서 또한 마찬가지다. 은혜 역시 우리 중 일부가 아닌 우리 모두에게 필요한 것이다. 이 책을 이끄는 열정은 죽음이 아닌 생명이다.

그렇다면 과연 우리가 부름 받은 생명은 무엇이며, 우리는 어떻게 그토록 갈망하는 만족스러운 삶을 경험할 수 있을까? 성은 인간의 관계와 행복 및 성취에 중요한 역할을 한다. 하지만 어떻게, 왜, 어떤 방식으로 그 중요한 역할을 하는 것일까? 이제 우리는 이 질문들로 향할 것이다.

서론

한때 악이었던 것들이 이제는 습관이 되었네.

두비 브라더스[1]

영화 「인디아나 존스 1: 레이더스」에서 주인공인 존스 박사는 잃어버
린 성궤를 찾기 위해 들어간 동굴 안에서 들끓는 뱀들을 발견하고는
깊은 한숨을 내쉬면서 말한다. "뱀? 왜 하필이면 뱀이야?" 현실 세계
에서는 조셉 바이든(Joseph Biden)이 미국 상원 사법위원장으로서 클래
런스 토마스(Clarence Thomas)의 대법관 인사청문회를 이끌고 있었다.
위원회는 클래런스 토마스에게 성추행을 당했다고 주장한 애니타 힐
(Anita Hill)과 연관된 증언을 여러 날 동안 청취했다. 관련된 모든 사람
들에게 견디기 힘든 고난이었다. 떠도는 말로 바이든 의원은 청문회
첫 주를 마치면서 이렇게 말했다고 한다. "무엇을 해도 우리는 나쁜
사람으로 보일 겁니다. 그렇게 보이지 않기 위해 뭘 해야 할지 모르
겠네요." 이 책을 쓰는 내 심정도 이와 비슷하다. "성이라니! 왜 하필
이면 이런 주제여야 할까? 내가 무엇을 이야기한다고 해도 나는 나쁜

1　The Doobie Brothers, *What Were Once Vices Are Now Habits* (Warner Brothers Records, 1974).

사람으로 보일 텐데."

21세기 서구 사회와 인간의 성

서구 문화에서 인간의 성보다 개인적이며 다투기 좋고 불화를 일으키며 상처를 입히기 쉬운 주제는 없다. 낙태에 대한 신랄한 논쟁이 우리 문화를 어찌나 깊이 갈라놓았는지 주제만 들어도 피로감이 느껴질 정도다. 하지만 이 책에서 제기하는 문제들은 낙태 논쟁이 불러오는 감정적, 지성적 피로의 강도에 필적할 뿐 아니라 잠재적으로는 그것을 넘어설 수도 있다. 이 책에서 우리는 인간의 삶과 정체성 및 우리가 맺는 관계와 성의 목적을 살펴볼 것이다. 동시에 우리 문화가 집착하고 있는 다음 두 가지 질문을 살펴볼 예정이다.

1. 상호 동의만 있다면 성인들은 어떠한 형태의 성관계를 맺어도 괜찮은가?
2. 남자와 여자로 이뤄진 부부 관계를 벗어나 상호 동의하에 누구와도 성관계를 할 수 있는 자유가 없다면, 우리는 인간으로서 얻을 수 있는 최선의 성취감과 친밀감을 박탈당하는 것일까?

나는 이런 질문을 던지는 친구들과 학생들의 얼굴을 바라보면서 이 책을 서투르게 쓰지 않을 방법은 없을지를 고심했다. 하지만 G. K. 체스터튼의 말대로라면 "할 만한 가치가 있는 일은 서투르게라도 할 만한 가치가 있을 것"이다.[2] 따라서 나는 이 질문에 대한 제대로 된 답을 찾아내지 못한다고 해도 할 만한 가치가 있는 시도라는 믿음을 갖고 이 책을 쓰기로 했다. 다른 누군가에게 영감을 줄 수 있다면 그것도 좋겠다.

이 질문들을 둘러싼 논쟁은 매우 복잡하지만, 상대적으로 새로운 측면이 하나 있다. 1960년대 성 혁명(sexual revolution)이 일어나기 전까지는 이 두 가지 질문에 대해 사람들이 일반적이고 광범위하게 "아니오"라는 대답을 했다. 하지만 오늘날에는 "그렇다"라고 대답하는 이들이 늘어가고 있다. 성 윤리에 대한 이런 여론의 변화는 서구 역사에서 전례가 없는 일이다. 인간이 성적으로 다양한 범위의 행위를 하고 있다는 사실은 새로운 발견이 아니지만, 성관계의 범위가 한 남자와 한 여자로 이뤄진 부부 관계에 한정되어야 한다는 기존의 믿음이 심각히 손상된 것은 지난 사십 년 사이에 나타난 새로운 일임에 틀림없다.

성에 대한 도덕적 이해에 이토록 심각한 변화가 생긴 데는 많은 요인이 있겠지만, 결정적인 사건은 1960년대에 있었던 성 혁명이다. 미국에서 일어난 이 운동은 베트남 전쟁에 반대하는 젊은이들이 주축이 되었으며, 이들의 정치적 주장의 중심에는 평화 운동과 더불어 성적 자유가 있었다.[3] 결과적으로 이들의 반전 활동은 어느 정도 성공을 거두었으며, 성에 대한 이들의 정치적 주장 역시 세상을 바꾸어놓

2　G. K. Chesterton, *What's Wrong with the World* (New York: Dodd, Mead, 1927), 320.

3　Stephan Ridgeway, *Sexuality and Modernity: The Sexual Revolution of the 60s* (Annadale, Australia: Isis Creations, 1997), www.isis.aust.com/stephan/writings/sexuality/revo. htm.

왔다.

첫 번째 장에서 우리는 성 혁명이 일어난 이유를 살피고 그로 인한 영향이 정말로 혁명적이었다는 사실을 되짚어볼 것이다. 비단 성에 대한 이해뿐만 아니라 결혼, 가족, 성별, 우정, 인간 행복과 성취의 본질에 대한 개념도 변했다. 지금은 도덕성에 대한 우리의 이해가 커다란 전환을 겪는 시대다. 「한때 악이었던 것들이 이제는 습관이 되었네」라는 밴드 두비 브라더스의 앨범 제목은 이 현상을 너무나도 잘 요약하고 있다. 한때는 악으로 간주되었던 행동들이 점점 허용되는 추세다.

내가 태어난 1958년에는 전통적인 가족이 확실한 사회 단위였고, 그것이 출산과 양육을 위한 이상적인 제도라는 생각에는 이론의 여지가 없었다. 하지만 시간이 지남에 따라 결혼과 성행위의 적절한 경계에 대한 사회적 태도에 극적인 변화가 일어났다. 성 혁명 이전에는 성관계가 남편과 아내 사이에서만 이루어져야 한다는 폭넓은 이해가 존재했다면, 그 후에는 결혼이 성관계에서 가진 독점적 위치가 상실되었다. 이제 성관계를 결정짓는 것은 언약(covenant)이 아닌 동의(consent)다. 점점 더 많은 커플들이 결혼 대신 동거를 선택하고 있고, 이혼은 특별한 일이 아니며, 정당한 성관계를 위한 구속으로서의 결혼의 의미도 퇴색되었다. 게다가 한 남자와 한 여자 사이에 이루어지는 것으로 생각되어온 결혼의 정의는 역사적 유물이 되었고, 동성 연대와 결혼이 유럽 대부분의 지역과 미국 일부 지역에서 합법화되었다. 전통적인 성적 경계의 완화는 동거나 동성 결혼에 국한되지 않는

다. 일부다처제 합법화를 추진하는 운동도 호응을 얻고 있다.[4]

유럽과 미국에서 동성 연대와 결혼이 합법화되는 속도에 놀라는 이들도 있겠지만, 1960년대 이후 성 윤리가 변화해온 규모를 감안하면 이런 변화의 속도는 예견된 것이다. 서글픈 모순은 동성 커플들이 결혼할 권리를 얻는 동시에 제도로서의 결혼이 붕괴되고 있다는 것이다. 2007년에 "미국 내 결혼의 미래"를 주제로 럿거스 대학교가 진행한 연구 보고서에는 데이비드 파피노의 다음과 같은 분석이 담겨 있다.

최근 결혼 제도가 지속적으로 약화되어 왔다는 사실에는 의심의 여지가 없다. 결혼은 한때 부부와 자녀들을 위한 지배적이고 유일한 생활 형태였지만 이제는 그렇지 않다. 오늘날 "가족의 다양성"이 증가한 결과, 결혼을 하는 성인의 수가 줄어든 반면 이혼하는 부부는 늘었고, 예전보다 많은 사람들이 결혼을 하지 않은 상태로 동거를 하거나 혼자 산다. 사생아로 태어나는 어린이들이 늘었고(현재 열 명 중 네 명이 그렇다) 재혼 가정에서 또는 동거 중이지만 결혼을 하지 않은 어른들이나 한부모 밑에서 양육되는 어린이들도 예전보다 많아지는 추세다. 모든 임상적 증거들에 따르면 매년 더 많은 어린이들이 아동 발달에 최선의 결과를 보장하는 황금 기준(결혼한 자신의 친부모와 함께 사는 환경)을 누리고 있지 못하다.[5]

---

4 "더치페이식 결혼: 한 남자에 두 여자-셋이 하나가 되어 공식적으로 결혼식을 올리다." *World Net Daily*, September 30, 2005, www.worldnetdaily.com/news/article.asp?ARTICLE_ID=46583.

5 David Popenoe, "Essay: The Future of Marriage in America," in *The State of Our*

순응과 무능: 기독교와 성 혁명

내가 방금 묘사한 사실은 서구 문화에만 해당되는 이야기가 아니다. 이것은 21세기 서구 기독교의 이야기이기도 하다. 성 혁명이 기독교 공동체에 미친 영향은 지대하다. 서구 문화가 성 윤리와 결혼에 대한 전통적인 이해를 벗어난 것처럼 기독교인들도 마찬가지였다. 사람들은 여론 조사원이 이런 문제를 물을 때면 정확한 답변을 회피하려는 경향이 있기 때문에 성행위에 대한 정확한 조사 결과를 확보하긴 어렵지만, 성 혁명이 21세기 기독교인들에게 성경보다 더 큰 영향을 미쳤다는 주장을 신뢰할 만한 이유는 충분하다. 조지 바나를 비롯한 여러 사회과학자들은 기독교인들의 간음, 혼전 성관계, 포르노 시청 횟수만으로도 성 혁명이 교회에 미친 영향의 정도를 충분히 증명해낸다. 미국인의 성적 행위 양상을 보면 놀라울 정도로 기독교인과 비기독교인 간의 차이가 별로 드러나지 않는다.[6]

조지 바나가 자신의 책인『예수처럼 생각하라』에서 밝힌 바에 따르면, 이런 현상이 나타나는 이유는 성경을 기준으로 삶을 꾸려가는 기독교인들이 상대적으로 적기 때문이다. "거듭난 성인 기독교인 중 성경을 자신의 도덕적 기준으로 삼고 그 도덕적 진리가 절대적이라

Unions 2007: The Social Health of Marriage in America, National Marriage Project at Rutgers State University, 2007.

6 Barna Group, "American Lifestyles Mix Compassion and Self-Oriented Behavior," *Barna Update*, February 5, 2007, www.barna.org/FlexPage.aspx?Page=BarnaUpdate& BarnaUpdate ID=249. 또한 Lauren Winner, *Real Sex: The Naked Truth about Chastity* (Grand Rapids: Brazos, 2005), 16-19; Mark D. Regnerus, *Forbidden Fruit: Sex and Religion in the Lives of American Teenagers* (Oxford: Oxford University Press, 2007)를 보라.

고 믿는 사람은 14%에 불과하다. 이는 일곱 명 중 한 명꼴이다."[7] 교회에 다니지만 거듭나지는 않은 사람들의 통계는 이보다 더 인상적이다. 바나에 따르면 이 그룹은 교회 출석 인구의 절반 정도에 해당하는데 이들 중 "단지 2% 만이…성경적 세계관의 기초를 갖고 있다."[8] 성경의 가르침을 더 이상 신뢰하지 않는 기독교인들의 행동에 세상의 문화가 반영되는 것은 놀라운 일이 아니다. 일례로 기독교인의 이혼율과 문화 전반에 나타나는 이혼율 사이에는 별반 차이가 없다. 이 모든 것들을 감안해 바나가 불가피하게 내린 결론에 따르면, 이들의 행동을 볼 때 많은 기독교인들이 이 문제에 대한 교회의 역사적 가르침을 모르거나 관심이 없으며, 또는 두 가지에 다 해당된다.[9]

기독교인들의 성적 행동 양식에서 나타나는 급속한 전환을 감안할 때, 성 혁명이 던져오는 질문에 맞서 교회가 불분명한 메시지를 갖고 들리지 않는 목소리나 미미한 영향력으로 대응하고 있다는 사실은 놀랍지 않다. 교회의 우유부단함은 성관계와 결혼이라는 지형 전체로 확장되었다. 애매한 언사와 문화적 순응은 기독교 입장에서 전혀 새롭지 않은 대응 방식이다. 바울 서신에는 교회가 역사를 통해 간음과 혼전 성관계, 이혼과 재혼이라는 문제와 씨름해온 사실이 드러난다. 교회가 역사 속 여러 지점에서 일부 성적 문제에 관해 눈을 감아온 것은 사실이지만, 현재 성 윤리와 결혼에 대한 역사적, 정통적

7 George Barna, *Think Like Jesus: Make the Right Decision Every Time* (Nashville: Integrity, 2003), 21.

8 Ibid., 21-22.

9 Barna Group, "Born Again Christians Just As Likely to Divorce As Are Non-Christians," *Barna Update*, September 8, 2004, www.barna.org/FlexPage.aspx?Page=BarnaUpdateNarrow&BarnaUpdateID=170.

이해가 성직자와 일반인들에 의해 별 차이 없이 무시되거나 바뀌고 있는 것은 특이한 점이다. 교회가 성 혁명에 따른 결과들을 편리하게 수용하고 합리화하며 보호하고 심지어는 그것을 인정하기 위해 성경적 가르침에 관한 해석을 변개하는 모습은 두비 브라더스마저도 놀랄 정도다.

위선은 모든 사람을 화나게 한다. 교회가 성 윤리와 결혼에 대한 정통 기독교의 가르침을 온전히 지켜내야 한다고 지속적으로 주장한 사람들이 있는 반면, 대부분이라고 해도 무방할 만큼의 많은 사람들이 동성애에 대해 이중적인 기준을 갖고 있다. 수십 년간 많은 기독교인들이 동성애를 필사적으로 비난하면서도 남녀 간의 간음과 혼전 성관계에 대해서는 눈을 감아왔고 동성애자들은 이런 교회의 위선과 편협을 고소하는데, 이는 맞는 말이다. 동성 간 성관계에 이끌린 사람들이 교회를 찾아와 교회가 다른 문제들에 그랬던 것처럼 동성애에 대해서도 눈감아달라고 요구했을 때 많은 교회들은 위선과 혐오를 드러내면서 이들을 교회 바깥으로 내쫓았다. 이것은 절대로 있을 수 없는 일이다. 남녀 간 혼외 성관계에 동일하게 엄격한 기준을 적용하지 않으면서 동성 간 성관계만을 비판하는 기독교인들의 행태는 공허하고 위선적이다. 많은 기독교인들은 동성애의 법적 지위와 동성 연대 및 결혼을 주제로 하는 공론의 장에 성 혁명이 모습을 드러내기 전까지는, 그것의 중요성을 인정하지 않으려 한다. 이는 불편한 진실이다. 성행위와 결혼에 대한 정통적인 가르침을 모순되게 적용한 탓에 기독교인들은 동성 결혼을 비롯해 성 윤리의 모든 측면에 관해 폭넓은 문화와 소통할 능력을 스스로 축소시켰다.

나는 기독교인들을 특정해 이 책을 쓰는 것은 아니지만, 잠시 기독교인들에게 하고 싶은 말이 있다. 성경은 하나님의 형상으로 지어진 모든 인간이 존중과 사랑을 받아야 한다고 가르친다. 사람을 가려서 그런 일을 행하는 것은 용서받을 수 없는 일이다. 누구에게든 사랑과 존중을 베풀지 못했다면 우리의 죄를 고백하고 용서를 구해야 한다. 그런 후에 우리가 무엇을 주장하는지를 생각해보고 고백하는 바를 실천해야 하며, 이어서 결혼의 의미를 포함해 인간이 행하는 성적 행위의 모든 측면에 관해 존중하는 대화를 시도해야 한다. 동성 결혼은 기독교의 관점으로 논의될 수 있으며, 논의되어야 하는 많은 주제 중 하나다. 동성애자들이 수백 년 동안 지속해온 편협한 행동은 틀림없이 잘못된 것이지만, 교회에 죄책감을 심어 성의 정치학이라는 문제에 침묵하도록 해서도 안 된다. 교회는 성 윤리와 관련된 어떤 문제도 무시해선 안 된다. 현대의 교회적, 정치적 논쟁에 동성 결혼이 등장한다는 사실은 성 혁명이 우리 교회와 사회에 미친 영향이 어느 정도인지를 보여준다. 동성 결혼의 도덕적 승인이라는 문제는 교회 역사를 통틀어 상상할 수도 없었던 일이지만 지난 십여 년 사이에 가능한 일이 되었을 뿐 아니라 점점 더 많은 기독교인들이 실제로 받아들이는 현실이 되었다.

"왜일까?"

기독교 세계는 변화하고 있다. 2003년에 유진 로빈슨 신부가 뉴햄프셔주 성공회 교구에서 주교 서품을 받은 것은 동떨어진 사건이 아니다. 2007년에는 연합 그리스도의 교회가 동성 결혼을 지지하는 미국 내 첫 번째 주류 교파가 되었는데, 분명 이곳이 마지막 교파는 아닐 것이다.[10] 자유주의 교파에서는 이런 방향의 변화가 예견되어 왔지만, 놀라운 점은 이에 대해 평신도들이 보여준 상대적으로 온건한 반대였다. 보스턴 대주교인 션 오말리(Sean O'Malley)를 비롯해 제임스 돕슨(James Dobson), 척 콜슨(Chuck Colson), 유진 리버스(Eugene Rivers)와 같은 미국의 가톨릭과 복음주의 지도자들이 동성애와 동성 결혼을 강력히 반대했지만 십 년 전 교회적 기반에서 기대할 수 있었던 만큼의 지지는 받지 못했다. 가톨릭교회 내 성추행의 결과로 이런 문제를 선도할 리더십의 역량이 축소되었던 것은 분명하지만, 특별히 40세 미만 복음주의자들이 보인 미미한 반응은 왜 미국에서 동성 연대와 동성 결혼을 지지하는 사람들이 점점 더 늘어나는지를 설명하는 데 도움이 된다.[11]

"왜일까?"

동성애자의 서품을 놓고 기독교인들의 논쟁이 격화되고 동성 결혼의 합법화를 반대하는 사람들이 줄어들고 있는 현상은 서구 사회와 교회의 역사에 전례가 없는 일이다. 이보다 더 전례가 없는 것은 변화가 일어나고 있는 속도다. 현재 유럽과 미국에서는 동성 연대와 결혼의 합법화를 목전에 두고 있는데, 이는 1980년대에 활동한 성소

10   "Resolution in Support of Equal Marriage Rights for all for General Synod 25 of the United Church of Christ," United Church of Christ, www.ucc.org/synod/resolutions/RESOLUTION-IN -SUPPORT-OF-EQUAL-MARRIAGE-RIGHTS-FOR-ALL-FOR-GENERAL-SYNOD-25.pdf.

11   David Kinnaman and Gabe Lyons, *UnChristian: What a New Generation Really Thinks about Christianity···and Why It Matters* (Grand Rapids: Baker Books, 2007), chap. 5; "Gay Marriage," Pew Forum on Religion and Public Life, http://pewforum.org/gay-marriage/; "Same-Sex Unions and Civil Unions," Religious Tolerance.org, Ontario Consultants on Religious Tolerance, www.religioustolerance.org/hom_marp.htm.

수자 권리 운동가들 대부분이 감히 상상도 하지 못했던 일이다.

"왜일까?"

기독교 세계가 어떤 문제에 대해 하나의 통일된 목소리를 낸 적이 있다고 이야기한다면 거의 언제나 과장이겠지만, 그래도 성 윤리과 결혼의 정의에 관해서는 신학적 합의가 이루어진 적이 있다. 존 보스웰은 전근대 유럽에서 성직자가 동성 연대를 축복하고 교회와 문화가 동성 커플에 눈을 감아준 때가 있었다고 주장한다.[12] 하지만 최근까지 동성 결혼을 반대해온 정통 유대교와 기독교의 가르침에는 변함이 없으며, 이를 심각한 논쟁의 주제로 취급하지도 않았다. 하지만 성 혁명이 일어난 후 특별히 지난 십여 년에 걸쳐 서구의 많은 기독교인들은 제대로 된 논쟁도 없이 이 문제에 굴복할 준비를 마쳤다.

"왜일까?"

교회 역사상 처음으로 인간의 성과 결혼에 대한 여러 문제를 두고 교회의 지도자들과 교파 및 평신도 사이에 심각한 이견이 존재한다. 안타깝게도 교양 있고 의미 있는 대화로 이런 문제를 풀어가기가 어렵다는 사실이 증명되었다. 이조차 교회가 세상을 닮은 것이다. 이문제들의 모든 측면에서 무례하고 비효율적이며 설득력 없고 자멸적인 논쟁의 방식을 선택한 신학자들과 교회 지도자들이 있다. 반면 겁을 먹고 공적 침묵으로 들어선 이들도 있다. 그리고 이 공적 담화에 땔감을 넣기보다 빛을 더해주는 귀한 소수가 있다.

---

12 다음을 참조하라. John Boswell, Christianity, Social Tolerance, and Homosexuality (Chicago: University of Chicago, 1980); John Boswell, Same-Sex Unions in Premodern Europe (New York: Villard, 1994); Andrew Sullivan, ed., Same-Sex Marriage: Pro and Con; A Reader, rev. ed. (New York: Vintage Books, 2004), 7-21.

"왜일까?"

데이비드 웰스처럼 이 순간의 도래를 예견한 이들도 있었다. 수십 년 전 우리가 후기 기독교 시대에 진입하고 있다고 판단한 그의 예견은 옳았다.[13] 사람들은 미국이 기독교 국가라고 인식하고는 있지만, 믿음을 실천하고 있지는 않다. 미국 내 주일 교회 평균 출석률은 2005년에 17.5퍼센트까지 떨어졌다.[14] 제도로서의 교회는 막대한 신뢰를 잃었고 문화적 연관성을 상실하는 위험에 처했다.[15]

"왜일까?"

우리는 동성 결혼의 문제를 두고 1960년대 이래 우리의 문화가 다른 성적 행위에 적용해온 것과 동일한 성 윤리의 논리적 연장을 목격할 뿐이다. 성 혁명은 수십 년 전에 일어났지만 오늘날의 기독교인들은 그에 도전할 또 다른 기회를 마주했다. 하지만 도전에 앞서 기독교인들이 반드시 염두해야 할 사실은 성 혁명의 핵심이 동성애나 동성 결혼이 아닌 인간의 성과 관계적인 성취에 있다는 점이다. 기독교인들이 동성 결혼의 문제를 두고 문화에 도전할 정치적 힘과 확신을 얻지 못한 주된 이유는 점점 더 많은 기독교인들이 인간의 성에 대한 전통적인 기독교의 가르침을 신뢰하지 못하는 데다가 상호 동의하에 이뤄지는 성행위에 대한 비난이 옳지 못하다고 느끼기 때문이다. 1960년대 이후 평신도와 성직자를 막론하고 성에 대한 기독교의

---

13 See David F. Wells, *God in the Wasteland* (Grand Rapids: Eerdmans, 1994); David F. Wells, *No Place for Truth, or, Whatever Happened to Evangelical Theology?* (Leicester, UK: Inter-Varsity, 1993).

14 David T. Olson, *The American Church in Crisis: Groundbreaking Research Based on a National Database of over 200,000 Churches* (Grand Rapids: Zondervan, 2008), 29.

15 이것은 Kinnaman과 Lyon이 쓴 『나쁜 그리스도인』(살림, 2008)의 주제다.

가르침과 실천 사이에 심각한 괴리가 생겨났으며, 이런 괴리가 성 혁명의 구체적인 영향에 도전해야 할 그 순간 기독교 공동체 안에서 정치적, 사회적 염증을 유발하는 강력한 역할을 한 것이다. 조지 바나가 보여준 것처럼 많은 기독교인들의 성적 행위와 태도가 전통적인 기독교의 가르침에서 심각히 벗어나 있는 상황에서 동성애자들에게 다른 기준을 적용하는 위선을 못마땅하게 여기는 기독교인들이 늘어난 것은 당연하다. 이것이 바로 오늘날 논쟁의 장에 냉담한 반응이 맴돌고 죄책에 물든 침묵이 만연한 이유다.

"왜일까?"

서구 사회에서 일어나고 있는 현상은 다름 아닌 유대 기독교 세계관의 붕괴이자 근대(modernity)에 대한 자신감의 위기, 즉 "포스트모던 개인주의"(postmodern individualism)라고 부를 수 있는 새롭지만 미처 성숙되지 못한 세계관의 등장인데, 나는 이것을 "i세계"로 칭하고 다음 장에서 이에 대해 정의하려고 한다.

21세기 기독교인들이 해야 할 일은 이전과 다르지 않은 논쟁을 통해 성 윤리에 대한 전통적 가르침이 사실이라고 서구 사회를 설득하려 애쓰는 것이 아니다. 이 방식이 효과를 거뒀다면, 여론이나 공공의 행실이 지금과 같지는 않았을 것이다. 그렇다고 적절한 성경적 근거 없이 성 혁명을 수용하기 위해 신학을 맹목적으로나 반사적으로 변개해서도 안된다. 오히려 교회는 성 혁명이 던지는 도전에 비추어 성경적 가르침과 정통 신학을 다시 검토하고 그 결과물이 적절한 수정과 재발견인지를 판단해야 한다.

우리 모두가 마주한 질문들

21세기 현재 우리 앞에 놓인 질문들은 기독교인뿐만 아니라 모든 인간을 향한 것이다. 성관계와 결혼의 의미, 그것이 인간의 성취에서 가지는 의미는 모든 사람에게 중요하다. 미래의 세상을 위해 어떤 항로가 최선일지 결정을 내리기 위해서는 먼저 성관계와 결혼에 대한 세상의 이해에 나타나는 엄청난 변화를 파악해야 한다.

이 책의 1부에서는 우리가 경험해온 "전통적"(traditional) 세계인 t세계와 떠오르는 "개인주의적"(individualistic) 세계인 i세계를 살펴볼 것이다. i세계가 무엇인지, 이 세계가 어떠한 종류의 사회를 지향하는지, 이 세계가 주장하는 인간의 성과 관계 및 성취 그리고 이것들이 사회 안에서 차지하는 자리와 관련된 공공 정책의 함의를 깊이 들여다볼 것이다.

이 책의 2부에서는 두 세계의 대안으로 제시되는 "관계적"(relational) 세계인 r세계를 성경을 통해 살펴볼 것이며, 동시에 인간의 성취와 성, 결혼, 관계의 자리를 이해하기 위해 r세계가 제공하는 대안을 검토할 것이다. 하지만 성경이 r세계를 설명하기 위한 유일한 출처는 아니다. 기독교인이 아니고 종교심이 없는 사람이라도 t세계나 i세계 혹은 두 세계 보다 건설적인 대안으로서의 r세계를 받아들일 수도 있다. 하지만 성경은 일관적인 관계적 비전을 제시하고 있으며, 이는 현재 i세계가 제공하는 것과 충분히 대조되는 삶의 모습을 그려보고 접근하는 데 도움이 된다.

이 책은 i세계와 t세계를 비교·대조한 뒤에 근대 과학이 우리의 논의에 무엇을 기여할 수 있고 기여할 수 없는지를 검토하며 마무리

될 것이다. 그리고 마지막으로 이 "세계들" 중 어떤 세계가 오늘날 세상에서 이뤄지는 관계적인 성취에 대해 더 강력한 비전을 제공하는지 생각해볼 것이다.

이 책의 목적은 잘 사는 법을 모색하는 것이다. 인간 역사에 대한 나의 묘사가 관습을 벗어난 것처럼 보일 수도 있고 성을 둘러싼 지극히 개인적인 문제들을 열정적으로 다루기 어렵다는 점을 감안해도, 매우 다른 신앙과 이념적 관점을 가진 사람들이 한데 모여 오늘날 이 세상에서 공존한다는 것이 무슨 의미인가라는 주제를 놓고 과연 서로 대화가 가능할지 의구심이 드는 것이야말로 이 책이 마주한 가장 큰 장애물이다. 모조된 객관이라는 허상을 만들어서 내 종교적인 믿음을 그 뒤에 숨겨놓고 마치 나의 종교적인 신념이 전혀 중요하지 않은 척하면서 이 책을 쓰는 대신, 나는 내 신앙을 이 대화 안으로 끌어들이기로 했다. 이 대화를 종교적인 것으로 만들기 위한 의도는 아니다. 나는 사람들과 현실에 대해 진술한 대화를 나누기 원하고 그 대화에 독자들을 초대하고 싶다. 이것이 가능한지에 대해 회의가 있을 수도 있지만, 그럴 만한 가치가 있는 일이니 한번 도전해보자.

1부

t세계에서 i세계로

높이 걸어 올라가서

가장자리까지 다가갔지

나의 세계를 보기 위해서

그리곤 나 자신을 비웃었어

눈물이 흘러내리고 있었지

내가 아는 세계였거든

내가 아는 세계

콜렉티브 소울,
"내가 아는 세계"[1]

수십 년 전까지만 해도 상상하기 어려웠던 사회적 변화들이 최근 들어 깜짝 놀랄 만큼 자주 벌어지고 있는 상황에서 우리가 살고 있는 세계를 이해한다는 것은 쉬운 일이 아니다. 이 작업을 조금이라도 수월하게 하고자 나는 서구 문명이 거쳐온 지성과 문화의 역사를 둘로 나누어 "t세계"와 "i세계"라고 이름 붙였다. t세계라 칭하는 전통적 세계는 수백 년 동안 서구 사회에서 발달해온 문화적 세계관으로서 그리스 로마 문명, 유대교, 기독교, 이슬람교를 그 근간으로 한다. i세계는 개인주의적 세계관을 상징하며 유럽과 미국 및 전 세계 도심을 중심으로 빠르게 t세계를 대체하는 중이다.

이 범주들이 복잡다단한 지성적·문화적 역사를 반영하기에 충분하지 않을 수도 있다. 내가 이 용어들을 만든 이유는 결혼과 성, 친

---

1   Ed Roland and Ross Childress, "The World I Know," Collective Soul (Atlantic Records, 1995).

밀감과 인간의 관계적인 성취 사이의 연관성에 대한 이해가 급변하는 상황에서 도움이 될 만한 명칭을 제공하기 위해서다. 이런 문제에 관해 진솔한 대화가 불가능하다고 생각하는 사람이 많음에도 불구하고, 꼭 필요한 대화가 존재하는 법이다. 나는 이 용어들을 통해 대화가 가능해지고 확대되기를 소망한다.

1

t세계
우리가 온 세계

토토, 우리가 더 이상 캔자스에 있는 것 같지 않아.

도로시, 「오즈의 마법사」[1]

캔자스를 떠나니 안전벨트 꼭 매, 도로시.

사이퍼, 「매트릭스」[2]

변하고 있는 세상에서 지금 우리가 어디에 있으며 어디로 향하고 있는지를 알기 위해서는 과거 우리가 어디에 있었는지를 기억해야 한다. 영화 「오즈의 마법사」와 「매트릭스」는 이번 장의 배경이 된다. 「오즈의 마법사」는 앞서 있었던 전통적 세계의 가치들을 대표하는 영화로서, 주인공인 도로시는 이야기 내내 캔자스에서 보낸 좋은 시절

---

1 Frank Baum, *The Wizard of Oz*, screenplay by Noel Langley, Florence Ryerson, and Edgar Allan Woolf (Loew's Incorporated, 1939).
2 Andy Wachowski and Larry Wachowski, *The Matrix* (Warner Brothers Pictures, 1999).

을 그리워하면서 가족이 있는 집으로 돌아갈 궁리만 한다. 「매트릭스」의 주인공이자 사이버상에서 "네오"라고 불리는 토마스 앤더슨은 어느 날 잠에서 깨어나 조상들이 살았던 세계는 물론 자신이 살고 있다고 생각했던 현대의 세계 역시 사라지고 없다는 사실을 깨닫는다. 놀랍게도 그는 자신이 22세기에 살고 있다는 사실을 알게 되는데, 그 세상은 알아보거나 이해하지 못할 만큼 변해 있었다. 바로 그 순간 이 장의 도입부에서 언급한 인용구가 등장한다. 네오는 얼마나 많은 것들이 변했고 그런 변화에 대해 자신이 무엇을 얼마나 할 수 있을지 곧 알게 될 것이다.

t세계의 관계망

성 혁명 이후 우리가 세상을 보고 이해하는 방식에 지대한 변화가 일어났다. 미국 텔레비전의 역사는 이 변화를 잘 보여준다. 1960년대에 나왔던 「아버지가 제일 잘 알아」와 「비버는 해결사」 같은 프로그램들과 2000년대 초반에 인기를 얻었던 「섹스앤더시티」와 「프렌즈」 같은 프로그램이 상징하는 관계적, 성적 가치에는 분명한 차이가 있다.[3] 오십 년 전 미국 텔레비전에 방영된 프로그램에서는 결혼하지 않은 인물들끼리 육체적인 애정 표현을 하는 장면이 등장하지 않았으며, 심지어 결혼한 부부도 각자의 침대에서 따로 자는 모습을 보였다. 오늘

---

3 Gordon Preece, "(Homo)Sex and the City of God," *Interface* 9, nos. 1 and 2 (May and October 2006), 187–216.

날 텔레비전을 보면 성관계가 사실상 모든 사람들에게 정상적인 것처럼 보이는데, 이상하게도 결혼한 커플은 예외다. 실제로 현대 텔레비전과 영화는 건강한 결혼 생활이나 결혼 관계 안에서 이뤄지는 성관계의 모습을 거의 묘사하지 않는다.

성 윤리에 대한 우리의 이해뿐만 아니라 서구 사회의 전통적 관계 질서도 변했다. t세계는 관계적인 삶을 정리하는 하나의 방식으로 볼 수 있는데, 이는 서구에서 지난 수천 년에 걸쳐 발전해온 여러 철학적, 종교적 전통의 결과물이다. 이 전통들은 각기 다른 특징을 갖지만, 결혼, 확대 가족, 지역 공동체의 본질에 대해서는 공통된 이해를 보인다. 결혼은 한 남자와 한 여자 사이에 이뤄지는 일생의 관계를 위한 법적, 언약적 기초다. 결혼은 성관계가 적절하다고 받아들여지는 유일한 관계인데 그 이유는 성관계의 결과물인 아이들이 아버지와 어머니가 있는 가정에서 가장 잘 양육되기 때문이다. 하지만 결혼은 성관계를 갖고 자녀를 낳는 기본 틀이 되는 것을 넘어서 확대 가족을 연결하고 지역 공동체의 기초를 형성함으로써 t세계의 존속에 필수적인 역할을 한다.

이런 진술이 과장되거나 지나치다고 생각한다면, 그것은 우리 문화가 얼마나 광범위하게 빠른 속도로 변화되었는지를 증명할 뿐이다. 반세기 전만 해도 사람들은 이와 같은 체제를 이해했을 뿐만 아니라 서구 문명의 기초적인 규범으로 받아들였다. 데이비드 블랭컨혼은 이보다 더 광범위한 주장을 펼친다. 저서 『결혼의 미래』에서 그는 이렇게 말한다. "여기서 정의된 결혼이 인간의 보편적인 제도라는 증거는 차고 넘친다. 실제로 역사 기록의 광대함과 인간의 성 경험이 보여주는 다양성을 고려할 때 시간과 문화를 아우르는 결혼이라는 성적 제도(sexual institution)의 권위와 보급은 너무나도 주목할 만하며 경험적으로도 논쟁의 여지가 없기 때문에 '모든 인간 사회'가 그렇다고 말하고 싶을 정도다."[4] 블랭컨혼은 이런 진술이 적용될 수 없는 몇 가지 예가 인류 역사에 존재함에도 불구하고 서구 역사에 한해서는 강력하고 변호 가능한 주장이 될 수 있다고 말한다.

결혼과 확대 가족은 t세계의 관계적인 기초였다. 당신이 백 년 전의 t세계에 살았든지 아니면 수천 년 전의 t세계에 있었든지 간에 이 두 가지는 너무나도 중요하고 한결같은 가치로 작용하고 있었으며 그것을 기반으로 한 질서 정연한 관계 구조 속에서 삶과 정체성이 뿌리를 내리고 있었다. 당신의 정체성은 당신이 속해 있는 핵가족, 확대 가족, 지역 공동체, 국가와 밀접히 연결되어 있었으며, 인생의 대부분이 출생 당시에 정해진 조건, 즉 유전적 특징은 물론 가족 관계와 사회 계급에 따라 결정되었다. 태어날 때 당신이 처한 상황이 교육, 진로, 사회에서의 자리, 직업, 결혼 상대, 인간관계에 영향을 미쳤다. 이는 모두 개인의 선택 너머에 있는 것이었고, 이처럼 이 세계는 대부분 출생으로 결정된 관계에 기반하여 구성되었다.

다르게 표현하자면 t세계는 의무의 관계 위에 세워졌다. 각 사람은 상호 의무와 책임이 있는 관계망 속에서 태어났다. 여기에는 부모와 조부모, 형제, 확대 가족 구성원, 이웃, 시민, 종교 공동체와의 관계도 포함된다. 이 의무들은 출생 때 정해졌으며, 그런 의무에 불성실할 수는 있어도 그것을 바꿀 수는 없었다.

4　David Blankenhorn, *The Future of Marriage* (New York: Encounter Books, 2007), 105-6.

21세기 서구에 살고 있는 사람이 보기에 이런 체제는 매우 제한적이고 갑갑하게 느껴질 수도 있다. 하지만 t세계에 살던 사람들은 꼭 그렇게 생각하지는 않았다. 이들도 우리처럼 건강하고 만족스러운 관계를 열망했다. t세계의 관계망은 사람들에게 관계적인 성취를 얻을 수 있는 풍요로운 기회를 제공했다. 이 관계망이 얼마나 중요했는지 t세계의 시민들은 여기에서 잘려 나가는 것을 두려워했다. 가족 없이 고아가 된다는 것은 자유의 원천으로 작용하기보다는 많은 사회에서 거의 확실히 노예가 되는 길이었다. 그리스의 철학자 소크라테스는 거주하던 도시의 젊은이들을 타락시켰다는 명목으로 유죄를 선고받은 후 아테네를 영원히 떠나는 대신 독약을 마시고 자신의 생을 마감하는 쪽을 택했다.

t세계가 관계적인 성취를 위한 풍요로운 기회를 제공한 것은 맞지만 그렇다고 그 안에서 모두가 건강한 관계를 경험한 것은 아니다. 외로움과 학대 및 온갖 종류의 상처를 경험한 사람들도 많았다. 여기서 핵심은 t세계를 이상적 방식으로 묘사하는 것이 아니라 그것이 제공하는 잠재적 능력을 묘사하는 것이다. 이 책을 통해 우리는 관계적인 성취의 개념을 자세히 살펴보게 될 텐데, 인간이라면 누구나 이것을 갈망하지만 우리가 탐색해온 어느 세계에서도 관계적인 성취가 무엇인지 명확히 정의된 적이 없으며 사람들이 이것을 일반적으로 성취한 예도 별로 없었다. 지금 우리가 해야 할 일은 우리에게 가장 만족스러운 관계적인 삶의 기초를 제공하는 세계가 과연 어떤 것인지를 평가하는 것이다.

관계를 기반으로 하는 이런 체제는 현대 선진국에서는 그 자취를 감추어 버렸지만, 지난 수십 년 전까지만 해도 서구 사회의 기반이었고 많은 철학적 전통과 종교의 산물이었다. 표현만 다를 뿐 그리스의 플라톤과 아리스토텔레스, 키케로와 타키투스를 포함한 로마 저술가들의 기록 및 유대교, 기독교, 이슬람교의 성서에서도 그 자취를 찾아볼 수 있다. t세계는 자유에 대해 21세기 서구와는 매우 다른 이해를 갖는다. t세계는 자유를 제한이 부재하고 개인 선택의 양이 많은 상태로 보지 않고, 확대 가족과 공동체라는 관계망 안에서 만족과 의미를 찾아가는 과정을 통해 발견되는 것이라고 믿었다.

아리스토텔레스는 출생할 때 주어지는 관계를 떠나서 인간을 이해할 수 없다고 주장한다. 그는 사람이 태어날 때 맺는 세 가지 근본적인 의무의 관계, 즉 가족, 이웃, 국가의 질을 통해 행복한 삶을 정의한다. 이런 관계가 없이는 성취감을 느낄 수 없고 이들 중 하나라도 빠지면 온전해질 수 없다. 인간의 삶은 이 관계들이 건강할 때 비로소 행복하다고 묘사될 수 있다.[5] 이 관계들이 개인적인 선택의 결과물이 아니라 출생과 더불어 주어지는 것이라고 해서 중요성이 무력화되거나 개인의 자유가 제한되는 것은 아니다. 오히려 이 체제는 수많은 위험한 정황들로부터 우리를 자유롭게 해주는데, 관계만 건강하다면 거기에서부터 우리의 번영을 도울 양질의 정서적 지원과 관계적 안정을 제공받을 수 있기 때문이다. 관계에 기반한 체제는 선택의 관계에 기초하는 개인주의적 사회가 제공하는 것과 질적으로 다르다. 아리스토텔레스의 시각으로 보면 당신의 가족, 이웃, 국가는 마땅히 당신을 돌보고 당신도 그들을 돌본다. 현대 문화와는 달리 사회가 건강한 방

---

5   Charles Lord, Aristotle: *The Politics* (Chicago: University of Chicago Press, 1984), bk. 1.

식으로 기능하고 있다면 누구도 이 사회 안전망을 벗어나지 않는다. 모든 사람들에게 관계적인 연결이 있는 지점이 있다. 따라서 t세계가 제시하는 관계적인 성취의 핵심은 가장 관계를 맺고 싶은 사람을 찾는 것이 아니라 주어진 사람들을 사랑하고 이들과 관계 맺는 데 있었다. 아리스토텔레스는 가정의 유익을 대체할 수 있는 것은 없다고 보았는데, 당시에는 가정이 인생에서 가장 중요한 교훈을 배우는 장소였고 이만한 교훈을 배울 다른 제도가 없었기 때문이다. 가족이 없다는 것은 온전함과 행복을 위해 꼭 필요한 무언가를 빼앗긴 상태라는 뜻이다. 가족은 다른 사람들과 더불어 살면서 시민이 되는 방법과 공동체 안에서 사는 의미를 가르쳐주었다. 이상적인 상태의 t세계는 한 개인을 억압하지는 않았으나 다만 독립된 생활을 할 수 없는 방식으로 우리가 자신을 발전시키는 데 필요한 관계적 안정과 지원, 양육, 도덕 기준을 제공했다.

하지만 아리스토텔레스에 따르면 인간의 삶을 풍요롭게 하는 선택의 관계도 있는데, 그것은 바로 우정이다. 우정은 의무로 맺어진 다른 관계와는 달리 자유로운 선택으로 시작되며 연관된 모든 이들의 유익을 추구한다.[6] 우정은 의무로 시작하는 것이 아니기 때문에 우리의 인생에 깊이와 풍요로움을 더하며 양질의 사랑을 선사한다. t세계에서 우정은 행복한 삶의 부속물에 그치지 않고 관계적인 체제의 중요한 측면으로 기능했다. C. S. 루이스가 말한 대로 "고대인들에게 우정은 모든 사랑 중 가장 행복하고 완전히 인간다운 것으로서 인생의

---

6   Aristotle, *Nicomachean Ethics*, trans. Terence Irwin (Indianapolis: Hackett, 1985), bks. 8-9.

왕관이자 덕목의 학교였다."[7]

아리스토텔레스에게 건강한 관계는 물질적인 생활 수준보다 훨씬 더 중요한 것이었다. 그는 행복한 삶을 위해 우리의 필요가 충족되어야 하지만, 물질주의 즉 인간의 행복이 금전적인 부와 소유의 축적에 달려 있다는 믿음은 사회와 개인의 건강한 관계에 가장 큰 위험이 된다고 지적했다. 우리는 현재 물질적인 생활 수준을 삶의 질과 동일시하는 시대를 살고 있기 때문에 아리스토텔레스의 주장을 제대로 이해하기 위해서는 약간의 설명이 필요하다. 이를 위해 짧은 실험에 동참해주시길 바란다. 당신이 꿈에 그리던 자동차를 떠올려보라. 꿈에 그리던 그 자동차를 3년간 몰았다. 그 차는 여전히 당신이 꿈에 그리던 차인가? 이번엔 꿈에 그리던 집을 떠올려보라. 그 집에서 3년을 살았다. 그 집은 여전히 당신이 꿈에 그리던 집인가? 이는 우리가 소유하고 있거나 소유하기를 원하는 모든 대상에 적용될 수 있는 질문이다. 이들 중 그것을 구매하고 소비한 이후에도 우리가 갈망하던 행복을 줄 수 있는 것이 있을까? 없다. 그렇다고 가정한 채로 살아갈 수도 있겠지만 우리는 결코 소유를 통해 우리가 얻고자 애써온 행복을 발견하지는 못할 것이다. 우리는 반드시 이미 소유한 것들에 대해 싫증을 느끼고 더 많은, 다른 소유물들을 원하게 될 것이다. 그리고 종국에는 손에 넣는 모든 것들에 싫증을 느낄 것이다. 행복을 찾아가는 과정에서 물질주의는 막다른 골목이다. 왜 그럴까? 아리스토텔레스에 따르면 우리는 아무리 간절히 바라던 물건이라도 결국 그것을 손에 넣은 다음에는 싫증을 느끼게 된다. 따라서 만족스러운 삶을 살고자 한다면 관계의

---

7   C. S. Lewis, *The Four Loves* (New York: Harcourt Brace Jovanovich, 1960), 87.

질이 생활의 수준보다 더 우선되어야 한다.

t세계에서 **행복**은 우리가 맺는 관계의 질과 깊이 연결되어 있었다. 행복한 가정, 행복한 이웃과 함께 행복한 국가에서 살고 있고 행복한 친구들이 있다면, 행복하기 위한 대부분의 조건을 갖춘 셈이었다. 인간의 행복과 성취를 결정하는 데는 이런 건강한 관계망의 여부가 제일 중요했다. 플라톤은 『국가』 2권에서 건강하고 "최소한"(minimal)의 형태를 갖춘 국가가 어떤 모습인지를 간략히 묘사하면서 이와 관련된 예를 들었다. 소크라테스가 생각하는 이상적인 삶과 국가를 설명하는 다음 인용문을 보면 인간의 행복을 위해 중요한 것은 의복이 아닌 관계임을 알 수 있다.

> 먼저 이렇게 준비가 된 사람들이 어떤 방식으로 생활을 영위해가는지부터 살펴보기로 하세나. 그들은 빵과 포도주나 의류와 신발을 만들면서 살아가지 않겠는가? 또한 집을 짓고 살 것이며 여름에는 대개 옷을 벗은 채로 맨발로 일하겠지만, 겨울에는 옷과 신발을 갖추고 일할 걸세. 영양 섭취로 말하자면 보리쌀에서 보리가루를, 밀에서 밀가루를 마련하여 이것들을 반죽한 뒤 구워서 좋은 품질의 보리 과자나 빵을 만든 다음에 이것을 갈대 받침이나 깨끗한 나뭇잎 위에 얹어 내놓고, 주목과 도금양의 가지로 엮어 만든 돗자리 위에 기대 누워서 자신들은 물론 아이들도 함께 잘 먹을 것이고, 또한 식후엔 포도주를 마시면서 머리에 화관을 두르고 신들을 찬송할 걸세. 서로들 즐겁게 교제하고, 재력에 넘칠 정도로 자식을 낳지도 않을 것인즉, 가난이나 전쟁을 유념하여서 그리한 것이네.[8]

---

8   Plato, *Republic* 2.372b, in *The Republic of Plato*, trans. Allan Bloom, 2nd ed. (1963;

"서로들 즐겁게 교제하고"라고 번역된 구문을 현대의 말로 바꾸어본다면 "서로 즐겁게 교제하다" 또는 "삶을 함께 즐기다"가 될 것이다. 플라톤에 따르면 관계적인 삶의 질은 행복의 가장 중요한 측면으로서 성적인 만족과 동일시되지 않는다.

하지만 플라톤과 아리스토텔레스는 둘 다 행복과 행복한 삶에 또다른 차원이 있다고 이해했다. 앞서 했던 실험에서 한 걸음 더 나아가 당신의 이상적인 친구를 떠올려보라. 그와 3년 동안 가까이 지내고 난 후에도 그 사람은 여전히 당신의 이상적인 친구일까? 당신에게 이상적인 배우자를 떠올려보라. 그와 7년을 살고 난 후에도 그 사람은 여전히 당신의 이상적인 배우자일까? 두 질문에 모두 "그렇다"라고 대답하기는 어려울 것이다. 플라톤과 아리스토텔레스는 만족스러운 삶을 위해 물질적 필요가 충족되거나 사람들과 건강한 관계를 맺는 것 이상이 필요하다고 믿었다. 이들이 볼 때 우리를 정말로 만족시킬 수 있는 유일한 방법은 우리 자신보다 높은 무언가를 사색하고 그것을 이해하기 위해 노력하면서 인생을 보내는 것이다. 그렇다면 우리 자신보다 높은 그것은 과연 무엇일까? 그것을 온전히 아는 것도, 설명하는 것도 불가능하다. 플라톤과 아리스토텔레스는 그것을 "선", "최선", "이상", "운동자"라고 불렀고, 이것을 이해하는 것이 철학의 참된 목적이었다. 이것이 지닌 초월성을 생각하면 신학자들은 하나님으로 부를 수도 있겠다. 플라톤과 아리스토텔레스가 보기에 인간 존재를 넘어선 무언가를 사색하는 일은 최선의 삶을 위한 토대였다.

사색을 제외한 활동에 집착하는 현대에는 이런 진술이 터무니없

repr., New York: Basic Books, 1991), 49.

는 이야기처럼 들린다. 하지만 플라톤과 아리스토텔레스는 우리를 정말로 만족시킬 수 있는 유일한 방법은 절대로 완주할 수 없는 추구에 참여하는 것이라고 보았는데, 인간은 이런 추구를 통해서만이 지루함을 느끼지 못하기 때문이다. 즉 이런 탐색을 통해 인간의 성취가 온전해진다는 것이다. t세계에서 가장 행복한 삶은 (우리를 넘어선 무언가를 알고자 하는) 철학적 또는 신학적인 태도를 요구하며, 이런 추구를 통해 성취를 얻을 때 우리는 비로소 모든 관계를 통해서도 성취를 이룰수 있다. 우리에게 가능한 최선의 삶은 이 모든 요소를 포함한다.

t세계에서의 성관계와 관계적인 성취

t세계에서 성이 성취의 수단이 아닌 충동과 욕구로 인식되었다는 사실은 중요하다. 플라톤은 우리의 욕구가 제대로 된 통제나 지배를 받지 못할 때 우리를 예속할 수 있다고 믿었다. 성관계는 결혼 안에서 원래 기대된 기능과 목적을 수행할 수 있지만, 그 관계를 벗어나서는 불필요한 것이 된다. 성적 충동이 우리를 지배하게 되면 우리에게 행복을 주기는커녕 도리어 우리를 예속하고 행복을 앗아간다. 플라톤은 『국가』1권에서 고령의 케팔로스가 소크라테스에게 나이 드는 것과 성을 포함한 육체의 욕망에 대해 이야기하는 장면을 통해 성이 지닌 특성을 잘 묘사한다.

> 그렇게 해서 우리 중 대부분은 모였다 하면 젊은 시절의 즐거움을 아쉬워하기도 하고, 성적인 쾌락과 더불어 술 잔치나 경축 행사 또는 이런

등속의 것에 속하는 다른 여러 가지 일을 회상하면서 한탄을 하죠. 그러면서 그들은 마치 굉장한 무언가를 빼앗기기라도 한 듯이, 그래서 한 때는 잘 살았으나 이제는 사는 것도 아닌 듯이 화를 내지요. 그런가 하면 어떤 사람들은 노인에 대한 친척들의 불손한 태도에 대해서도 탄식합니다. 뿐만 아니라 자신들에게 닥친 온갖 불행의 탓이 늙었기 때문이라고 하면서 나이 타령을 합니다. 하지만 소크라테스 선생, 내가 생각하기에 이 사람들은 진짜 이유를 탓하지 못하는 것 같습니다. 만일에 그 때문이라면 나도 노령으로 인해서 그와 똑같은 걸 느꼈을 것이며, 이 나이에 이른 다른 사람들도 모두 그랬을 것이기 때문이죠. 하지만 적어도 나는 그렇게 느끼고 있지 않은 다른 사람들을 이미 만난 적이 있어요. 게다가 나는 언젠가 시인 소포클레스께서 어떤 사람한테서 이런 질문을 받게 되었을 때 그분 곁에 있었답니다. "소포클레스 선생, 성적인 쾌락과 관련해서는 어떠십니까? 선생께서는 아직도 여인과 관계를 가지실 수 있나요?"라고 그 사람이 물었죠. 그러자 그분께서는 "쉿, 이 사람아! 그 욕망에서 벗어났다는 게 정말 더할 수 없이 기쁜 일일세. 흡사 광포한 어떤 주인한테서 도망쳐 나온 것만 같거든" 이렇게 대답하시더군요. 사실 그때도 그분이 참 훌륭하게 말씀하셨다고 생각했지만, 지금도 덜하다고 생각하진 않습니다. 노년에 이르러서야 그런 욕망으로부터 큰 평화와 자유를 얻을 수 있게 되니 말입니다. 온갖 욕망이 뻗치기를 그만두고 수그러드는 때가 되어서야 소포클레스께서 말씀하신 상태가 완전히 실현되는 것이니, 그건 참으로 하고많은 광적인 주인들한테서 풀려나는 일이라 할 수 있죠.[9]

---

9 Plato, *Republic* 1.329a-d, in Bloom, *Republic of Plato*, 5.

플라톤과 t세계가 볼 때 성은 기능과 목적이 있는 충동과 욕구로서, 제대로 된 제재와 방향이 없이는 우리를 예속할 수 있는 것이었다.

수많은 플라톤의 대화 가운데는 혼외 성관계도 주제로 등장한다. 하지만 플라톤이 이런 관계를 도덕적으로 용인한 것은 아니다.[10] 그가 케팔로스와 나눈 토론은 성이 개인적, 관계적인 성취를 위한 매개물이 아닌 욕구임을 보여준다. 혼외 성관계는 최선의 삶의 일부가 아니며, 오히려 최선을 삶을 추구하지 못하도록 우리의 주의를 흐트러뜨리기 때문에 미덕이 될 수 없다. 미덕의 행위는 최선의 삶에 기여하는 것인 데 반해 악덕은 그런 최선의 삶을 누릴 능력을 손상시킨다. 플라톤과 아리스토텔레스는 죄에 대한 신학적 개념이 없었기 때문에 성적인 악에 대해 유대교, 기독교, 이슬람교의 방식으로 낙인을 찍지는 않았지만 그 악을 관대히 여기지도 않았다.

t세계의 성관계가 언제나 마땅히 그래야 하는 모습을 보인 것은 아니다. 타키투스는 로마에 온갖 종류의 성적인 악이 존재했다고 기록한다.[11] "위선은 악덕이 미덕에 보내는 찬사다"[12]라는 표현이 사실이라면 로마는 대단한 찬사를 받은 셈이다. 로마의 부패가 심해지고 지도자들이 로마의 윤리 강령을 무시하기에 이르는 동안, 로마 사람들은 윤리 강령을 바꿈으로써 자기들의 행동을 정당화하려는 시도조

---

10 Thomas Pangle, trans., *The Laws of Plato* (Chicago: University of Chicago Press, 1980), 229-34. 플라톤은『국가』5권에서 아내와 아이들의 공동체를 묘사하는데 일부는 플라톤이 자가당착에 빠졌다고 주장할 수도 있다. 하지만 5권은 관계적인 삶에 대한 표준적 묘사가 아닌 정의에 대한 그의 주장을 지지하려는 목적으로 집필되었다.

11 Michael Grant, trans., *Tacitus: The Annals of Imperial Rome*, rev. ed. (London: Penguin Books, 1971).

12 영국의 시인이자 비평가인 Matthew Arnold(1822-1888)의 말이다.

차 하지 않았다. 이들은 윤리를 수호하는 대신 위선을 선택했다.

t세계에서 인간의 행복과 성취는 각 개인이 맺고 있는 관계의 건강 및 사색하는 삶에 참여하는 능력과 직접적으로 연결되어 있었다. 악덕은 선한 모든 것을 훼손했고 t세계는 이 점을 잘 이해했다.

건강하고 튼튼한 구조를 갖춘 확대 가족은 t세계의 기초가 되기 때문에, 성관계가 한 남자와 한 여자 사이의 부부 관계에서만 용인된 것은 당연한 일이다.[13] 동거, 간음, 혼외 출산은 t세계의 관계망을 훼손했다. 어떤 이유에서든 충분히 많은 수의 사람들이 이런 체제 바깥에서 생활하게 될 때나 성적인 관계든 아니든 선택의 관계를 위해 **의무**의 관계에 대한 헌신을 저버릴 때 t세계의 존재는 위협받았다. 두가지 모두를 가질 수는 없다. 이런 관계망이 보편적 법칙이 아니게 될 때 그것이 만들어낸 사회는 무너질 것이다. 그리고 사실상 어느 기준으로 보아도 이는 지금 우리 사회에 일어나고 있는 현상이다. t세계는 우리 눈앞에서 사라지고 있다. 그렇다면 "무엇이 그 자리를 대신하게 될까?"

---

13 David Blankenhorn은 『결혼의 미래』(The Future of Marriage) 2-4장에서 이런 윤리 가 역사적으로 발달되어온 방식을 탁월히 묘사한다.

2

우리는 어쩌다
여기 i세계까지 오게 된 걸까?

> 우리 시대의 자유는, 그것을 사실이라고 믿지만 않는다면, 우리가 원
> 하는 어떤 가치에도 자신을 헌신할 수 있는 그런 자유를 의미한다.
>
> 하버드 졸업식의 학생 답사[1]

지난 세기에 세상은 극적으로 변화했다. 인류 역사의 어느 기간과 비교해보다라도 지난 백 년간 일어난 기술적 변화는 매우 빠르게 진행되었으며, 이 사실을 믿기 위해 특별한 신념이 필요하지는 않다. 하지만 이런 변화의 규모는 기술에만 한정되지 않는다. 지난 수십 년 동안 우리는 문화의 관계적인 체제와 도덕 기준이 극적으로 전환되는 것을 목격했다. 수천 년에 걸쳐 부도덕한 죄로 간주되어온 성행위가 오늘날에는 묵인되거나 수용되고 있으며 심지어는 건강한 것이라고 여

---

1   Robert N. Bellah, Richard Madsen, William M. Sullivan, Ann Swidler, and Steven M. Tipton, *The Good Society* (New York: Vintage Books, 1992), 44.

겨지기도 한다. 서구 문명이 기초를 둔 세계관에 변화가 일어나고 있다. 우리는 세상과 우리 자신에 대해 생각하는 본질적인 방식이 변화하는 시대에 살고 있다. 인간, 관계, 성을 이해하는 데 확고한 방식이 있던 시대에서 그와는 매우 다른 인식을 갖는 시대로 진입하고 있다. 개인의 도덕과 관계적인 선택이 우리가 갈망하는 행복과 성취를 가장 크게 되돌려준다는 믿음 아래서 오랫동안 건재해온 경계들이 무너지고 있다. 이번 장 서두의 인용이 터무니없는 소리로 치부되던 세상을 떠나 그 주장이 말이 되는 세상으로 진입하고 있다. 이제 우리는 세상이 어떻게 그리고 왜 그렇게 되었는지를 살펴볼 것이다.

개인의 관계적인 선택이 인간의 자유를 성취하는 경로로서 이전보다 더 선호되면서 t세계의 관계망을 대체하고 있다. 이제 사람들은 우리에게 주어진 도덕적 관계망 안에서 만족을 찾아가는 그런 구조보다 스스로 도덕적·관계적인 세상을 구축하게 하는 자유가 인간 성취를 위한 최선의 기회를 제공한다고 본다. 성관계의 새로운 도덕적 토대는 한 남자와 한 여자 사이의 결혼 언약이 아닌 상호 동의 위에 세워지고 있다. 그 결과 성관계가 결혼과 출산으로부터 분리되었다. 자녀를 낳는 결정은 이제 성관계를 갖는 것과는 별개의 선택이다. 여러 파트너와의 성관계로 인한 개인의 건강 문제도 선택의 자유에 따르는 당연한 결과로 간주된다. 자녀와 부모, 배우자, 제삼자에 대한 개인의 관계적인 선택의 결과는 개별 성인의 행복과 자율에 비해 덜 중요한 것으로 여겨진다. 결혼은 여전히 존재하지만, 관계된 양자 모두가 그것의 존재를 원할 때에 한해 성립되고 지속된다. 확대 가족 관계도 여전히 존재할 수 있겠지만, 관계된 모든 사람들이 서로 연결되어 있기를 바랄 때만 가능하다. 텔레비전 드라마 「소프라노스」를 보면 결함이 있는 가정의 구성원일지라도 서로에게 신실할 수 있으며 혈연관계에서 나오는 유대 역시 그 어떤 것과도 비교할 수 없이 강하다는 점을 알게 해주는 묘사가 등장하지만, 그런 관계적인 헌신은 오늘날 서구에서 급속도로 사라지고 있다.

결혼과 가족, 인간 성의 이해에 대한 이런 전환은 지진과도 같은 극심한 변화다. 이제 우리는 완전히 새로운 관계적인 패러다임의 세상에 살고 있다. 이는 예전과 전적으로 구별된 새로운 한 시대의 시작을 알리는 신호다. 서구 사회는 옛날부터 우리 삶의 도덕적인 기초로서 작동해온 전통 철학과 계시 종교(유대교, 기독교, 이슬람교)로부터 멀어져서 이제는 개인의 선호와 선택이 최고 결정권자의 자리를 차지한 시대로 들어서고 있다.

그렇다면 어떻게, 왜 이런 일이 일어난 걸까?

이 질문에 답하기 위해서는 우리가 진입하고 있는 시대를 이해하고 정의할 방법을 찾아야 하는데 이는 쉬운 일이 아니다. 전환의 과정을 겪는 가운데서 역사 속의 한순간에 불과한 현재를 지배하는 풍조를 묘사할 수 있는 지속적이고 철학적으로 일관된 방식이 없기 때문이다. 우리가 새로운 세상으로 들어가고 있다는 말은 맞지만 우리는 아직 그곳에 도착하지 못했으며, 앞으로 보겠지만 "그곳"이 정확히 어디인지조차 분명하지 않다. 결과적으로 나는 우리의 현 순간을 묘사하고 이해하는 최선의 방법이 그것을 "i세계"로 명명하는 것이라고 믿는다. 스티브 잡스(Steve Jobs)와 애플의 구성원들은 우리 시대의 정신이 속박되지 않은 개인주의와 자유의 정신임을 탁월하게 간파했고, 그 결과 자신들이 만들어내는 제품에 i라는 접두사를 붙였다. 아이맥(iMac), 아이팟(iPod), 아이폰(iPhone)은 우리가 살고 있는 시대의 참된 본질을 포착하는 물건의 이름이다. 간략히 말해 t세계는 i세계로 대체되고 있다.

이런 전환은 자유와 성취에 대한 우리 이해에 혁명을 불러일으킨다. t세계와 i세계는 이 두 가지를 우리에게 가능한 최선의 삶의 본질로 받아들인다. 둘 사이에 논쟁이 있다면 자유와 성취를 어떻게 이해하고 획득하는지에 관한 것이다. 이 문제에 대해 두 세계는 서로 완전히 의견을 달리하지만, 우리가 세계를 이해하는 방식에 일어난 심각한 변화 때문에 i세계가 현재 여론 법정에서 승리를 거머쥐고 있다는 사실만큼은 분명하다. 철학적으로 말해 우리는 문화적 인식론의 변화를 겪고 있다. "인식론"은 "앎의 이론" 또는 인간 존재의 근원적 질문인 "무엇이 참이라는 사실을 어떻게 아는가?"에 대한 특정한 대답이다. 모든 사회나 시대는 특정한 인식론, 즉 무엇이 참이라는 사실을 어떻게 아는가에 대한 특정한 대답을 기초로 한다. 어느 날 아침에 일어나서 문득 이 세상의 도덕적, 사회적 구조에 대해 근원적인 질문을 던지는 사람은 없다. 우리가 수백만에 달하는 동료 여행자들과 더불어 매일 이런 질문을 던질 필요가 없는 이유는, 공통된 인식론(무엇이 참이라는 사실을 어떻게 아는가에 대한 우리의 집합적 대답)을 기초로 형성된 공통의 답을 집합적으로 공유하기 때문이다. 이것 없이는 우리가 사회로서 기능할 수 없다. 우리가 상대적인 평화와 조화 속에서 기능할 수 있는 이유는 우리에게 공통된 답이 있고 그 답이 각자의 삶을 규제하는 데 도움을 주기 때문이다.[2] t세계에도 자신만의 인식론이 있

---

2 Alexis de Tocqueville, *Democracy in America*, vol. 2, ed. Phillips Bradley (New York:Vintage Books, 1990), 8.

었지만 그것은 점차 거절을 당했고, 그에 따라 새로운 세계로의 전환이 불가피해졌다. 우리는 이 현상이 일어난 경위를 살펴봄으로써 서론에서 던진 "왜?"라는 질문에 대답할 수 있을 것이다.

서구 인식론의 역사에 대한 간략한 개요

서구 문명의 역사에 남은 시대들은 각기 다른 사상의 토대와 그에 따른 지배적인 인식론을 갖는 것으로 유명하다. 예를 들어 고전 세계의 세계관과 윤리의 기초에는 그리스 로마 철학의 특정 요소가 포함되어 있다. 여기에 단 하나의 지배적이고 통일된 철학적 접근이 있었던 것은 아니며, 오히려 고전 시대를 정의한 것은 현실을 이해하는 최선의 방식이 플라톤과 아리스토텔레스가 추구했던 철학적 질문을 통해 이루어진다는 믿음에 대한 헌신이었다. (비록 보편적인 지지를 받은 것은 아니었지만) 일반적으로 세상의 목적이나 목표를 연구하는 철학적 질문이 마땅히 인간의 행동을 다스릴 만한 도덕적 진리를 선사해줄 수 있다는 믿음이 받아들여졌다.

중세 사상은 인간의 도덕적 질문을 두고 신적 계시(토라, 성경, 코란)에 권위를 부여함으로써 고전 사상과는 다른 인식론을 갖는다. 대부분의 중세 사상가들은 신적 계시와 고전 철학 사상의 최선이 서로 충돌한다고 생각하지 않았다. 오히려 신적 계시가 고전 철학의 많은 견해에 중요한 확증을 제공할 뿐 아니라 이생과 내생의 목적에 대한 정보를 더해준다고 믿었다. 기독교, 유대교, 이슬람교를 믿는 사람들은 각자 어떤 문서가 신적 계시인지를 두고 서로 다투지만, 세 종교의 경전에는 일부 동일한 본문이나 이야기들이 포함되어 있다. 또한 이들은 자연 세상과 특별히 인간의 삶과 관계를 위한 윤리 강령을 이해하는 데 본질적 기초를 제공하는 신적 계시의 인식론적 권위를 인정한다.

유대교, 기독교, 이슬람교가 주창하는 윤리 강령이 인간의 성관계, 특히 간음과 혼전 성관계 및 동성애에 대한 가르침에서 많은 공통점을 갖는다는 사실은 중요하다.[3] 중세에서 발전한 인식과 사상들은 많은 부분에서 고전 세계와 조화를 이룬다고 알려져 있기 때문에, 중세와 고전 세계가 서로 단절되어 있다고 보기는 어렵다. 오히려 그리스-로마 철학과 세 가지 계시 종교를 기초로 t세계가 서구에 등장한 것이다.

근대의 인식론

과학자들이 자연 세계에 대한 고전, 중세 사상가들의 결론과 추정에 질문을 던지면서 i세계로의 전환이 시작되었다. 갈릴레이를 비롯한 과학자들은 이전 세대의 철학자들과 신학자들이 여러 다른 것들과 더불어 태양이 지구를 공전한다고 잘못 주장해온 사실을 발견했다. 갈릴레이와 그의 동료들은 교회가 잘못된 의견들을 강요하기 위해 사용한 강압적인 방식에 반발했는데, 서구 사회의 인식론적 뼈대인

---

3 Don S. Browning, M. Christian Green, and John Witte Jr., eds., *Sex, Marriage, and Family in World Religions* (New York: Columbia University Press, 2006), xxii-xxvii.

고전 철학과 신적 계시를 훼손하려는 의도는 아니었겠지만 결과적으로는 그렇게 되었다. 철학자들과 신학자들은 자연 세계를 상당 부분 잘못 이해했고 자연과학이야말로 자연에 대한 정확한 정보를 얻을 수 있는 신뢰할 만한 방식이라는 사실이 증명되면서, 근대는 인식론의 수준에서 자연과학이 차지하고 있는 위치를 높였다. 즉 인생의 모든 영역에서 무엇이 참인지를 권위적으로 수립할 수 있는 새로운 방식으로 승격시킨 것이다.

과학적 방식은 무엇이 참인가에 대한 다양한 주장의 타당성을 시험하기 위한 접근으로 정의될 수 있으며, 실제로 이런 방식을 통해 자연 세계에 대한 우리의 이해가 크게 진보했다. 로체스터 대학교의 물리 천문학 교수인 프랭크 울프스(Frank Wolfs)는 다음과 같이 설명했다.

과학적 방식에는 네 가지 단계가 있다.

1. 한 가지 현상이나 여러 현상에 대한 관찰과 묘사
2. 그런 현상을 설명하기 위한 가설 형성
3. 다른 현상의 존재를 예측하거나 새로운 관찰 결과를 양적으로 예측하기 위한 가설의 사용
4. 여러 독립적 실험자들과 올바르게 수행된 실험들을 통해 예측 시험 수행

만일 실험이 가설을 지지한다면 가설은 이론이나 자연 법칙으로 간주될 수 있다.…만일 실험이 가설을 지지하지 못한다면 가설은 거부되거나 수정되어야 한다. 방금 제시된 과학적 방법의 핵심은 실험에 의한 시

험을 통한 가설이나 이론의 예측 능력(집어넣은 것보다 이론으로부터 더 많은 것을 얻어내는 능력; Barrow, 1991을 참조)에 있다. 과학에서 이론은 결코 증명될 수 없으며 다만 이론의 오류가 증명될 뿐이라는 말이 있다. 새로운 관찰이나 실험이 오래 존재해온 어떤 이론과 출동할 가능성은 언제나 존재한다.[4]

이런 과학적 방식으로 대표되는 근대의 인식론은 우리에게 많은 혜택을 주었다. 과학자들은 철학자들과 신학자들이 자연 세계에 대해 갖고 있던 잘못된 추정들을 바로잡았다. 이와 더불어 자연 세계에 대한 우리의 지식을 크게 확장시킴으로써 의학, 공학과 같은 여러 학문이 진보할 수 있었다. 중세 신학이 고전 철학의 여러 통찰을 받아들였던 것과 유사하게 근대 역시 과학을 고전 철학과 중세 신학에 대한 인식론적 보충제로 활용할 수도 있었다. 하지만 근대는 과학적 방식을 고전 철학과 중세 신학 모두를 대체할 인식론으로 사용했다. 매정하게도 근대는 과학적으로 타당하지 않은 사고 방식을 위해서는 어떤 공간도 남겨두지 않았다.

하지만 꼭 그럴 필요는 없었다. 자연과학의 본질은 윤리적 안내자로서의 철학이나 신학을 포기하도록 요구하지 않기 때문이다. 예를 들어 많은 기독교인들이 과학과 이성과 계시 사이의 본질적인 조화를 보여주려고 애써왔다.[5] 하지만 근대는 기독교의 계시가 근대 과학

---

4   Frank Wolfs, "Introduction to the Scientific Method," http://teacher.pas.rochester. edu/ phy_labs/AppendixE/AppendixE.html. Barrow 참조는 John Barrow, *Theories of Everything* (Oxford: Oxford University Press, 1991)이다.

5   그 예로 『G. K. 체스터턴의 정통』(아바서원 역간), C. S. Lewis의 『인간폐지』(홍성사

의 이성과 충돌을 일으키기 때문에 세계가 새로운 자유의 세계로 진보하기 위해서는 기독교가 폐기되거나 상당한 수정을 거쳐야 한다고 주장한 볼테르와 같은 계몽 철학자들에 의해 점령당하게 된다.

18세기 근대는 과학과 이성이 삶에 대한 모든 질문에 답을 줌으로써 우리를 역사와 전통, 종교의 사슬로부터 자유롭게 할 수 있다는 능력에 대한 낙관주의가 넘쳐났다. 토마스 제퍼슨(Thomas Jefferson)이 로저 웨이트만(Roger Weightman)에게 보내기 위해 1826년 6월 24일에 작성한 편지에는 그런 관점이 잘 드러난다.

> 내가 도래할 것으로 믿는 (어떤 부분에서는 곧, 다른 부분에서는 좀 더 늦을 수도 있겠지만 결국에는 모든 부분에서) 세상이여! 이 세상에서 사람들은 잠에서 깨어나 수도원 냄새가 나는 무지와 미신에 속아 자신을 속박해온 사슬을 깨부수고 자기 통치의 축복과 안전을 취하기 시작할 것이다. 우리가 대체한 이 형태는 이성과 의견의 자유를 무한히 행사할 권리를 회복시킨다.[6]

이 시대에는 인간이 억제받지 않고 자유로이 생각할 수만 있다면 자신을 종교("수도원 냄새가 나는 무지")와 미신으로부터 자유롭게 함으로써 진리와 자유를 찾을 수 있다는 거대한 낙관주의가 있었다.

근대의 "계시"는 과학적 방식이다. 사람들은 자연 세계를 정복

역간), Stanley L. Jaki의 *Bible and Science* (Front Royal, VA: Christendom, 1996)가 있다.

6　Thomas Jefferson, *Selected Writings*, ed. Harvey C. Mansfield Jr. (1979; repr., Arlington Heights, IL: Harlan Davidson, 1987), 12-13.

한 과학의 능력에 대해 매우 큰 믿음을 갖고 있던 나머지 과학이 인간의 한계를 극복하는 데도 동일한 힘을 제공해줄 것이라는 기대감 아래 인문 (혹은 사회) 과학에도 과학적 방식을 적용하였다. 20세기 사회과학(경제학, 심리학, 사회학, 인류학, 정치학)은 인간의 행동 연구에도 과학적 방식을 체계적으로 적용하겠다는 의도로 개발되었다. 이는 자연에 대한 권력을 거머쥐는 데 과학이 혁명적으로 기여한 만큼 사회과학에서도 인간에 대한 우리의 이해를 확장해보겠다는 목표로 추진된 것이었다. 사회과학 분야의 이런 실험, 소위 근대 프로젝트(the Modern Project)는 인간의 능력을 강화하기 위해 세상에 대한 모든 믿음을 재검토하는 데 과학적 사고를 사용하겠다는 체계적인 노력의 발로였다. 자연과학은 우리가 자유의 이름으로 자연 세계를 장악할 수 있도록 도울 것이며, 사회과학은 비슷한 목표를 위해 인간 본성을 정복하도록 할 것이다.[7]

근대는 인쇄술과 산업 혁명, 전기의 상용화 외에도 셀 수 없이 많은 발명들을 통해 과학이 자연을 정복하고 지배하는 광경을 목격했을 뿐 아니라 이런 지식을 개인의 목적을 위해 자유로이 사용하도록 허가한 이른바 과학 승리의 시대였다. 근대의 주요 철학 학파는 자유주의로서, 그 이름대로 해방과 자유를 강조했다.[8] 과학과 마찬가지로 자유

---

7   Leo Strauss, "The Crisis of Our Time," in *The Predicament of Modern Politics*, ed. Harold J. Spaeth (Detroit: University of Detroit Press, 1964), 41.

8   철학 학파로서의 "자유주의"는 현대 미국 정치에서 사용되는 "자유주의"와는 다른 의미를 갖는다. 예로 공화당과 민주당은 이들이 일관적으로 지지하는 이상(ideas)의 범위 안에서는 둘 다 자유주의에 철학적 뿌리를 내리고 있다. 의견이 일치하지 않는 부분은 그것이 철학적이라는 범주 안에서 자유주의의 의미에 대한 분쟁을 대변한다고 볼 수 있다.

주의 역시 이성이 전통과 관습의 세상을 넘어 우리의 자유를 확장시켜 준다고 주장하는 한 근대 과학의 이상적인 정치적, 철학적 동반자인 셈이다. 여기서 i세계의 씨앗이 뿌려졌다는 사실을 엿볼 수 있다. 홉스와 로크를 비롯한 자유주의 철학자들은 인간의 자유를 개인주의적 용어로, 관계를 계약적 용어로 다시 상상했다. 이성에 바탕을 둔 정치적 경계(인권)와 윤리 강령을 포함한 자연적 질서에 대한 믿음은 여전히 우세했지만, 근대는 인간 자유의 확장과 아주 밀접한 관련이 있던 시대였다. 이전에는 자유가 전통적인 관계 체제 안에서 자연과 조화를 이루어 사는 것으로 이해되었다면, 자유주의는 자유에 대한 이런 이해를 완전히 뒤집어 최대한 경계와 억제가 없이 사는 것으로 자유를 재정의했다. 근대가 자연과학을 이용해 인간이 자연의 경계를 극복하는 일을 돕기 위한 것처럼 자유주의는 정치적, 도덕적 자유의 경계를 확장하고자 했다.

아마도 자유주의가 이해한 자유에 대한 최고의 진술은 존 스튜어트 밀(John Stuart Mill)이 『자유론』의 서론에 쓴 내용일 것이다.

나는 이 책에서 자유에 관한 아주 간단명료한 단 하나의 원리를 천명하고자 한다.…그 원리는 다음과 같다. 인간 사회에서 개인이나 집단 그 누구든 다른 사람의 행동의 자유를 침해할 수 있는 경우는 오직 자기 보호를 위해 필요할 때뿐이다. 다른 사람에게 해를 끼치는 것을 막기 위한 목적이라면, 당사자의 의지에 반해 권력이 사용되는 경우도 정당하다고 할 수 있다. 이 유일한 경우를 제외하고는 문명사회에서 구성원의 자유를 침해하는 그 어떤 권력의 행사도 정당화할 수 없다. 자신의 물질적 또는 도덕적 이익을 위한다는 명목 아래 간섭하는 일도 일절 허용되지 않는다. 당사자에게 더 좋은 결과를 가져다주거나 더 행복을 줄 수 있다는 이유로, 또는 다른 사람이 볼 때 그렇게 하는 것이 현명하거나 옳은 일이라는 이유로, 당사자의 의사와 관계없이 무슨 일을 시키거나 금지해서는 안 된다. 이런 선한 목적이 있다면 그 사람에게 충고하거나 논리적으로 따지면서 설득하면 된다. 아니면 간청할 수도 있다. 그러나 말을 듣지 않는다고 강제하거나 위협을 가해서는 안 된다. 만약 그런 행동을 억지로라도 막지 않으면 다른 사람에게 기어이 나쁜 일을 하고 말 것이라는 분명한 근거가 없는 한, 결코 개인의 자유를 침해해서는 안 된다. 다른 사람에게 영향을 주는 행위에 한해서만 사회가 간섭할 수 있다. 이에 반해 당사자에게만 영향을 끼치는 행위에 대해서는 개인이 당연히 절대적인 자유를 누려야 한다. 자기 자신, 즉 자신의 몸이나 정신에 대해서는 각자가 주권자다.[9]

이것은 개인의 자유에 대한 가장 확실한 자유주의적 정의겠지만, 밀은 근대의 도덕성이 갖는 의미와 관련해 중요한 질문 하나를 던진다. 개인의 자유도 중요하지만, 그가 부여한 한계들도 중요하다. 밀은 『공리주의』에서 도덕적 행위는 즐거움을 최대화하고 고통을 최소화해야 한다고 주장하면서, 그렇기 때문에 다른 사람들에 대한 우리 행동의 영향이 어떤 특정 행동을 도덕적이라고 판단하기 전에 계산되어야 한다고 말한다.[10]

---

9   John Stuart Mill, *On Liberty*, ed. Elizabeth Rapaport (Indianapolis: Hackett, 1978), 9.
10   John Stuart Mill, *Utilitarianism* (Indianapolis: Hackett, 1979), chap. 2.

흄, 니체와 근대의 몰락 (그리고 탈근대의 출현)

고통과 쾌락에 관한 밀의 공식인 "공리주의적 계산법"(utilitarian calculus)은 자연과학이 자연 법칙에 선사하는 만큼의 도덕적 확실성을 제공하지 못한다. 도덕성을 이해하는 가장 확실한 방법을 찾는 것이 자유주의 철학자들과 근대 프로젝트의 난제가 되었다. 과학적 방식과 이성만으로 도덕적 질문에 대한 권위적인 답을 찾을 수 있을까? 이 시대의 초기에 존 로크(John Locke)를 포함한 여러 학자들은 그럴 수 있다는 낙관을 품었다. 옥스퍼드 크라이스트 처치 대성당에 있는 로크의 표지석에는 다음과 같은 말이 적혀 있다. "나는 거짓에 반하는 참이 존재한다는 사실을 안다. 이것을 찾고자 하는 이는 찾을 수 있으며 구할 만한 가치가 있다." 이성에 대한 지극한 헌신을 보인 토마스 제퍼슨도 이것이 가능하다고 믿었다. 제퍼슨은 자신의 성경에서 기적들을 비롯해 자연과학의 발견에 어긋나는 모든 것을 삭제했지만 계몽된 이성의 지지를 받는다고 여긴 예수의 도덕적 가르침만큼은 그대로 남겨두었다.[11]

제퍼슨의 이런 행동에도 불구하고 계몽주의 철학자들 가운데서는 과학적 방식이 자유주의가 추구하고 근대가 요구하는 도덕법을 제공할 수 있는가에 대한 의심이 시작되고 있었다. 데이비드 흄(David Hume)과 같은 철학자들은 도덕성에 대한 근대 과학의 탐색이 실패할 수밖에 없다고 보았다. 그들은 과학적 방식이 자연 세계의 측면

---

11 Thomas Jefferson, *The Life and Morals of Jesus of Nazareth: Extracted Textually from the Gospels, Together with a Comparison of His Doctrines with Those of Others* (St. Louis: N. D. Thompson, 1902).

을 이해하는 데는 탁월하지만, 과학으로 도덕적 진리를 결정할 수는 없다는 사실을 깨달았다. 과학적 방식은 자연 세계를 통제하고 심지어 사람의 행동을 조종하는 능력을 강화하면서 우리에게 가능한 도덕적 선택들이 무엇인지를 분명히 보여주지만 과학만으로 어떤 도덕적 선택이 옳은지를 결정할 수는 없다. 흄은 자신의 책『인간이란 무엇인가』에서 "존재와 당위의 딜레마"(is-ought dilemma)를 사색함으로써 "존재"(is)로부터 "당위"(ought)를 이끌어낼 수 없다는 사실을 언급하고 관련된 문제를 서술한다.[12] 과학은 우리에게 있는 그대로의 사실(what is)을 이야기해줄 수는 있지만 마땅히 어떤 행동을 해야 하는지(how we ought to act)를 알려주지는 못한다. 예를 들어 과학은 핵무기를 어떻게 만드는지는 알려줄 수 있지만 그런 일이 일어난다면 언제 그 무기를 사용해야 하는지를 알려줄 수는 없다. 도덕성은 우리가 어떤 상황에서 마땅히 어떻게 행동해야 하며 무엇을 해야 하는지의 질문에 집중하기 때문에, 있는 그대로의 사실만을 묘사하는 과학을 통해 도덕적 질문을 해결할 수는 없다. 결과적으로 말해 근대 자유주의 철학의 참된 인식론적 기초가 과학적 방식이라면 흄이 묘사한 도덕 철학과 충돌하는 논리적 문제는 해결될 수 없다.

흄의 관찰은 근대에 경이로운 영향을 미친다. 흄이 옳다면 **당위**는 도덕적으로 무의미한 말이 되는데 서로 경쟁하는 **당위**적 주장들을 평가할 만한 과학적 방법이 없기 때문이다. 미덕, 정의, 선, 도덕은 과학적으로 검증될 수 없기 때문에 과학은 도덕적 질문에 대한 답에

---

12   David Hume, *A Treatise of Human Nature*, 2nd ed., ed. L. A. Selby-Bigge and P. H. Nidditch (Oxford: Clarendon, 1978), 469-70.

있어 실질적으로 불가지론적이다. 만약 흄이 옳아서 과학이 참에 대한 주장을 이끌어내는 유일한 방법이라면 우리가 하는 도덕적 선택을 좌지우지하는 것은 이성보다 감정이다. 그리고 감정은 개인적이며 주관적이기 때문에 도덕 추론을 위한 적절한 안내자가 될 수 없다.

흄은 인간에 대한 근대적 이해를 한정하는 데 큰 역할을 했다.[13] 첫 번째로 그는 이성, 철학, 신학을 과학적 추론에 예속시킴으로써 결과적으로 도덕 철학과 신학 실천을 도덕적으로 무의미하게 만들었다. 두 번째로 과학적 방식이 인간을 연구하는 유일하고 올바른 방식이라면 유일하게 중요한 것은 물질이 된다. 사랑과 같이 영적이고 비물질적인 범주에 든 것들은 인간에 대한 우리의 연구와 관련이 없게 되는데, 그 이유는 과학적 방식으로 존재를 증명할 수 없기 때문이다. 흄이 옳다면 인간은 물질에 불과하고 우리의 동기는 감정의 산물일 뿐이다. 그에 따라 우리가 사랑이나 영성 또는 하나님과의 관계로 묘사하는 것들은 환영에 지나지 않는다. 즉 오감을 통해 모여진 것들의 영향을 받아 우리 몸에서 일어나는 생화학적인 반응이 가져다 주는 가공된 감정의 산물에 불과한 것이다. 흄이 옳다면 비물질적인 (영적인) 육감은 존재하지 않는다. 흄이 옳다면 계시 종교는 물론 고전적 도덕 철학의 의미에도 가치 있는 무언가가 남지 않는다. 그리고 마지막으로 흄이 옳다면 t세계는 복구 불가능한 타격을 입는다. 실제로 이런 일이 일어났지만, 서구 사회는 1960년대 성 혁명이 일어난 이후에야 그 사실을 온전히 깨달았다.

---

13 Montague Brown, *Restoration of Reason: The Eclipse and Recovery of Truth, Goodness, and Beauty* (Grand Rapids: Baker Academic, 2006), 106-11.

칼 베커(Carl Becker)가 지적한 대로 철학자들이 개념을 수립하고 씨름하는 시점과, 만약 수용된다고 할 때 그 개념이 사회를 변화시키는 시점 사이에는 간극이 있을 수 있다.[14] 자유주의에도 정확히 이런 일이 일어났다. 자유주의는 개인주의를 칭송하고 전통적 관계 체제를 허물어 t세계의 도덕적 기초를 지성적으로 무너뜨렸다. 그렇다고 t세계가 즉시 빠른 속도로 사라진 것은 아니다. 계몽주의가 진행되는 중에도 서구에서 일어난 변화는 미미해 보였다. 철학자들은 실제로 수용된다면 t세계의 토대를 무너뜨릴 수 있을 만한 논문들을 저술했지만 t세계는 건재했다. 이런 자유주의의 함의를 이해하거나 높이 평가한 사람들은 드물었고, 그것을 이해한 이들마저도 그것에 맞추어 변화해야 한다고 사회를 설득하지는 않았다. 이는 마치 철학자들이 아침에 사무실로 출근해 종일 t세계의 토대를 무너뜨릴 책들을 쓰고, 하루를 마감하면서는 불을 끈 뒤에 아무 일도 없었다는 듯 집으로 돌아가는 모양새와 같았다.

흄은 근대의 도덕적 함의에 대한 가장 설득력 있는 에세이인 『자연 종교에 관한 대화』(*Dialogues Concerning Natural Religion*)를 사실상 출간하지 않음으로써 이런 모습에 딱 들어맞는 행동을 했다. 그는 이 저술을 책상 서랍 안에 미출간 원고로 남겨두었고 원고는 그가 죽은 후에야 발견되었다.[15] 마치 미래를 내다본 후 자신이 목격한 미래가 싫어서 다른 사람들이 나쁜 소식을 전하도록 내버려둔 것처럼 말이다.

에드먼드 버크와 알렉시 드 토크빌은 심각한 변화가 닥쳐올 것

---

14   Carl L. Becker, *The Heavenly City of the Eighteenth Century Philosophers* (New Haven: Yale University Press, 1932), 특히 3장을 보라.

15   Ibid.

을 예견했다. 버크는 『프랑스 혁명에 관한 성찰』에서 자유주의가 궁극적으로 사회에 미칠 영향을 진술한다. 그는 프랑스 왕실, 특히 마리 앙투아네트를 몰락하게끔 만든 프랑스 혁명을 논하면서 이 자유주의 혁명이 서구의 미래에 어떤 의미를 갖는지 매우 정열적이고 우아한 용어로 한탄한다.

내가 당시 태자비였던 프랑스 왕비를 베르사유 궁전에서 배알한 지 이제 16-17년이 지났다. 물론 그녀는 지구와는 접촉점이 없는 듯 보였지만, 확실히 이 행성에 이보다 더 기쁜 모습이 비친 적은 없었다.…오! 혁명이라니! 그 상승과 그 추락을 아무 감회 없이 바라본다면 내 심성이란 도대체 무엇이겠는가!…용감한 사람들의 나라, 신의를 존중하는 사람들과 기사들의 나라에서, 그런 재앙이 그녀에게 닥치는 모습을 살아서 보게 될 줄은 꿈에도 생각하지 못했다. 그녀가 모욕당할 위험이 언뜻 나타나기만 해도 일만 개의 검이 응징을 위해 칼집에서 뽑혀 나오리라 생각했다. 그러나 기사도의 시대는 갔다. 궤변가, 수전노, 계산하는 자들의 시대가 이어졌다. 유럽의 영광은 영원히 소실되었다.…

　이와 같은 견해와 감정이 혼합된 체계는 옛 기사도에 기원을 두고 있다. 그리고 그 원리는 인간사의 갖가지 형세에 의해 모습이 변했지만, 오랫동안 세대를 이어서 보존되었으며 우리가 살고 있는 시대에도 영향을 미쳤다.…

　그러나 이제 모든 것이 변할 것이다. 권력을 온화하게 만들고 복종을 자유로운 것으로 만들며, 인생의 상이한 명암들을 조화시키며, 사교를 아름답고 부드럽게 하는 정서를 온화한 동화에 의해 정치로 편입시키는 모든 유쾌한 환상이, 광명과 이성의 이 새로운 정복 제국에 의해 해체될 운명에 처했다. 인생을 품위 있게 가려주는 모든 포장이 거칠게 찢겨나갈 운명이다. 도덕적 상상력이라는 옷장에서 나온 모든 부가적인 관념은, 우습고 불합리하며 낡아빠진 유행 취급을 받고 타파될 것이다. 하지만 그런 관념은, 벌거벗은 채로는 가련하게 떨기 마련인 본성의 결점을 가리기 위해 필요하며, 본성을 고양해 우리 자신의 평가를 높이는 데도 필요하다. 그런 관념은 가슴이 품고 이해력이 받아들인 것이다.

저들의 사고방식에 따르면 국왕은 한 남자에 불과하다. 왕비는 한 여자에 불과하다. 한 여자는 한 마리 동물에 불과할 뿐이며, 그마저도 최고급 동물은 아니다.[16]

프랑스 혁명은 자유주의의 승리였고 버크는 프랑스 혁명가들이 꿈꾼 것보다 훨씬 큰 규모의 심각한 변화가 밀려오고 있다는 사실을 알았다. 바로 t세계의 관계적 체제가 자유주의적 개인주의로 교체되는 순간이 다가오고 있었다.

이런 통찰은 버크만 가졌던 것이 아니다. 알렉시 드 토크빌은 신흥 자유 민주주의를 연구하기 위해 1830년대 미국으로 온 이래 변화가 다가오고 있음을 깨달았다. 토크빌은 시민들이 t세계의 전통적 관계와 계층적 체제를 벗어버리고 인간의 평등과 자유라는 자유주의적 개념을 진지하게 받아들이면서 지금까지 알려진 바 없고 상상된 적이 없는 개인주의가 부상하게 되었다는 사실을 지적함으로써 인류 역사에서 새로운 현상이 나타나고 있음을 알렸다.

---

16 Edmund Burke, *Reflections on the Revolution in France*, ed. J. G. A. Pocock (Indianapolis: Hackett, 1987), 66-67.

나는 이미 평등의 시대에 사는 모든 사람들이 어떤 방법을 통해 자기만의 견해를 찾아내는가를 밝힌 적이 있다. 이제는 그들의 모든 감정이 어떤 방법으로 자기 자신만을 향하게 되는지를 밝혀보려고 한다. "개인주의"(Individualism)라는 것은 새로운 관념에 의해 창출된 신기한 표현이다. 우리들의 조상은 오직 "이기주의"(egoism)만을 알고 있었다. 이기주의는 자신에 대한 열정적이고 과도한 애착을 말하는데, 이로 인해 인간은 모든 문제를 자기와 연관짓게 되며 세상 무엇보다도 자기 자신을 좋아하게 된다. 개인주의는 성숙하고 평온한 감정으로서 사회의 각 구성원이 동료 인간으로부터 분리되게 만든다. 이처럼 한 사람이 자기만의 작은 성을 형성한 후에는 기꺼이 사회를 잊어버린다.…

이기주의는 모든 덕성의 씨앗을 마르게 한다. 개인주의는 처음에 공공 생활의 덕성을 좀먹다가 마침내 다른 모든 것을 공격하고 파괴한 뒤에 이기주의로 전락한다. 이기주의는 옛날부터 악덕에 속했으며 모든 형태의 사회에 존재해왔다. 그러나 개인주의는 민주주의를 그 기원으로 하고 있으며 사회의 평등화에 비례하여 확산되고 있다.…

민주국가에서는 끊임없이 새로운 가족이 형성되고 없어지기도 한다. 남아 있는 가족이라 할지라도 모두 그 상태가 변한다. 시간이라는 천이 순간순간 찢겨나가고 세대들이 남긴 족적은 소멸된다. 앞서 살았던 사람은 곧 기억에서 사라지고 뒤에 나타날 사람에 대해서도 생각하는 자가 없다. 인간의 관심은 자신과 밀접히 연결된 사람에게 국한된다. 각 계급이 점점 다른 계급에 접근하여 혼합됨으로써 사회 구성원들은 획일적인 모습으로 변하고 계급적인 동질성을 잃는다. 귀족주의는 농부로부터 왕에 이르기까지 모든 사회 구성원을 연결시켰으나, 민주주의는 그 끈을 파괴하고 고리의 마디마디를 잘라내버렸다.

사회가 보다 평등해짐에 따라 비록 자기 동료에게 어떤 영향력을 행사할 수 있을 만큼 부유하거나 강력하지 못하더라도, 자기 자신의 욕구를 충족시킬 수 있을 만한 교육과 재산을 충분히 확보한 사람의 수는 증가하고 있다. 그들은 타인에게 빚진 것이 없으며 아무것도 기대하지 않는다. 그들은 항상 홀로 지낸다는 생각을 습관화하고 있기 때문에 모든 운명이 자신의 손에 달려 있다고 생각하게 된다.

이처럼 민주주의는 모든 사람으로 하여금 자기 조상을 잊게 할 뿐만 아니라 후손에 대해 무관심하게 되며 동시대인으로부터도 고립을 초래한다. 이처럼 민주주의는 사람이 언제나 자기 자신에게만 매달리게 함으로써 결국 인간을 완전히 고독한 존재로 가둘 위험을 안고 있다.[17]

로버트 벨라를 비롯한 학자들이 지적한 대로 토크빌만큼 현대 서구 사회의 본질에 대해 통찰을 가졌던 사람은 없다.[18] 1830년대에 이미 자유주의적 개인주의가 미래에 미칠 영향을 그만큼 확실히 인식할 수 있었다는 것은 대단한 성과다.

버크와 토크빌은 예언자적인 명쾌함을 갖고 근대가 궁극적으로는 t세계의 기초를 무너뜨릴 생각과 삶의 방식을 풀어내고 있다고 보았다. 20세기에 들어선 이후 버크와 토크빌이 예견했던 변화가 실현되었는지에 대한 증거는 적지만, 이런 혁명의 씨앗은 땅속에서 싹을

---

17   Tocqueville, *Democracy in America*, vol. 2, 98–99.

18   Robert N. Bellah, Richard Madsen, William M. Sullivan, Ann Swidler, and Steven M. Tipton, *Habits of the Heart: Individualism and Commitment in American Life* (Berkeley: University of California Press, 1985).

틔우기만을 기다리고 있었다. 그리고 프리드리히 니체가 그 일을 성공적으로 해냈다.

많은 철학자들이 흄의 관찰이 제기해온 존재와 당위의 딜레마라는 도덕 철학에의 위협을 부인하는 동안 프리드리히 니체는 그것을 인정했을 뿐만 아니라 무자비한 논리로 내재된 문제를 드러냈고 그렇게 함으로써 i세계로 향하는 문을 열었다. 니체에게 이 문제는 다음 질문으로 환원될 수 있었다. 근대 과학이 도덕적 사고의 발달을 위한 기초를 충분히 제공하지 못한다면, 근대 과학이 고전적 도덕 철학과 신학을 신뢰하지 못하도록 했다면, 자기 삶의 도덕적 안내자를 찾는 탐색 속에서 인간은 무엇을 의지할 수 있을까? 니체에 따르면 그 대답은 "아무것도 없음"이다. 따라서 그의 철학의 이름이 "허무주의"(nihilism, nothingism)인 것이다. 니체는 모든 도덕 철학이나 신학의 문제가 "왜에는 답이 없다"라는 사실에 있다고 말하면서 이 문제를 간략히 정리했다.[19] "왜?"라는 질문으로 어른을 끝없이 괴롭히는 어린아이는 답변을 듣지 못한 채로 좌절하여 돌아서거나 "내가 그렇게 말했으니까"와 같은 불충분한 답변을 마주하게 된다. 니체는 우리도 똑같이 철학, 신학, 과학에 왜 무엇이 옳고 그른지를 물으면서 이 어린아이처럼 군다고 주장한다. "왜?"라는 질문을 끝까지 고수한다면 철학, 신학, 과학은 (답답한 부모처럼) 왜 이것 말고 저것을 선택해야 하는지에 대한 결정적이고 객관적인 답변(과학적 증거) 대신에 주관적인 근거(또는 감정에 기초한 믿음)만을 내놓을 것이다.

---

19   Friedrich Nietzsche, *The Will to Power*, ed. Walter Kaufmann and R. J. Hollingdale (New York: Vintage Books, 1967), 9.

니체의 설득력과 더불어 그가 20세기의 가장 영향력 있는 인물로 거의 예외 없이 손꼽히는 이유를 이해하기 위해 그의 이론이 다음 예시에 어떻게 적용되는지를 살펴보자. 우리는 무엇을 근거로 기독교의 윤리 강령이 다른 것보다 결정적으로 우월하다고 말할 수 있을까? 그리고 이 우월함은 증명이 가능한가? 기독교 변증가가 내놓는 모든 질문에 "왜?"라고 되묻는다면 변증가는 결국 "모르겠습니다" "저는 그렇다고 느끼니까요" 또는 "저는 그렇게 믿으니까요"라고 대답할 수밖에 없다. 이는 결국 기독교인들의 믿음에는 주관적인 근거밖에 없음을 인정하는 셈이다. 하지만 이는 기독교만의 문제가 아니라 모든 도덕 철학과 신학의 문제다. 니체는 정말로 **균등한 기회**의 해체주의자다. 그는 모든 도덕 철학과 신학이 궁극적으로 가정되거나 증명되지 않은 전제들을 기초로 한다고 믿었기 때문에 서로 경쟁하는 도덕 주장들에 대해 우리가 내릴 수 있는 정직하고 합리적인 유일한 결론은 이들 중 무엇을 선택하든 거기에는 합리적인 근거가 없다는 것이라고 주장한다. 이것이 사실이라면 악명 높은 식인 살인범 제프리 다머와 캘커타의 마더 테레사가 내린 삶의 선택을 도덕적으로 구분 지을 방법이 없다.[20]

하지만 니체는 철학자나 신학자에서 멈추지 않는다. 방어 가능한 도덕성을 수립하려 애쓰는 사회과학자들 역시 동일한 비평을 마주한다. 수십 년간의 면밀한 연구 덕분에 자연, 사회과학자들은 인간에 대해 방대한 정보를 제공할 수 있게 되었다. 하지만 존재(is)에 대한 이 모든 정보는 마땅히(ought) 무엇을 해야 하는지, 마땅히(ought) 어떻게

---

20 다머 사건의 짧은 요약은 www.time.com/time/2007/crimes/16.html.을 참조하라.

행동해야 하는지에 대한 당위로 전환되지 못한다. 과학자들은 "왜?"라는 질문에 대한 답변을 마련하고자 애쓰면서 니체 앞에서 말을 더듬는 철학자, 신학자들의 무리에 동참한다.

니체는 도덕성의 기초가 이성이 아닌 감정과 의지라고 믿었다. 도덕적으로 말해, 이성은 중요하지 않다. 『선악의 저편』에서 니체는 이제 심리학이 "과학의 여왕"이라고 선언했는데, 지배하는 것은 사고가 아니라 감정이기 때문에 세상이 감정의 과학인 심리학에 경의를 표해야 한다는 이유에서 그렇게 한 것이다.[21]

니체가 옳다면 그 주장이 불러올 결과는 오싹하다. 그도 허무주의의 진실을 깨달을 때 불가피하게 나타나는 감정적인 반응을 "비관"이라는 단어를 사용해 묘사함으로써 이 점을 어느 정도 인정했다.[22] 그의 허무주의 철학은 인간이 여러 도덕적 주장들을 서로 구분 지을 합리적인 방법을 갖지 못한다는 기본 주장을 토대로 한다. 니체는 흄과 같은 결론에 도달했지만, 근대의 도덕적 결과를 드러내는 장본인이 되기를 원치 않았던 흄과 달리 지체 없이 자기주장을 개진했다. 만일 니체가 옳다면 인간이 존재의 우주적 의미나 초월적 도덕 강령을 분별할 방법은 없다.

이전에 니체를 만나본 적이 없는 독자라면 도저히 그가 옳을 수 없다고 저항을 하든지, 반대로 드디어 상식이 통하는 철학자를 만나게 됐다고 생각하든지 둘 중 하나일 것이다. 하지만 우리가 니체에게

21　Friedrich Nietzsche, *Beyond Good and Evil: Prelude to the Philosophy of the Future*,ed. Rolf-Peter Horstmann and Judith Norman (Cambridge, UK: Cambridge University Press, 2002), 32.

22　Nietzsche, *Will to Power*, 11.

동의를 하든 하지 않든 현실은 니체의 주장이 단순한 철학적 사유를 넘어 새로운 세계관 곧 포스트모더니즘을 세우는 체계가 된 시대가 되었다.

포스트모더니즘(Postmodernism)은 니체의 결론을 수용하여 등장한 철학적 운동이자 인식론이다. 탈근대(Postmodernity)는 어떤 철학이나 신학, 과학적 접근이 인간의 삶과 관계의 의미에 대해 보편적으로 객관적이고 도덕적인 설명을 제공할 수 있다는 가능성을 부인한다. 대신 모든 도덕 체계와 세계관이 주관적인 인간의 산물이며 진실을 향한 탐색은 궁극의 목적에 닿을 수 없는 다각적인 추구라고 주장한다. 사람들은 진실을 탐색하는 대신 자기 자신을 위한 의미 있는 삶을 건설하는 데 몰두하라는 권면을 받는다. 니체는 이런 탐색을 "권력에의 의지"(will to power)로 묘사한다. 우리는 자신이 무엇이 되기를 바라는지 발견하고 그 바람을 실현하기 위해 권력을 사용한다.

니체는 "권력에의 의지"를 정체성에 대한 탐색으로 정의한다. 우리가 자기 정체성을 발견하거나 선택한다는 것은 탈근대 시대의 결정적인 특징 중 하나다. 정체성이 이토록 유연한 시대는 없었다. 이전에는 인간의 정체성이란 자연과 종교, 가족, 문화, 계급, 직업의 결과물로서, 창조되는 것이 아니라 주어지는 것으로 인식되었다. 인간의 과업은 자신에게 주어진 정체성의 경계 안에서 사는 것이었다. 하지만 탈근대적 관점은 인간으로 하여금 자기 정체성을 발견하고 창조하도록 권면하는데, 이들에게 "주어진" 정체성은 문화적으로 강요된 것에 불과하기 때문이다. 포스트모더니즘에서 가장 근본적인 인간의 질문 중 하나인 "나는 누구인가?"는 결정적인 방식으로 답변될 수 없다. 따라서 개인의 정체성에 대한 탐색은 틀림없이 가장 근본적인 인간의 임무가 되며, 탈근대 사회는 이런 탐구에 임한 개인들을 위해 최대한 많은 장애물과 경계를 제거하고자 노력한다. 이처럼 개인을 구축하는 프로젝트에서 스스로 수용하거나 사회가 강요한 것들을 제외하면 원칙적으로 다른 한계는 없다. 상상하는 것을 실행할 권력이 있는 한 우리는 자신이 바라는 것이 될 수 있으며 자신을 그런 모습으로 인식할 수도 있다. 이 체계 안에서는 다른 사람을 위해 이런 선택을 대신 할 도덕적인 권위가 그 누구에게도 주어지지 않았다.[23]

독자들은 의심의 여지 없이 포스트모더니즘의 이런 측면에 내재된 매력을 이해할 것이다. 어떻게 보면 t세계가 인간에게 안전한 관계적 구조와 그 내부에서 자유를 찾을 수 있는 수단을 제공한 것과 흡사하지만, 그와 정반대로 포스트모더니즘은 t세계가 해로운 무책임과 속박만 남겼다고 믿었던 곳에서 자유를 찾고 있다. 만일 니체가 허무주의, 더 나아가서는 탈근대의 창시자라고 할 때 i세계는 어떻게 정의될 수 있을까?

---

23 포스트모더니즘에 대해 한층 더 풍부하고 미묘한 차이를 드러내는 설명은 다음을 참조하라. Heath White, *Postmodernism 101: A First Course for the Curious Christian* (Grand Rapids: Brazos, 2006); James K. A. Smith, *Who's Afraid of Postmodernism? Taking Derrida, Lyotard, and Foucault to Church* (Grand Rapids: Baker Academic, 2006).

3

멋진 신i세계

신의 아들을 만났어

길을 따라 걷고 있더군

어디로 가고 있냐고 물었지

그는 이렇게 대답했어

야스가스 농장(우드스톡 페스티벌이 열린 장소)으로 내려가고 있어요

로큰롤 밴드에 들어갈 거예요

거기에서 진을 칠 거예요

내 영혼에게 자유를 선사할 거예요

우린 우주 먼지

우린 황금빛

우리는 돌아가야 해

그 동산으로

그럼 함께 걸어도 될까

난 안개를 걷어내기 위해 이곳에 왔어
돌아가는 무언가의 톱니가 된 기분이야
그저 매년 이때 즈음 느끼던 기분일 수도
아니 누구나 느끼는 기분일 수도
내가 누군지 모르겠어
하지만 인생은 배움을 위한 것

우린 우주 먼지
우린 황금빛
우리는 돌아가야 해
그 동산으로

우드스톡에 도착했을 때
우리는 오십만 배나 강해져 있었어
여기저기 노래와 축하가 넘실거렸지
나는 꿈을 꾸었고 폭파범들을 보았어
샷건을 타고 하늘로 솟는
그리고 그들은 나비가 되었어
우리나라 위에서

우린 우주 먼지
오억 년 된 탄소
우린 황금빛
악마의 흥정에 걸린

우리는 돌아가야 해

그 동산으로

조니 미첼, 「우드스톡」[1]

i세계의 등장에 결정적 역할을 한 순간 중 하나는 1969년 열린 우드
스톡 뮤직 페스티벌(Woodstock music festival)이다. 그해 8월 15-18일
뉴욕주 베델에서 거행된 이 행사에는 미국 전역에서 온 50만 명의 사
람들이 모여서 이미 여러 모양으로 진행되고 있던 반전 운동, 성 혁
명, 현대 음악을 "평화, 사랑, 음악"이라는 기치 아래 하나의 새로운
대항문화로 통합시켰다. 조니 미첼은 비록 우드스톡에 참여하진 않
았지만, 이 노래를 통해 그 시대의 정신을 완벽히 포착했냈다. 그녀는
베트남 전쟁뿐만 아니라 모든 전쟁을 끝내고자 하는 염원을 담아 전
쟁 무기를 나비로 탈바꿈시킴으로써 새로운 세상에 대한 소원을 묘
사했다. 또한 성경적인 심상을 사용해 악마로부터 우리 세상을 되찾
아서 에덴이나 그와 유사한 장소로 돌아갈 길을 찾고자 하는 갈망을
표현한다. 하지만 성경적인 심상은 현대적인 세계관에 비해 부차적이
다. 페스티벌로 가는 중 에덴으로 돌아가기를 원하는 신의 아들을 만
날 수도 있겠지만 이것이 가능한 일인지 또는 애초에 바람직한 일인
지에 대해 자신 있게 이야기하지 않는다. 그녀는 자신이 누구인지에
관해 의심을 표출하고 우리가 오억 년 된 탄소로 만들어졌다는 진화
론적 개념을 고백하면서 악한 것을 바로잡기를 갈망한다. 하지만 그
녀가 돌아가고자 애쓰는 것은 에덴이 아니라 그곳의 모조품이다. 가

---

1   Joni Mitchell, "Woodstock," *Ladies of the Canyon* (Warner Brothers Records, 1970).

사에서 직접적으로 언급하지는 않았지만 그녀가 꿈꾼 에덴은 우리가 함께 창조하는 무언가일 것이다. 결국 "인생은 배움을 위한 것"이니 말이다. 우드스톡 페스티벌, 평화 운동, 대항문화, 성 혁명의 화두는 새로운 세상의 창조다. 이것이 함의하는 바는 이전의 세계가 자신의 약속을 지키지 못했기 때문에 이제 우리가 그 약속을 실현하기 위해 새로운 동산, 새로운 세계를 창조해야 한다는 것이다.

그레이엄 내쉬는 이와 유사한 낙관주의를 그의 노래 「시카고」를 통해 표현했다. 이 곡에는 사이가 좋지 않아 대립 중이던 동료 밴드 연주자들인 스티븐 스틸스(Stephen Stills)와 닐 영(Neil Young)에게 1969년의 시카고로 돌아가 반전 시위 주동자를 대상으로 한 재판(Chicago Eight trial)과 베트남전에 저항하자는 요청이 담겨 있다. 이 노래는 격분과 더불어 함께 "제도"를 무너뜨리고 새로운 동산을 창조하자는 낙관주의를 표현한다.

우리는 세상을 바꿀 수 있어 세상을 바로 잡을 수 있어
세상은 죽어가고 있어…네가 만일 정의를 믿는다면
세상은 죽어가고 있어…그리고 자유를 믿는다면
세상은 죽어가고 있어…모두가 자신의 삶을 살 수 있기를
세상은 죽어가고 있어…규칙과 규제를 누가 필요로 하는가
저 문을 열어

그레이엄 내쉬, 「시카고」[2]

---

2   Graham Nash, "Chicago," *Songs for Beginners* (Atlantic Records, 1971).

"시카고"는 혁명을 노래하는 멋진 송가다. 이 곡은 사실상 새로운 i세계의 국가(anthem)로서 굴레를 벗은 개인주의적 세상에 대한 강력한 요청을 드러낸다. "규칙과 규제를 누가 필요로 하는가/저 문을 열어"

이 두 노래 외에도 수백 가지의 노래, 시, 책들이 어우러져서 이 운동을 형성하면서 당시 주장하던 가치들을 대표했다. 이 새로운 대항문화는 성 혁명을 훨씬 넘어서는 것으로서 사회의 성질이 변화했음을 보여준다. 그레이엄 내쉬는 이 안에 내포된 참된 본질이 개인주의의 승리임을 포착해낸다.[3] 이것은 니체가 말한, 참을 주장하는 모든 것들에 대한 차갑고 비관적인 해체가 아니라 개인주의의 낙관적이고 환희에 찬 표현이다. "규칙과 규제를 누가 필요로 하는가/저 문을 열어." 자유주의 철학자들은 제한이 없는 개인주의를 절대 감수하지 않기 때문에 이것은 자유주의가 아니다. 동시에 허무주의도 아니다. 이는 개인주의를 모든 사람이 포용해야만 하는 가치로 확실하게 단언한 것인데, 허무주의자들이 이를 단연코 묵인하지 않기 때문이다. 그야말로 새로운 시대가 탄생했다. 이는 i세계, 다른 말로는 "물병자리 시대"(점성술에서 자유, 평화, 우애의 시대로 대표된다–역자주)의 동이 터 오르기 시작했다는 공표인데, 이 변화가 어디로 향할지 누구도 정확히 알 수 없다는 면에서 적절한 표현이다. 물론 낙관주의의 정도에 따라 이 흐름이 우리를 전혀 새로운 동산으로 인도해줄 것이라는 희망을 품을 수 있다.

---

3 오스트레일리아 노동부 장관인 Lindsay Tanner는 이 혁명이 오스트레일리아 사회에 미친 영향을 Lindsay Tanner, *Crowded Lives* (Melbourne, Australia: Pluto, 2003), 3장에서 묘사한다. Kay S. Hymowitz는 이 혁명이 미국에 미친 영향을 Kay S. Hymowitz, *Marriage and Caste in America: Separate and Unequal Families in a Post-Marital Age* (Chicago: Ivan R. Dee, 2006), 1장에서 묘사한다.

i세계에서 자유를 찾다

i세계는 성 혁명 이상의 변화를 가져왔다. 관계 재단(The Relationships Foundation)에 소속된 영국 학자 존 애쉬크로프트가 지적한 것처럼 이 세계는 세 가지의 자유를 차지하고자 노력한다.

> 자연으로부터의 자유
> 권위로부터의 자유
> 필요로부터의 자유

현재 그것을 온전히 실현할 능력이 없다 하더라도, 이 세계는 세 가지 자유를 차지하기 위해 노력한다. 그 일에 온전히 자신을 투자하고 지속적으로 그렇게 할 수 있는 능력을 추구한다.

이 새로운 자유들은 삶의 모든 면에서 의미를 갖는다. 여기에는 성적인 차원도 포함되는데 갈수록 믿을만 해지는 피임의 발달과 더불어 개인의 선택을 칭송하는 완화된 도덕 체제는 역사상 처음으로 성관계와 출산, 결혼을 떼어 생각할 수 있게 만들었다.

하지만 이 자유는 성을 뛰어넘어 정치, 경제, 종교로까지 뻗어나간다. 이 자유들은 우리가 다른 사람들이 부과하는 윤리적, 종교적 제약으로부터 자유로워질 수 있다고 말한다. 또한 t세계의 귀족 계층과 경제적 불공평으로부터 자신을 자유롭게 하라고 이야기한다. 하지만 이 자유들이 가진 함의는 더 급진적이다. i세계가 기초로 삼고 있는 개인주의적 전제는 인류를 한 번도 가보지 못한 방향으로 인도한다.

i세계가 자유주의적이지 않고 허무주의적이지도 않으며 심지어

탈근대적이지도 않다면 도대체 이 세계는 어떤 성격을 갖고 있을까? 니체는 i세계가 창조되는 데 중추적인 인물이었을 수는 있지만 유일한 인물은 아니었다. 장 폴 사르트르, 알베르 카뮈와 같은 많은 철학자들이 신의 죽음과 객관적 도덕의 부재, 인간이 자신과 이 세상을 자기 형상으로 재창조해야 한다는 필요성을 포함해 니체와 비슷한 사상들을 설명했다. 이들은 기존의 권력 구조가 신성하지도 정의롭지도 않기 때문에 그 구조가 전복되는 것은 매우 바람직한 일이라고 주장했다. 이들의 사상을 담은 책들은 1960년대 대학가의 필독서가 되었고, 당시 젊은 세대는 필기를 하고 시험을 통과해서 졸업을 한 뒤 주어진 질서 안에서 직장을 다니는 것 이상의 일을 해냈다. 그들은 이런 사상을 마음에 담은 채로 완전히 새로운 질서를 창조하려고 노력했다. 한 세대가 근대의 도덕적 결함과 위선에 직면한 시점이었다. 하지만 이들은 흄에게는 심연, 니체에게는 무의미한 공허로 인식된 것으로부터 뒤로 물러나는 대신 새로운 동산의 가능성을 꿈꾸었으며, 낙관적으로 그것을 창조하기 위해 미지의 장소로 발을 내딛었다.

i세계는 극단적인 개인주의 사회가 성립될 수 있을 뿐만 아니라 그것이 유익하다는 낙관주의를 특징으로 한다. 이는 존 스튜어트 밀과 프레드리히 니체가 지지하거나 인정할 수 없는 세계였지만 얄궂게도 이 두 명이 창조에 일조한 세계였다. i세계는 자유를 향한 자유주의적 열망과 탈근대식 해체가 짝을 이뤄 만들어낸 독특한 결과다.

21세기를 시작하면서 우리가 어디에 있으며 어떻게 여기에 오게 되었는지에 대한 이런 다소 기이한 묘사를 보면서 역사와 철학을 공부하는 사람들은 이의를 제기하고 싶을 수도 있다. 가장 확실한 비평은 i세계에 대한 이런 묘사가 논리적이지 못하다는 것이다. 자유주의와 허무주의라는 두 개의 사상 학파를 취해 낙관주의와 결합한 결과 전혀 논리적이지 못한 세계관과 지속 가능성이 아직은 의심스러운 개인주의를 만들어냈다고 볼 수도 있다. 자유주의자도 허무주의자도 i세계의 낙관주의가 정당하다고 여기지는 않을 것이다. 또한 이 대안으로서 기존의 질서를 폐기하여 평화와 성취가 통치하도록 한다는 믿음이 드러난 무정부주의 철학 운동의 결과물로 i세계를 묘사하는 사람도 있을 것이다. 이런 결론은 여러 측면에서 철학적으로 편리하기는 하지만 정확한 지적은 아니다. i세계는 무정부주의, 마르크스주의, 기독교를 비롯한 여러 사상적 흐름의 흔적을 갖고 있지만, 결과적으로 이들 중 어떤 것이 순수 증류된 결과물도 아니다. i세계는 혼합물(hybrid)로서 이것이 상징하는 개인주의가 얼마나 지속될 수 있을지는 불분명하다. 시작과 동시에 끝이 날 수도 있다.

결과적으로 이 책이 매우 빠른 속도로 시대에 뒤떨어진 책이 될 수도 있겠으나 그런 일은 일어나지 않을 것이라고 믿는다. 혁명이 일어나고 있다는 데는 의심의 여지가 없지만, 참된 혁명은 그다지 빈번히 일어나지 않으며, 일단 한번 세상에 대한 새로운 사고방식을 받아들이게 되면 사람들은 그 관념을 손쉽게 놓지 않는다. t세계의 몰락은 수백 년 전 근대의 출현과 함께 시작되었지만, 사람들은 최근에 들어서야 관계적, 도덕적 체제를 버리게 되었다. 게다가 t세계를 형성한 다수의 철학적, 신학적 흐름들을 감안할 때 여기에 깊은 내면의 철학적, 신학적 일관성이 있었는지도 확실하지 않다. i세계가 온전한 논리를 갖추지 못했음에도 불구하고 서구 사회는 이 세계를 재빠르게 포용하고 있다. 따라서 i세계는 앞으로 제법 오랫동안 우리와 함께 머물 것이다.

그런 측면에서 본다면 i세계는 자유주의적이라고 할 수 없다. 자유주의는 i세계가 수용하지 않는 인간의 행동에 합리적인 제한을 덧붙이기 때문이다. 같은 이유에서 i세계가 허무주의적이나 탈근대적이라고 묘사될 수 없는 이유를 이해하는 것도 중요하다. 이들은 매우 가깝지만 허무주의의 참 본질은 규칙과 규제가 없어야 한다는 개념이다. 니체는 그 어떤 결론도 권위적이거나 규범적으로 지지하지 않았기 때문에, 이 허무주의는 개인주의를 긍정적인 가치로 받아들이지 못한다. 실제로 허무주의와 포스트모더니즘은 개인주의만큼이나 쉽게 전체주의로 방향을 틀 수도 있다. 니체가 20세기 나치즘과 파시즘에 영감을 제공했다고 주장하는 이들이 많은데, 일리가 있는 지적이다. 니체는 경계가 없는 세상을 믿었고 이는 개인주의의 경계에도 그대로 적용된다. 그는 세상에 자신의 의지를 강요하고자 했던 파시스트가 드러낸 권력에 대한 의지뿐만 아니라 누구의 간섭도 원치 않는 무정부주의자의 의지도 지지했다. i세계는 개인적인 자유를 협상 불가능한 가치로 만들지만, 니체에게 협상 불가능한 가치는 없었다.

i세계의 핵심 약속

철학적인 일관성을 확보하지 못했더라도, i세계는 개인의 권리를 확장해 개인의 자유가 최대한 법적으로 보장될 수 있는 여지를 제공하고 이런 확장이 다른 사람들의 권리를 침해하지 않도록 하는 것을 핵심 약속으로 삼는다.

자기 가능성들의 확장

실용적으로 표현하자면 i세계는 개인의 자유를 최대한 폭넓게 결정하고 실행하기 위해 지속적으로 노력하는 장치와 같은 역할을 한다고 볼 수 있다. 이 장치는 개인적인 자유에 대한 새 경계와 기존 경계에 지속적으로 도전함으로써 자신의 모습을 드러낸다. 제한적인 경계가 확인될 때 이 장치는 가능한 한 모든 것을 동원하는데, 때로는 법제도까지도 이용하여 (선택을 제공하는) 경계를 완화시키거나 완전히 제거해버린다. 그다음에는 새로 등장한 경계나 개인의 자유에 방해가 된다고 여겨지는 다음 경계로 이동한다. i세계는 개인의 권리 확장이 행복과 성취의 증대로 이어진다는 믿음에 기초를 둔다.

i세계는 자기 인식을 모든 사람이 지닌 권리로서 인정하고 보호한다. 이상적으로 볼 때 개인이 이를 추구할 때 마주하게 되는 유일한 경계는 자신이 무엇을 상상하고 바랄 수 있는가라는 점뿐이다. 사회는 이런 임무를 수행하는 가운데 가능한 한 모든 경계를 인식하고 해체함으로써, 자신이 누구이고 무엇이 되고자 하는지를 이해하려는 개인에게 가장 폭넓은 선택지를 제공한다. i세계는 어떤 특정한 선택을 촉구하기보다는 개인이 선택 가능한 항목들을 확장하기 위해 노력한다.

i세계는 인간의 자유가 승리하는 곳이다. 우리는 여러 광고 문구를 통해 이 세계가 강조하는 메시지를 읽어낼 수 있다.

애플: "당신의 최선이 되는 힘", "다르게 생각하라"
아웃백 스테이크: "규칙은 없어요, 그저 옳아요"
플레이스테이션: "무엇이든 되고 싶은 대로"

버거킹: "하고 싶은 대로"

나이키: "그냥 해"

i세계가 우리를 향해 "자신이 누구인지를 발견하라, 아니면 원하는 대로 자신을 빚어가라"고 강권하는 복음을 설교한다고 주장하는 사람도 있겠다. 사실상 이것을 복음으로 부르는 것은 과장이 아니다. 로버트 벨라는『마음의 습관』이라는 책에서 그의 연구팀이 쉴라(Sheila)라는 이름의 여성과 나눈 인터뷰 내용을 통해 이 현상을 설명한다. 쉴라는 자신의 종교적 신앙을 "쉴라이즘"이라고 칭하면서 그 내용을 "자신이 원하는 대로"라고 설명했다.[4] 쉴라이즘은 계시 종교와는 상반된 모습일 수 있지만, i세계에는 아주 잘 어울리는 생각이다.

i세계의 핵심이 단순히 혁신이 아니라는 사실은 중요하다. 개인이 t세계나 한 가지 또는 그 이상의 계시 종교에 부합하는 생활 양식을 선택한다고 해도 i세계는 그것을 문제 삼지 않는다. i세계는 개인의 행동을 좌지우지하려고 하는 대신 그 행동에 부여된 문화적, 사회적 한계들을 제거하는 데 힘쓴다. 다만 i세계는 어떤 개인이나 집단이 다른 사람에게 사상을 강요하는 것은 허용하지 않는다. 이것이 바로 하버드 졸업식에서 한 학생이 답사를 통해 "우리 시대의 자유는, 그것을 사실이라고 믿지만 않는다면, 우리가 원하는 어떤 가치에도 자신을 헌신할 수 있는 자유를 의미한다"[5]라고 전한 말의 의미다. 우리는 이 진술을 통해 i세계와 t세계를 매우 효과적으로 비교, 대조할 수

Bellah et al., *Habits of the Heart*, 221.

5 Bellah et al., *Good Society*, 44.

멋진 신i세계 93

있다. 이 진술은 t세계에 있는 사람이 보기엔 명백한 헛소리지만, i세계의 토대를 이루는 신조다. 이 진술이 우리 세계의 본질을 어느 정도 포착하는지를 살펴보기 위해서는 다음 실험이면 충분하다.

1. 사회적 배경이 다양하고 참석자들이 서로를 잘 모르는 모임에 참여하라.
2. 그곳에 있는 누구에게든 도덕적 질문을 하나 던져보라.
3. 이들이 답을 한 후에 다른 사람들 앞에서 자신과 의견이 다른 사람들이 틀렸다고 생각하는지를 되물어보라.
4. "틀렸다"라는 말을 내뱉는 순간 당신은 모임에 참석한 사람들의 몸동작을 통해 불편한 감정이나 심지어 분노를 읽게 될 것이다.
5. 상대방이 자신의 도덕적 **신념**은 **의견**에 불과하다고 설명하면서 도덕에 대한 그 사람의 신념을 옳다고 표현한 당신의 주장을 반박하기까지 시간이 얼마나 걸리는지 보라.
6. 모든 사람들이 저녁 내내 당신을 피하는 모습을 주시하면서 당신을 다시 모임에 초청하는지 보라.

이 실험을 한다고 당신의 사회생활을 위험에 빠뜨릴 필요는 없다. 하버드 졸업식에서 답사를 한 학생은 우리 세계의 토대를 이루는 도덕적, 사회적 신조를 드러냈는데, 이는 점잖은 사회를 기준으로 볼 때 사실상 정착된 법률이다. 사업 관계, 정치 모임, 교육 기관에서 벌어지는 여러 상황을 살펴봐도 이것은 사실이다. 고등 교육 기관은 여러 사상을 탐구하고 토의하기 위해 세워졌지만, 도덕 문제에 대해 자신과 의견을 달리하는 사람들을 향해 틀렸다고 선언하는 교수는 드물고, 그렇게 하는 학생은 더 드물다. i세계의 사람들은 누군가 보편적인 도덕 가치를 주장할 때를 제외하고는 대부분 교양이 있다. 만일 니체가 이 말을 듣고 있다면 동의하는 마음으로 고개를 끄덕일 텐데, 이는 i세계가 그의 결론에 설득당했기 때문이다.

i세계는 계속해서 우리에게 진정한 자신이 되어 참모습을 찾고 자기를 창조하라고 권면한다. i세계는 관습을 비롯해 심지어 자연의 경계까지도 끊임없이 밀어 제쳐냄으로써 우리를 돕는다.[6] 성별에 대한 i세계의 이해가 그 예에 속한다. 인간이 교류하기 위해 필요한 가장 중요한 정보 중 하나는 그 사람의 생물학적 성징이다. 그 정보가 불분명할 때 교류는 억제된다. 반면 그것을 알게 되면 우리의 교류는 어떤 모양을 띤다. 생물학적 성징에 대한 지식은 너무나도 강력해서 여성에게는 어떤 행위들을, 남성에게는 또 다른 행위들을 고수하도록 함으로써 말 그대로 우리의 삶을 지배한다. 따라서 역사적인 성역할이 사람들 가운데 일어난 실제적인 변형들을 올바로 다루고 있는지를 질문할 수 있다. 하지만 이에 대해 i세계는 그렇지 않다는 입장을 취한다. i세계는 생식기를 근거로 인간을 남성과 여성으로 분류하는 대신 인간을 개인으로 본다. i세계는 사람들이 원한다면 생물학적 성징에 부여된 문화적, 역사적 기대로부터 자기 자신을 자유롭게 하는 것을 허용한다. 로잘린드 바넷과 캐릴 리버스는 이것이 가능할 뿐만

---

6 Anthony Giddens는 이 역사적 순간에 자아와 성이 보여주는 유연하고 반사적인 성질을 설명하는 데 특히 탁월하다. 다음을 참조하라. Anthony Giddens, *Modernity and Self-Identity: Self and Society in the Late Modern Age* (Stanford, CA: Stanford University Press, 1991).

아니라 현실에 대한 더 나은 반영이라고 주장한다. 이들은 『동일한 차이』에서 다음과 같이 말했다.

> 물론 성별에는 차이가 있다. 어떻게 차이가 없을 수 있겠는가? 하지만 더 중요한 것은 남성과 여성 **사이**(between)에 드러나는 차이의 크기를 남성과 여성 **가운데**(among) 보여지는 차이의 크기와 비교하는 것이다. 삶의 대부분의 영역에서는 후자가 훨씬 크다. 당신이 "사라"라는 이름의 여성이라면 수학 문제를 풀거나 아랫사람을 상대하거나 배우자와 관계를 맺고 자녀를 달래면서 자신에 대해 느끼는 방식이 제시카나 엘리자베스 또는 수잔이 인식하는 모습과는 상당히 다를 것이다. 다른 여성들처럼 되어야 할 이런 영역에서 사실 당신은 리차드, 톰, 세스인 것처럼 행동할 수 있다.[7]

바넷과 리버스는 다음과 같이 결론짓는다.

> 이 책을 통해 우리는 여성과 남성을 전통적인 과거로 되돌려 놓아야 한다고 외치는 목소리들을 들었다. 이 시대에 뒤처진 메시지는 우리 주변을 둘러싼 에너지와 모순을 이루는데, 우리 사회는 새로운 자유를 끌어안고 새로운 관용을 발견하면서 이전의 고정관념을 거절하고 있기 때문이다. 나름대로 긴급한 사회 문제를 지니지 않은 시대는 없지만, 우리는 동일한 차이의 세상 속에 존재할 성별의 미래에 대해 낙관적이다. 실

7　Rosalind Barnett and Caryl Rivers, *Same Difference: How Gender Myths Are Hurting Our Relationships, Our Children, and Our Jobs* (New York: Basic Books, 2004), 13.

제로 확대된 자유는 더 큰 불안을 가져올 수 있으며, 더 넓은 선택지는 더 큰 혼란과 적은 확신을 가져올 수도 있다. 하지만 이것은 성별 차이 문화라는 철창에 갇혀 있는 세상에 비해 우리를 더 다양하고 복합적이며 독특한 모습이 될 수 있도록 해준다.[8]

i세계는 바넷과 리버스의 연구에 동의할 뿐만 아니라 이들의 주장보다 더 멀리 나아간다. 자신이 누구인지 이해하려 애쓰는 동안 자신의 생식기를 무시하는 것을 기꺼이 허용할 뿐 아니라 과학적으로 가능하다면 자신의 성징을 바꾸는 일까지 허용하는 것이다. 결국 i세계는 개인의 선택이나 유전적 특징 외에 권위적이지 않은 모든 것을 허락하는데, 과학이 유전학적, 생물학적으로 우리를 바꿀 수 있다고 하는 만큼 실제로 그 일을 해낼 수 있는 자유를 보장하고 승인하기도 한다.

선택과 개인적인 자유의 경계를 확장하기 위해 i세계가 얼마나 기꺼이 앞으로 나아가고자 하는지를 보여주는 다른 예들도 많지만, 무엇보다도 성별 자체의 해체가 효과적으로 핵심을 보여준다. 움직여지고 없어질 수 있는 경계는 무엇이든 그렇게 될 것이다. 자유에 대한 장애물로 등장하는 자연과 권위 및 필요는 극복될 수 있고 극복되어야 한다.

다른 자아들과 관련한 자아

하지만 i세계에도 자유에 대한 제한이 있다. i세계는 개인이 가진 자유의 범주 확장에 집중하지만 이 세계에서도 완전한 개인의 자유는

---

8   Ibid., 254.

허용될 수 없는데, 그 이유는 밀이 두려워한 대로 한 사람이 다른 사람에게 그것을 강압적으로 행사할 수 있기 때문이다. i세계는 세 가지 금기를 받아들이며, 이들은 한 개인의 자유가 다른 사람의 자유에 영향을 미칠 경우 한계로 작용한다.

1. 누구도 다른 사람이 행하는 삶의 선택이나 행위를 비판할 수 없다.
2. 누구도 다른 사람들을 강제하거나 해를 끼치는 방식으로 행동할 수 없다.
3. 누구도 상대방의 동의 없이 그 사람과 성관계를 가질 수 없다.

내가 이것들을 "금기"라고 부르는 이유는 우리 문화가 이 조건들을 사회적인 참여를 위한 제1규칙으로 보기 때문이다. 사회는 우리가 어릴 때부터 이 내용을 가르치고 일생동안 강조한다. i세계에서 잘 지내고 싶다면 이 세 가지에 반드시 충실해야 한다. 우리는 여전히 어느 정도 경건한 용어를 사용하여 십계명을 논하지만, 그 계명을 어겨도 벌을 받지 않으며 그중 두세 가지를 제외하고는 정부가 나서서 위반에 대한 처벌을 집행하지도 않는다. 하지만 i세계의 세 가지 금기는 훨씬 더 큰 존중을 받고 있으며 학교, 직장, 미디어 등에서 매일 강조된다. 정부가 이 내용이 잘 시행될 수 있도록 제대로 일을 하지 않는다면 시민들이 나서서 그렇게 할 것이다. 첫 번째 금기는 사실상 정치적 올바름(political correctness)이라는 신조를 위한 토대가 된다.

이 금기들이 모습을 갖추게 된 근원은 존 스튜어트 밀의 『자유론』에서 찾을 수 있다. 밀은 i세계가 고민하는 것과 똑같은 문제로 씨름한다. "우리는 어떻게 개인적인 자유를 극대화할 수 있을까? 그리고 그것을 보호하기 위해 개인적인 자유에 부여되어야 할 최소한의 한계는 무엇일까?" 여러 면에서 i세계는 밀에게 큰 빚을 졌는데, 흥미로운 점은 i세계가 밀의 금기는 받아들이면서도 주어진 상황에서 무엇이 도덕적인지를 결정짓기 위해 그가 사용한 공리주의적 계산법은 받아들이지 않았다는 사실이다. 이는 i세계가 자유주의에서 어떻게 벗어났는지를 효과적으로 보여준다. 무엇이 도덕적인지를 정의하거나 우리가 내린 선택의 결과를 탐구할 욕구와 승인은 사라졌다. 목표는 도덕이나 덕목이 아닌 자유다.[9]

개인이 갖는 선택의 자유 곧 첫 번째 금기가 i세계에서는 가장 높은 이상이지만, 세 가지 금기 모두 큰 존경을 받고 있으며 이를 어기는 사람은 무시나 단순한 경멸을 넘어서 날카로운 분노를 경험하게 된다. i세계의 사람들은 종교적인 열심을 다해 이런 금기들을 사수하기 때문에 이들의 적절성에 도전하거나 질문하는 사람은 이단자 취급을 받는다.

이 금기들이 실제로 어떻게 적용되는지를 알아보기 위해서는 이

---

9   자유를 보호하고 정의를 실천하는 i세계의 절차적 관점을 자유주의와 구분 지은 나의 설명에 이의를 제기하는 학자들도 있겠다. Robert Nozick과 John Rawls가 각자의 학문에서 추구한 것이 여기에 근접하다고 생각되는데, 이들은 절차적 자유주의로 표현되는 무언가를 제시했다. i세계의 정치 이론가로 간주되어야 할 사람은 밀이 아니라 이들이라는 논쟁도 가능하다. 하지만 나는 밀이 타당한 중심이라고 생각하는데 i세계가 포용하는 금기의 근원이 밀이고, Nozick과 Rawls는 니체와 실존주의의 도전으로부터 자유주의를 살리고자 노력했기 때문이다. 이것은 i세계가 지금 하고 있는, 자유주의의 대체와는 반대되는 일이다. Robert Nozick, *Anarchy, State, and Utopia* (New York: Basic Books, 1974); and John Rawls, *A Theory of Justice*, rev. ed. (Cambridge, MA: Belknap Press of Harvard University Press, 1999).

세 가지 규칙이 i세계 안에서 맺어지는 성적, 사회적인 관계에 미치는 영향을 살펴보는 것이 가장 좋겠다.

4

i세계 방식의
사랑, 성관계, 가정, 공공 정책

사랑하는 이와 함께 있을 수 없다면 같이 있는 그 사람을 사랑하라.

스티븐 스틸스[1]

"전쟁을 멈추고 사랑을 나누어요"(Make love, not war). 이것은 우드스톡 시대를 지배한 주문이었다. 베트남 전쟁이 끝나면서 평화 운동이 잠 잠해짐에 따라 1970년대의 히피 대항문화에서 발산되던 에너지도 수그러들었지만, 사랑을 나누는 일(lovemaking)만큼은 그대로 지속되었다. 성 혁명은 우드스톡과 대항문화가 남긴 불변의 업적으로서 i세계의 광범위한 포용을 통해 인간관계에도 영향을 주었고 결국 서구 사회 전체를 뒤바꿔놓았다.

　i세계의 가장 중요한 영향은 서구 사회의 관계 구조에서 나타났다. i세계가 발전하기 위한 원동력은 개인의 선택이라는 이상을 지켜

1　Stephen Stills, *Love the One You're With* (Atlantic Records, 1970).

내려는 욕망이었다. 그 초점이 성적 자유 자체에 있었다고 말하기는 어렵지만, 성적 자유는 이 세계가 가장 중요하게 여긴 자유 중 하나였다. i세계는 인간이 된다는 것에 대한 우리의 이해에 도전하고 그것을 바꾸어 놓음으로써 인간의 본성과 자아, 가정의 목적, 관계, 성에 대한 우리의 인식을 근본적으로 수정했다.

수백 년 동안 t세계는 인간의 발달과 번영을 위한 확고한 체제를 제공했으며 사람들은 이 안에서 만족을 찾고 건강한 관계의 구성원으로서 자신을 쏟아부을 때 가장 잘 기능할 수 있었다. 자유는 이런 체제 안에서 발견되었고, 삶에서 맺는 관계가 건강할수록 자유도 컸다. 핵가족과 확대 가족, 지역 공동체, 사회는 모든 사람들이 이상적으로 사랑하고 사랑을 받고, 양육하고 양육을 받으며, 일하거나 긴장을 풀고, 축하를 나누며 우정을 발견할 장소를 제공했다. 사람들은 이런 관계망을 통해 모든 차원에서의 온전한 친밀감이 발견된다는 사실을 이해하고 받아들였으며, 성관계는 만족스러운 삶의 본질적 요소로 간주되지 않았다. 성은 욕구와 욕망이지 그 자체로 목적이 아니었다.

하지만 지난 40년 동안 수백 년에 걸쳐 서구 사회에 공헌해온 관계적인 구조와 인간 생명에 대한 이해가 전복되었다. 의무의 관계들은 선택의 관계들로 대체되었으며, 성관계의 주된 가치가 출산과 부부 관계를 돈독하게 하는 역할에서 친밀한 연인 관계의 쾌락적이고 필수적인 요소로 변화하게 되었다. i세계에서 친밀감이란 이전보다 더 성적인 의미로 좁혀졌고, 상호 간 동의를 맺은 성인들 사이의 성적 자유는 양도될 수 없는 권리의 자리로 승격되었다. i세계에서 얻을 수 있는 관계적인 성취의 두 가지 근본 요소는 성적, 관계적 자유다.

i세계에서의 성적, 관계적 자유

1980년대에 조지타운(Georgetown) 대학원에서 정치학을 연구하고 있을 때, 나는 "미국인들에게 가장 중요한 것은 무엇일까?"라는 주제로 동료와 대화를 나눈 적이 있다. 나는 경제적 안녕이 미국인들의 최우선 관심사로서 다른 어떤 주제도 이것을 따라올 수 없다고 주장했다. 몇 분 동안 나의 지루한 주장을 듣고 있던 친구는 심드렁하게 대답했다. "미안, 네가 틀렸어. 미국인들에게 제일 중요한 쟁점은 성적 자유야. 성적 자유를 제한하려는 정치인이 있다면 굉장히 고통스러운 정치적 죽음을 맞이하게 될 걸." 그 후로 여러 해가 지나는 동안 나는 그의 견해에 깊이 동의하게 되었다.

i세계에서 성적 자유는 특권의 위치를 누린다. 사람들은 원하는 일을 자유롭게 할 수 있으며, 앞서 언급한 세 가지 금기를 어기지 않는 한 자신이 바라는 모든 가치에 대한 권리를 갖는다. 성관계를 갖거나 그것에 가치를 두도록 강제하는 특정 의무 및 요구는 없다. 사람들은 물질적인 부나 권력 및 지위를 포함해 무엇이든 자신이 가장 열망하는 것을 우선시할 수 있고 실제로도 그렇게 한다. 대화가 주는 고유한 기쁨을 얻고 싶어서 다른 사람들과 대화할 수도 있다. 고독에서 의미를 찾고 명상을 자신의 제일가는 이상으로 삼을 수도 있다. 독신의 삶을 선택할 수도 있고, 평생 한 사람의 배우자에게만 충실하기로 선택할 수도 있다. 이처럼 사람들은 각자 자유롭게 원하는 생활 방식이나 가치를 선택할 수 있는데, 점점 더 많은 사람들이 전례가 없는 방식으로 속박되지 않는 성적 자유를 포용하고 있다.

i세계에서는 독립된 생활이 인간 존재의 목표이며, 이에 따라 상

당한 수준의 개인적인 부가 필요조건이 된다. i세계는 또한 즉각적인 것에 대한 욕망을 부추기고 있기 때문에, 우리는 무엇이든 기다리는 것을 선호하지 않는다. 이는 전례 없는 수준의 소비자 부채 증가와 패스트푸드 산업의 성장을 통해 확인할 수 있다. 하지만 변화를 촉발하는 i세계의 능력이 가장 명확하게 나타나는 지점은 관계와 그 관계 안에서 성이 갖는 자리에 미친 영향이다. 관계적인 영향이 없는 i세계의 차원을 찾아보기 어렵고 성관계 역시 예외가 아니다. 실제로 즉각적인 것에 대한 i세계의 욕망은 연인 관계가 맺어지는 초반부에까지 성관계를 더 빠르고 표연하게 끌어들였다.

　t세계 안에서는 가족과 관계 공동체가 요람에서 무덤까지 우리를 위해 존재할 것이라고 기대할 수 있었다. 그래서 독립적인 부를 갖추려고 애쓰거나 즉각적인 순간을 위해 살아야 할 필요가 없었다. 하지만 i세계에서는 그런 기대를 품을 수 없다. 우리는 각자 자신을 돌보아야 하며, 그렇게 하기 위해 독립적인 수단이 필요하다. 더불어 관계적인 애착을 지속적으로 모색하고 재평가해야 하는데, 현재 맺고 있는 그 관계가 안전하다고 자신할 방법이 없기 때문이다. i세계에서 돈과 물질적인 부는 매우 중요하지만, 관계적이고 성적인 자유는 이보다 더 중요하다.

　이 현상을 지지하는 증거는 우리 주변에 차고 넘친다. 포르노는 인터넷에서 수익성이 가장 큰 산업이다. 광고 사업은 성적 매력을 강조해야 물건이 잘 팔린다는 사실을 매일같이 증명해준다. 맥주를 팔고 싶은가? 눈 덮인 산을 보여주는 것도 나쁘지 않지만, 수영복을 입고 있는 여성이 등장하면 효과가 더 좋다. 차를 팔고 싶은가? 적절한 조명과 카메라 각도도 중요하지만, 괜찮은 여성이 좋은 옷과 신발을 착용하고 차를 몰면서 이렇게 묻는다면 거래가 성사될 확률이 높아질 것이다. "그러니까 당신 차에 시동을 걸면 그 차는 당신에게 어떤 보답을 하죠?" 잡지를 팔고 싶은가? 훌륭한 글을 실으면 좋겠지만 표지에 조지 클루니(George Clooney)의 사진을 넣으면 더 잘 팔린다. 가구를 팔고 싶은가? 뭐든 팔고 싶은가? 성은 잘 팔리고 i세계는 사는 데 일가견이 있다. 「코스모폴리탄」의 표지를 보라.

당신 자신을 이용해 돈을 벌고 싶은가? 이미 가진 부가 있다면 도움이 되겠지만, 성적 매력이 있으면 더 좋다. 허영심만으로는 사람들이 외모를 꾸미고 미용 시술을 받는 데 엄청난 돈을 쓰는 이유를 설명할 수 없다. 가슴 확대 및 축소, 안면 성형, 보톡스, 미용 치과 시술, 체중 감량, 지방 흡입, 모발 이식, 제모 등 이 목록에는 끝이 없는데, 아마 기술이 진보함에 따라 더 길어질 것이다. 이 모든 행위의 동기는 편안함보다 자신감을 얻으려는 데 있다. 자신을 관계의 공개 시장에 내놓고 "판매"할 예정이라면, 돈이 있는 것도 좋지만 뒤를 돌아보게 할 만큼의 외모를 갖춘 편이 더 낫다. 게다가 괜찮은 외모라고 할 때 이제는 예쁜 얼굴만 가지고는 부족하다. 바람직한 비율과 더불어 끌로 조각한 듯한 몸매를 갖춰야만 한다.

이건 내가 확신한다. 당신은 나를 만나본 적이 없을 것이고 앞으로도 그럴 것이다. 만일 내가 밖으로 나가서 나를 성공적으로 알리고 싶다면, 매일 헬스장에 다니면서 체중을 감량하고 있는 머리를 최대한 잘 다듬어 줄 미용사도 찾아야 할 것이다. 몇억을 들여도 섹스 심볼이 될 수는 없겠지만, 나를 상품화시키고자 한다면 외모는 매우 중요한 요소이며 옷도 아르마니 정장 이상은 입어줘야 한다. 성적 매력은 중요한 것이고, 비록 외모가 다는 아니지만 그래도 외모는 i세계에서 무언가의 문을 여는 열쇠가 된다. 이렇게 묻는 사람도 있겠다. "i세계에서 성과 성적 매력이 이토록 높은 가치로 평가받는 이유가 뭐죠?" 이에 대해 복합적인 대답을 내놓는다면, 바로 인기에 대한 열망과 외로움에 대한 두려움 때문이라고 하겠다.

t세계의 관계적인 잠재력에 여러모로 부족한 점이 있었다는 데는 의심의 여지가 없다. t세계는 많은 안전 장치를 제공했지만, 탈출이 불가능한 끔찍한 관계 속에 갇혀 있어야 했던 이들도 있었다. 모든 가족이 좋았던 것도 아니고, 모든 결혼이 건강했던 것도 아니며, 모든 확대 가족이 지지적이었던 것도 아니고, 모든 지역 공동체가 친절했던 것도 아니다. 만일 그 안에서의 관계가 성숙하고 건강하며 지지적이었다면 t세계는 훌륭한 공간이었겠지만, 그렇지 않았다면 연옥과 같거나 그보다 못한 공간이었을 수도 있다. 이 책을 읽으면서 누군가는 t세계로의 회귀를 열망할 수도 있겠지만, i세계의 명백한 결점에도 불구하고 단언컨대 대부분의 사람들은 i세계를 선호할 것이다. 기독교인들을 포함해 많은 사람들이 t세계를 거부하고 i세계를 선택한 데는 분명 타당한 이유가 있다. 많은 사람들이 보기에 t세계는 관계적인 구조로서의 경쟁력을 잃었다.

그렇게 상대적으로 승리로 보이는 점에도 불구하고 i세계는 완벽하지 않다. i세계에 살고 있는 사람들이 마주하는 주된 어려움은 외로움과 불안이다. 이들은 개인주의로 인한 필연적인 결과물이다. 만일 개인의 자유가 그 목표가 되고 그 자유를 성취하는 수단이 의무와 책임의 관계를 개인적인 선택이 주가 되는 세상과 맞바꾸는 것이라면, 어느 정도의 외로움과 불안을 감당하는 것은 당연한 귀결이다. 사람마다 정도의 차이는 있겠지만 외로움과 불안에 대한 두려움은 모두에게 영향을 미칠 것이다.

관계적인 약속의 새로운 기준이 쌍방이 모두 원할 때만 관계를 갖는 것이라면, 장기적으로 그 관계에서 안심을 누릴 수 있는 사람은 없다. 죽음이 서로를 갈라놓을 때까지 관계를 유지하겠다는 약속을 한다고 해도, i세계에는 그것을 집행할 정치적인 의지가 없다. 죽을 때까지 관계를 유지하고 싶다고 해도 실제로 죽음을 맞이하기까지는 이 약속이 성취될지를 확신할 수 없다. i세계 안에는 관계적인 불안이라는 영구한 안개가 지속적으로 머물고 있다. 더불어 "지금 같이 있는 이 사람 말고 다른 사람과 있을 때 더 행복할 수 있지 않을까?"라는 질문이 늘 우리를 괴롭게 한다. 이에 대한 답은 "결코 확신할 수 없다"는 것이다. t세계의 풍조는 주어진 관계 안에서 만족과 성취를 찾는 것이었기 때문에, 이런 질문은 고려할 가치조차 없었다. 반면 i세계에서는 이런 질문이 모든 사람의 마음과 생각 속에 똬리를 틀고 있다. i세계의 시민들은 자신을 스스로 돌보아야 한다. 현재의 관계에서 최대한 많은 것을 얻어냄과 동시에 앞으로 경험할 관계적인 가능성에 열려 있어야 한다. 그렇다고 t세계에 살았던 사람들이 연인 관계의 쾌락과 친밀감에 무관심했다는 이야기는 아니다. 이들도 관심이 있었다. 다른 점이라면 t세계에서는 보통 관계를 장기적인 관점으로 보았다는 것이다.

그렇다면 i세계의 사람들은 관계에 내재된 이 잠재적인 불안을 어떻게 가장 효과적으로 처리할 수 있을까? 그들은 연인 관계로부터 할 수 있는 한 모든 것을 최대한 빨리 얻어냄으로써 불안을 잠재우고자 한다. 여기서 "모든 것"은 성관계를 의미하기도 한다. 관계적인 불안의 세계 가운데 사는 사람들은 현재의 쾌락과 친밀감을 극대화하고자 노력하는데, 이런 감각이 찰나의 것일 수 있기 때문이다. i세계의 많은 어쩌면 대부분의 사람들이 성관계를 통해 친밀감과 관계적인 성취가 증진된다고 믿는 데는 타당한 이유가 있다. 과학적인 관찰에 따르면 내재된 성적 욕구를 갖고 있는 우리는 호르몬적으로 섹스를 원하도록 만들어졌는데, 그 이유는 성관계나 절정의 쾌감에 수반되는 감정의 표출 때문이 아니라 그 행위로 인해 우리의 행복감을 증진시키는 생화학적 호르몬 반응이 촉발되기 때문이다. 이것이 바로 가능할 때마다 성관계를 가져야 하는 생리학적 이유다. 섹스는 즐거운 것이다.

심리적 이유도 있다. 3장에서 살펴본 대로 근대가 과학적 방식에 근거하여 인간이 정신과 육체로만 이루어져 있다고 추정한 것이 옳다면, 친밀감은 과연 무엇일까? t세계의 시각에 따르면 친밀감에는 영적인 차원이 있으며, 인간은 결혼 생활을 비롯해 성적이지 않은 다양한 관계 안에서도 친밀감을 누릴 수 있다고 믿었다. 하지만 인간이 오로지 정신과 육체로만 이루어져 있고 영혼이 없다면 친밀감의 본질은 무엇일까? 그렇다면 친밀감은 육체적이거나 정신적이거나 아니면 이 두 가지가 혼합된 것이어야 한다. 성관계가 지닌 육체적, 심리적 영향력을 생각할 때 i세계의 많은 사람들이 성을 관계적 친밀감과 동일시했다는 것은 놀라운 일이 아니다.

i세계가 "친밀감"이라는 단어와 "성관계"라는 문구를 동의어처럼 사용하는 방식은 이런 현상의 한 예가 된다. 어떤 상황에서 성관계를 맺는 사이라고 하면 친밀한 관계로 이해된다. 어떨 때는 친밀한 관계라고 하면 성관계를 맺는 사이라고 추측되기도 한다.

i세계에서는 당신이 동성의 누군가에게 낭만적으로 끌린다고 해

도, 그 사람과 성관계를 맺지 못하도록 하는 극복 불가능한 장애물은 없다. 우리가 본 것처럼 i세계는 성별을 해체하고 그것이 관계에서 지닌 의미를 덜 중요하게 만든다. 당신에게 가장 중요한 것은 관계 안에서 친밀감과 성취를 발견하는 것이다. 파트너가 될 만한 어떤 이성을 찾는다면, 좋다. 파트너가 될 만한 어떤 동성을 찾는다고 해도, 괜찮다. 세 가지 금기를 어기지 않는 한 어떤 식으로 친밀감과 성취를 찾을지 결정하는 것은 당신의 고유한 권한이다. i세계는 과학적 방식이 지배하는 시대의 결과물로서, 그 안에서 실험은 좋은 것이라고 여겨진다. 어떤 것이 자신에게 가장 큰 만족을 가져다주는지를 발견하기 위해 두 가지 성별을 모두 성적으로 실험해야 한다면, 그렇게 할 자유 역시 당신의 권리다.

i세계에서 연인 관계, 친밀감, 성은 너무나도 긴밀히 서로 연결되어 있어서 참된 친밀감을 원한다면 성관계가 꼭 필요하다는 사실이 폭넓게 수용된다. 더욱이 성관계를 맺고 있지 못하다면 많은 사람들이 당신을 보면서 무엇도 성취하지 못한 외로운 사람이라고 생각할 것이다. 돈도 중요하지만 친밀감과 개인적인 성취가 더 중요한 세상이다. 성관계가 친밀감과 성취를 얻을 수 있는 가장 빠른 길인 현실에서 평생 한 관계에 헌신할 수 있다는 확신마저 없다면, 성적 자유가 돈보다 더 큰 가치를 지닐 수밖에 없다. 이는 기혼자와 미혼자에게 모두 적용된다. i세계에 잠재하는 지속적인 불안을 감안할 때 현재 결혼 생활이 좋다고 해도 선택을 열어둘 수 있는 자유는 중요하다. 당신의 결혼 생활에 앞으로 어떤 일이 닥칠지 확신할 수 없기 때문이다. 결과적으로 성적, 관계적 자유는 i세계에서 가장 드높은 이상으로 폭넓게 받아들여진다.

내가 i세계에 대해 설명하면서 그 세계가 성적 자유에 부여한 중요성을 과장해 풍자만화처럼 그려낸 것이 아니냐고 이의를 제기하는 사람도 있겠다. i세계에서의 일상적인 삶을 마치「플레이보이」창업자의 대저택 같은 곳에서 일어나는 일처럼 얘기하는 게 아니냐고 생각할 수도 있다. 하지만 그렇지 않다는 것을 나도 안다. 오랫동안 한 명의 배우자와 관계를 맺으면서 계속 그렇게 살기를 바라는 사람들도 많다. 싱글이면서 순결을 지키는 이들도 있다. 이에 관해 더 길고 자세히 논쟁하게 된다면 경제적 안녕, 권력, 건강과 같은 i세계의 다른 가치들을 고려해볼 수도 있다. 게다가 노년층에서는 상대적으로 젊은 층에 비해 성적 자유를 중요히 여기지 않음도 분명하다. 다만 여기에 묘사된 i세계는 우리가 지금 하는 대로 계속해서 개인의 자유에 가치를 부여한다면 세상이 어떤 방향으로 흘러가게 될지를 대변해주고 있으며, 그렇게 된다면 나는 모든 선택 중 성적, 관계적 자유가 가장 높은 가치를 지니게 될 것이라고 생각한다.

아직 그 지점까지는 도달하지 못했을 수 있지만 우리 문화가 개인주의적 자유와 물질주의적 세계관("우린…오억 년 된 탄소,"[2])에 점점 더 몰두하고 있는 현실은 성적, 관계적 행위에 대한 새로운 태도와 접근을 만들어냈고 이것은 규범이 되어가고 있다. 우리는 오늘, 이번 달, 올해 또는 앞으로도 쭉 문란한 행동을 하지 않겠다고 선택할 수 있다. 하지만 성적 문란은 증가하고 있다. 이것은 우리 문화의 주된 이야기가 되어가고 있으며 우리는 이런 이야기에 점점 더 매료된다. 잡지, 소설, 텔레비전 프로그램, 영화를 보면 알 수 있다. i세계의 성

2   Mitchell, "Woodstock."

적, 관계적 자유는 이제 우리의 이야기다. 우리가 어떤 이야기에 시간과 돈을 소비하고 있는지를 보면 이 사실을 잘 알 수 있다. 문란하든 문란하지 않든 우리는 자유와 그렇게 할 수 있는 기회 안에서 안심을 얻는다. 많은 사람들이 평생 함께할 파트너를 찾을 수도 있지만, 이들 앞에 놓인 i세계 안에서 만나는 파트너와 맺는 관계를 통해서는 t세계에서 가능했던 안정감을 느낄 수 없다. 영구적인 파트너를 찾는 사람들의 수는 점점 줄어들고 있으며, 반면 꼭 그런 파트너를 원하지 않는다고 말하는 사람의 수가 늘고 있다. 많은 사람들이 자신의 선택권을 열어놓은 채로 자신의 파트너를 통해 충족감이나 만족감을 느끼지 못할 때 탈출할 수 있는 권리를 확보하고자 한다. 하지만 세상의 모든 활동과 소음이 제거되었을 때 우리에게 들리는 것은 불안한 관계가 빚어낸 웅얼거림과 권태라는 i세계 특유의 질병뿐이다. i세계의 시민들이 성적으로 친밀한 관계를 추구하는 이유가 여기에 있다. 우리는 관계적으로 원하는 것을 영원히 찾지 못해 혼자되거나, 더 최악의 경우 결혼 생활이나 그와 비슷한 관계에서 불만족을 느끼게 될 때 다른 곳을 수색할 자유를 원한다. 린다 론스태트가 불러서 유명해진 칼라 보노프의 노래 「내 옆에 누워 줄 사람」은 이런 정서를 아름답게 묘사한다.

거리에서 홀로 기다리는 이
누군가 다가와 인사해주길

이 도시에서 홀로 있는 너
네가 데려간 그 사람은 어디에 있을까

밤이며 외로운 얼굴들이 너의 눈을 들여다볼 거야

그리고 이야기하겠지, 여자여, 다정한 여자여, 나와 함께 집에 가자고

너는 빛나고 적극적이고 자유로워

하지만 너의 사랑은 흔한 일이야

내 마음속에서 내가 느끼는 사랑과는 달라

하지만 그것이 내게 필요한 걸 수도

내 옆에 누워 줄 사람

실제가 아니라고 해도

그저 내 옆에 누워 줄 사람

너는 내 삶의 이야기

자, 아침이 밝아오고 거리의 전등이 꺼지고

곧 태양이 떠오르고 모든 고통을 분담하겠지

무정할 수도 있는 세상의

내 마음속에서 네가 느끼는 사랑과는 달라

하지만 그것이 네가 얻게 될 전부일 수도

내 옆에 누워 줄 사람

실제가 아니라고 해도

그저 내 옆에 누워 줄 사람

더 이상은 요구할 수 없어[3]

---

3   Karla Bonoff, "Someone to Lay Down Beside Me," *Karla Bonoff* (Sky Harbor Music, 1976).

i세계의 시민들은 많은 것들을 바라지만, 그중에서도 최소한으로 바라는 것은 편리한 관계를 위한 자유다.

i세계의 우정과 가족

그렇다면 i세계에서 우정이나 가족 같은 다른 관계들은 어떠한가? 한편 우정은 t세계와 i세계 사이에서도 가장 변화가 적은 관계다. t세계에서 우정이 유일한 선택의 관계였다는 점을 감안하면 놀라운 일은 아니다. i세계에서 변화한 점이라면 친구 사이에도 상호 동의하에 성관계가 가능하다는 것이다. 어떤 의미에서 i세계의 모든 관계는 우정을 닮았는데 부모와 자식을 벗어난 모든 관계가 선택의 관계이기 때문이다. 「프렌즈」와 같은 텔레비전 드라마가 1990년대 후반부터 2000년대 초반에 걸쳐 그토록 큰 반향을 일으킨 데는 다 이유가 있다.

하지만 현재 의무의 관계들은 위기에 봉착했다. 전통적으로 삼대가 같이 살거나 이보다 더 확대된 형태로 사는 소위 삼대 가족은 i세계에서 유물이 되어버렸다. 그렇게 된 이유로는 농업 사회에서 산업 사회로의 전환, 그에 따른 유동 노동력의 수요와 관련한 여러 사회학적 요인들이 있다. 유동성은 세상을 극적으로 바꾸어 놓았는데 유익한 점들도 있었지만 삼대 가족에게는 파괴적인 영향을 미쳤다. 이젠 평생을 같은 장소에서 사는 사람이 거의 없고, 18세가 되어 집을 떠나고 나면 잠시 부모님을 찾아뵙기 위해서 집을 방문하는 것이 보통이다. 최근 이민자 그룹에서나 삼대 가족 모형이 여전히 유효하고 유일한 사회의 일부분으로 남아 있는 것이 발견되는데, 이들마저도 i세계로 접어든 이후에는 한 세대만 지나고 나면 문화 변동의 여파를 받아 유동적으로 변화하며 결과적으로는 삼대 가족이 붕괴된다.

　i세계는 핵가족 단위 역시 훼손하고 있다. 이혼과 재혼에 대한 법적 제한과 성관계를 남편과 아내 사이로 국한하는 도덕적 제한이 없어지면서 가족의 본질이 심각하게 변화하고 있다. 미국에서는 2006년에 40퍼센트에 달하는 아이들이 결혼하지 않은 부모 사이에서 태어났는데[4] 이런 변화는 미국에서만 일어나는 것이 아니다. 2008년 영국에서 실행된 사회 태도 조사 24번째 보고에 따르면 66퍼센트의 영국인들이 결혼과 동거 간의 사회적 차이가 거의 없다고 생각하고 있다.[5] 영국의 결혼율은 150년 전 기록을 시작한 이래 최저치를 기록하고 있으며[6] 영국 태생의 여성들이 낳은 대부분의 아이들은 결혼하지 않은 부모 사이에서 태어났다.[7] 서구의 여러 사회들이 더 이상 t세계에 머물러 있지 않다.

　더불어 자녀가 결혼의 자연스럽고 필수적인 결과물이라는 생각도 자취를 감추었다. 자녀를 갖는 것은 이제 선택으로 인식되고 있으며, 과학과 법률은 거의 모든 사람들이 이런 선택을 할 수 있게끔 배경을 조성해왔다. 한 남자와 한 여자 사이의 결혼이 자녀를 양육하는 데 최상의 기준이 된다는 생각을 대체한 것은 헌신되고 애정 어린 한 사람 또는 두 사람 혹은 그 이상이 전통적인 가족만큼 효과적으로 자녀

4　　Popenoe, "Future of Marriage in America."

5　　www.natcen.ac.uk/natcen/pages/news_and_media_docs/BSA_24_report.pdf.

6　　"4% Fall in UK Marriages," National Statistics, www.statistics.gov.uk/CCI/nugget. asp?ID=322.

7　　"An Illegitimate Argument," *Spectator*, December 12, 2007, www.spectator.co.uk/ coffeehouse/399431/an-illegitimate-argument.thtml.

를 기를 수 있다는 믿음이다. i세계에서는 관련된 사람들의 의향에 따라 성관계나 입양, 인공 수단을 통해 자녀를 얻을 수 있다. 또한 결혼을 하면 꼭 자녀를 낳아야 한다는 기대도 없다. 성공률 높은 피임에 대한 신뢰는 많은 사람들에게 자녀를 낳지 않는 선택권을 부여해주었다. i세계는 행복의 추구와 관계에서의 처신은 물론 자녀 양육마저도 개별화시켰고, 그 결과 이제 양육은 생물학적 부모 사이에 공유되는 **관계적** 의무라기보다는 부모 각자에게 책임이 있는 **개인적** 의무로 간주된다. i세계에서 아이들은 어느 때보다 많은 수의 사람들에 의해 광범위한 환경 속에서 양육된다. 그에 따라 i세계는 아이들을 돌보는 문제에 있어서 더 큰 역할을 감당해야만 할 것이다. 자녀를 기르기 위해 일을 하지 않고 집에 있는 것은 경제적으로 어려운 선택이 될 것이다. 또한 자신의 관계적 정황과 희망 및 필요가 변화하면서 양육의 책임을 누군가와 함께 질 수 없거나 지려고 하지 않는 사람들도 있을 것이다.

이처럼 t세계의 모형으로부터 심각한 전환이 야기되었지만, i세계는 여기에 아이들이나 부모들에게 영향을 미칠 문제가 내재되어 있다고 보지는 않는다. 육체적, 감정적, 언어적 학대나 방임이 있는 가족 혹은 파트너십일 경우에만 아이들에게 해가 간다고 믿는다. 이런 학대나 방임이 아이들에게 가장 큰 피해를 입히는 것은 분명하지만, i세계는 전통적인 가족의 부재로 경험되는 상실을 믿지 않는 것이다. i세계는 가족 구성원들이 사랑의 관계를 맺도록 하는 데 초점을 맞추고 있으며 이것은 부모와 자녀 모두에게 유익하다. 이런 관점에서 중요한 것은 아이들이 애정 어린 성인들의 보호를 받는 것이지, 이 성인들의 수, 관계의 종류, 심지어 그 관계의 성별 구성은 문제가 되지 않는다.

i세계의 정치와 공공 정책

i세계의 등장은 여러 방식으로 정치와 공공 정책에 영향을 미친다. 민주주의는 i세계와 이상적으로 잘 어울리는 정치 체계인데, 그 이유는 i세계가 서구 민주주의의 헌법적, 법률적 장치에 적응할 수 있기 때문이다. 여기에서 "적응"이라는 용어를 사용한 것은 통치에 대한 i세계의 접근이 본질상 영국과 미국에서 민주주의를 만든 사람들이 기대했던 것과 다르기 때문이다. 영국과 미국의 헌법은 자연법, 즉 명백한 참들이 존재하고 그것이 변개될 수 없다는 믿음의 개념 위에 제정되었다.[8] 하지만 i세계에서 자연법은 이와 동일한 헌법적 지위를 갖지 않는다. 대신 헌법은 입법과 관련한 규칙을 비롯하여 옳고 그름의 영구한 개념 대신 여론에 기초한 권리를 사회에 제공하는 절차 체계로 인식된다. 여론이 바뀌면 그에 맞춰 법과 권리도 변한다. 따라서 개인과 사회가 법적으로 할 수 있거나 없는 일에 대한 영구적인 경계나 제한도 없고 정부의 역할과 범위에 대한 명시된 경계도 없다. 헌법의 존재가 사회 변화를 지연시킬 수 있지만 무한정 그렇게 할 수는 없다. 예를 들어 미국 매사추세츠주 헌법의 원저자들이 동성 결혼에 대한 권리를 제공하려는 의도가 있었다고 주장할 수 있는 실질적인 방법은 없다. 그럼에도 불구하고 매사추세츠주 대법원은 헌법 안에서 그와 같은 권리를 "발견"하는 쪽으로 그 법을 해석했다. 21세기 어느 시점에 접어들어 연방 대법원이 이와 비슷한 발견을 한다고 해도 놀랄

8　한 가지 짚고 넘어가야 할 점은 영국의 헌법이 미국의 헌법과는 달리 공식적으로 기록되지 않았고 수백 년 동안의 비공식적 발전과 선례들이 쌓인 결과물이라는 것이다.

일이 아니다. 설령 그렇게 되지 않는다고 해도 이 문제에 대한 여론이 지속적으로 움직임에 따라 동성 결혼을 합법화하는 법규 제정이나 헌법 개정을 통해 동일한 목표를 효과적으로 달성할 수 있을 것이다. i세계의 헌법과 제정된 법률은 그 세계가 지향하는 사회적 태도만큼이나 유연하다.

i세계에서 법률과 헌법은 점점 더 유연해질 것이며, 합법적 교조주의의 근본적 부재 역시 공공의 정치 담론으로 스며들 것이다. i세계에서 정치는 여러 사상에 대한 자유로운 토론과 논쟁보다는 시위와 적극적 행동주의의 모습으로 나타나는 추세다. 알래스데어 매킨타이어가 『덕의 상실』에서 주장하듯이 더 이상 참을 믿지 않는 세상에서 토론은 불가능한데, 그 논쟁을 해결할 만한 일반적인 수용 기준이 없기 때문이다.[9] 그 결과 정치는 니체가 상상한 것처럼, 대화와 토론이 아닌 의지와 권력의 행사가 된다. 이성이나 논의를 통해 정치적 의견의 차이를 해결할 수 없다면 가장 효과적인 정치적 도구로 남는 것은 시위와 조작, 선동, 강압이다. 사상과 인격이 정치적 화폐로 통용되지 못한다면, 사람들은 그것을 만들기 위해 분명 돈을 써야 한다. 그 결과 i세계에서 돈은 정치적 화폐로서 그 가치를 더해갈 것이다.

i세계의 정치에서 한 가지 상수가 변화라면 공공 정책은 어떠한가? 개인주의가 그것의 핵심 약속을 지키는 한 법률과 공공 정책의 본질이 어떻게 변화할지는 예측 가능하다. i세계에 대한 이런 피상적인 탐구는 예상 가능한 미래에 등장하고 발달할 것으로 기대할 수 있는

---

9 Alasdair MacIntyre, *After Virtue: A Study in Moral Theory*, 2nd ed. (Notre Dame, IN: University of Notre Dame Press, 1984), 특히 2장을 보라.

일곱 가지의 공공 정책 방향을 제시한다. 정확히 어떤 법률적 체제가 등장할지는 확실히 말할 수 없지만, 조사를 해보면 지금 등장하고 있는 정책들의 윤곽은 이미 서구 민주주의가 구체화한 여러 계획의 징후를 드러내고 있다. 관련된 정책들의 이유와 철학적인 근거는 이미 제시되었기 때문에 여기서 다시 요약할 필요는 없겠다.

다양한 성적 생활 양식에 대한 정부의 지원

i세계는 다양한 성적 생활 양식을 차별하지 않으며 시민들에게도 이를 차별하지 않도록 요구한다. 성적 취향의 문제는 정치적으로 실제적인 가치가 거의 없다. 정부의 목적은 그런 취향을 금지하는 것이 아니라 행동의 권리를 보호하는 데 있다. i세계의 공공 정책은 세 가지 금기를 위반하지 않는 한 모든 성적 행위와 관계들을 보호하려고 할 것이다. 이 보호는 자신과 다르게 행동하는 이들의 행위를 수용하는 방향으로 시민들을 교육함으로써 이루어질 것이다. 이에 따라 정부는 아이들을 가르칠 교육 커리큘럼을 설계하고 보급하도록 명령할 것이며, 아이들은 이를 통해 세 가지 금기를 지키고 자신과 다른 행동이나 생활 양식을 추구하는 이들을 관용하는 것의 중요성을 배우게 된다. 성교육 커리큘럼은 공중 위생과 개인의 건강에 초점을 맞추어 아이들에게 피임법을 가르치고 다양한 성행위와 관련된 건강상의 위험과 결과를 알려줄 것이다. 또한 교사들은 아이들이 자신의 성별을 이해하고 숙고하도록 도울 것이며, 학생들이 자신의 선호를 이해하거나 선택을 놓고 고심할 때 도움을 줄 상담에 관해서도 정보를 얻을 수 있을 것이다. 또한 다양한 선택과 관련해서 교사들에게는 도덕적 중립성이라는 엄격한 기준이 요구될 것이다.

처벌 대상에서 제외되는 상호 동의하의 성관계

i세계에서 동의는 성관계와 관련해 가장 주된 윤리의 쟁점이 된다. 세 가지 금기는 모든 종류의 성관계를 위한 기본 지침을 제공한다. 원치 않는 성적 접근이나 접촉은 범죄로 간주되어 가혹하게 다루어진다. 유일하게 어린이들이 관련된 사례들을 제외하고, 상호 동의하에 이뤄진 모든 종류의 성관계는 점점 더 보호를 받는다. 공공 정책은 상호 동의하에 이뤄진 성인의 성행위를 제한해온 기존 법률들을 지속적으로 완화할 텐데, 여기에는 동성 간 관계 및 현재로서는 성도착증으로 분류되고 있는 일부 행위도 포함된다. 이와 관련하여 i세계가 마주한 중요한 법적 질문은 동의의 본질과 연령에 대한 것이다. 예측하기로는 동의를 할 만큼 성숙한 사람이라면 성관계를 가질 권리도 갖고 있어야 한다. 따라서 i세계의 공공 정책은 나이 대신 동의의 타당성을 측정할 다른 기준을 추구함으로써 동의 연령을 낮추려고 할 것이다.

i세계가 답해야 할 두 가지 공공 정책 질문은 근친상간과 수간에 대한 것이다. 만일 개인주의가 최고의 선이라면, 만일 피임이 성관계와 출산을 성공적으로 분리시킬 수 있다면, 만일 참된 동의가 확립될 수 있다면, 공공 정책이 다양한 가족 구성원 사이의 성관계를 제한하는 법률을 완화하거나 제거할 것으로 기대할 수 있다. 동의의 법률이 적절히 개편되어 가능한 모든 성관계에 적용된다면 근친상간과 수간을 금지하는 특정 법률도 제거될 것이라고 믿을 만한 이유가 있다. 즉 성인의 동의와 일맥상통하는 참된 동의가 확립될 수 있다면 i세계는 그에 상응하는 성관계들을 보호할 것이다.

계약적 동의의 관계로 탈바꿈하는 결혼

i세계는 결혼이 한 남자와 한 여자 그리고 그들의 확대 가족들 사이에서 이뤄지는 영구적인 합의라는 배타적인 이해를 종결지을 것이다. 사실상 법률적인 관점에서는 결혼에 대해 "하나님이 짝지어 주신 것을 사람이 나누지 못할지니라"라는 역사적이고 언약적인 본질이 전혀 남아 있지 않다. 합의 이혼의 합법적인 수용과 점점 증가하는 혼전 계약서의 채택을 볼 때 공공 정책에서 이와 같은 변화는 이미 이행되고 있다. 결혼은 점점 더 성별 및 당사자가 되는 사람들의 수에 대해서도 무관한 개인 간의 계약으로 간주될 것이다. 이 계약에 관련된 당사자 중 원하면 누구든지 어느 때나 계약을 해지할 수 있고, 따라서 개인에게는 자신이 원하는 한 어느 때든 누군가와 이어질 최대한의 자유가 부여된다. 결혼을 하고 아이를 낳아 기르면서 일생을 함께 보내고자 하는 한 남자와 한 여자가 있다면 지금도 얼마든지 그렇게 할 수 있지만, 앞으로는 결혼의 범위가 앞서 언급된 세 가지 금지가 위반되지 않는 한 당사자들이 바라는 조건을 포함하는 수준까지 넓어질 것이다. i세계는 분명 일부다처제도 수용하게 될 텐데, 이런 합의의 일부로 동물들이 허용될지는 아직 알 수 없다.

　이보다 대답하기 어려운 질문 중 하나는 이런 형태의 법적 파트너십에 관한 명칭을 어떻게 불러야 하는지다. 결혼(marriage) 또는 연합(civil union)이 될 수도 있겠다. 결혼이라는 단어에는 전통적이고 종교적인 의미가 많이 담겨있기 때문에, i세계가 이 단어를 충분히 재정의할 수 없다면 아마도 사용하기를 꺼릴 것이다. 그럴 경우 "결혼", "남편", "아내"라는 단어들을 버리고 대신 "연합", "파트너"를 사용할 것이다. 분명한 것은 국가가 승인한 모든 권리와 특권을 가진 역사적인 결혼 관계가 이런 관계에 안으로 들어오기 원하는 모든 성인들에게 확대될 것이라는 점이다.

재정의되는 가족

i세계의 풍조를 잘 파악하고 있다면 앞선 세 가지 공공 정책의 개혁 영역들을 쉽게 이해할 수 있을 것이다. 하지만 가족을 이해하는 일에 있어서 아이들의 양육과 돌봄이라는 책임을 받아들이는 것은 i세계가 마주한 난제다. 이 문제에 대해 t세계가 취한 기조는 간단했다. 아이들을 돌볼 책임이 부모에게 주어지지만, 이들이 그 의무를 수행할 수 없는 경우에는 그 책임이 우선 확대 가족에게, 더 나아가 국가로 이양되었다. 반면 i세계에서 자녀 돌봄의 책임은 상당히 복잡하다. 우리가 더 이상 자녀에 대한 주된 책임을 생물학적 부모에게 요구하지 않게 되면서 자녀 돌봄이라는 책임의 경계가 희미해졌다. 결과적으로 i세계는 인류가 한 번도 경험하지 못한 돌봄의 문제와 씨름하고 있다.

　우리는 이혼 가정의 아이들이 겪는 양육권 문제를 이미 잘 알고 있는데, 양육권이 결정되거나 부모가 여러 번 재혼을 한다고 해도 이 문제는 온전히 사라지지 않는다. 관련된 모든 사람들에게 감정적인 상처가 남는 건 사실이지만, 어쨌든 법정은 원부모 사이의 지리적 거리가 생기는 경우에도 양육권이나 자녀 양육비와 관련된 문제를 해결 지을 수 있다. 또한 우리는 결혼하지 않은 부모 사이에서 태어난 아이들이 경험하는 복합적인 문제들을 비롯해 이 부모들이 또 다른 관계로 이동할 때 마주하는 도전에 대해서도 잘 알고 있다. 다시 한번 말하지만 이런 상황에서 양육권과 자녀 양육비의 합의를 끌어내고 집행하는 일이 어렵긴 해도, 친부와 친모를 확인할 수 있는 한 법정은 그 일을 해낼 수 있다.

　이보다 더 불분명한 문제는 인공 수정을 통해 아이를 얻은 개인
이나 커플에게 책임을 부여하는 방식이다. 많은 사람들이 자녀 양육
을 자신의 권리이자 개인적인 성취의 중요한 일부로 생각하고 있기
때문에, i세계의 공공 정책은 이미 합법적인 결혼 여부와 상관없이 자
녀를 얻는 것을 개인과 커플의 권리로서 지지하고 있다. 앞으로 해결
이 필요한 부분은 법적 보호자 혹은 부모가 아닌 생물학적 부모가 가
지는 권리와 책임 및 아이들의 권리다. 이와 관련된 문제의 어려움을
묘사하기 위해 최근 영국에서 진행된 소송을 예로 들어보겠다. 한 레
즈비언 커플이 한 남성과 그의 정자를 사용하여 둘 중 한 여성을 임신
시키기로 계약을 했다. 그런데 결국 이 두 여성이 헤어지게 되면서 아
이의 양육권을 얻지 못한 여성이 이 아이는 자신의 아이가 아니기 때
문에 자녀 양육비를 낼 수 없다는 주장을 한 것이다. 법정은 여기에
동의하여 소를 제기한 여성 대신 정자를 제공한 남자에게 자녀 양육
비를 지불하도록 요구했다.[10]

　이보다 더 복잡하게 서로 얽혀 있는 예시들을 계속 살펴볼 수도
있지만 그 일은 정치인들과 유전학자들 및 변호사들에게 맡기려고
한다. 핵심은 t세계와 i세계의 가장 큰 차이가 가족의 영역, 구체적으
로는 자녀의 양육에서 발생한다는 것이다. 양육에 대한 성인의 책임

10　"Why Fireman Sperm Donor MUST Pay to Raise Our Children, by Lesbian Mother,"
　　 Mail Online, November 4, 2008, www.dailymail.co.uk/news/article-499342/Why-
　　 fireman-sperm-donor-MUST-pay-raise-children-lesbian-mother.html. See also a similar
　　 ruling in the United States: Elizabeth Marquardt, "When 3 Really Is a Crowd," *New
　　 York Times*, July 16, 2007, www.nytimes.com/2007/07/16/opinion/16marquardt.
　　 html?adxnnl=1&adxnnlx=1185202864-E43y MY4/Iit5/TTsWQlPZA.

이라는 전체적인 개념은 i세계의 체제와 잘 어울리지 않는다. i세계는 책임감 있는 성인들 가운데서 가장 효과적으로 기능하는 반면 아이들이나 경제적으로 취약하고 자유로워질 인식 능력이 없는 사람들을 상대하는 데는 취약하다.

특히 아이들은 가장 큰 도전을 받는데, 부모 밑에서 잘 양육을 받을 수도 있지만 양육을 힘겹게 느끼거나 양육으로부터 개인적 성취감을 느끼지 못한다는 이유로 양육을 지속하고 싶어 하지 않는 어른의 돌봄 아래 놓일 수도 있기 때문이다. 또한 아이들은 부모가 되기를 원하지 않았던 이들의 성관계로 인한 의도치 않은 결과물이 될 수도 있다. 자녀가 있지만 이 아이들을 돌보려고 하지 않는 성인들을 어떻게 해야 할 것인가는 i세계의 난제다. 강압은 i세계가 대표하는 자유의 본질을 방해하기 때문에 문제가 될 수 있고, 부모들이 강압의 위협 아래에서 자신의 의무를 잘 수행할지도 미지수다. 결과적으로 i세계에서 국가는 불가피하게 더 많은 아이들을 돌볼 책임을 떠안게 될 것이다.

그에 따른 막대한 비용을 차치하고라도 정부를 기초로 한 자녀 양육의 모형이 아이들에게 필요한 질적 돌봄과 양육을 제공할 수 있을지에 대한 염려가 있다. 우리가 이미 살펴본 것처럼 아리스토텔레스는 가족을 사회의 기본적이고 대체 불가능한 양육 단위로 보았다. 이 구조는 책임감 있고 윤리적이며 이타적인 시민들을 생산하는 데 중요했다. 플라톤은『국가』에서 아이들의 공동 육아를 가정한 한 가지 실험적 생각을 구상했는데, 그것이 실제로 가능할 것이라고 그가 믿었는지는 정확하지 않다. 인류학자들은 생물학적 부모보다 더 큰 책임감을 갖고 자녀 양육의 책임을 떠맡았던 부족, 씨족 사회들을 지목하기도 했다. 핵가족을 자본주의 질서의 창조물로 본 마르크스주의자들마저도 가족을 충분히 대체할 다른 제도가 있을지에 대한 염려 때문에 가족을 폐기하는 것을 꺼렸다. i세계는 개인주의에 대한 약속과 더불어 자녀 양육을 멋진 신세계로 인도한 것이다. 개인주의적인 사회 개념을 기반으로 하고도 아이들을 재정적으로 감당이 가능한 범위 안에서 효과적으로 양육할 수 있는 방법을 도출해낼 수 있을까? 이것이 i세계가 마주한 도전이다.

자녀를 만들어내는 역량의 확장

효과적인 자녀 양육을 위해 i세계가 어떤 새로운 계획을 내놓을지에 관해서는 아직 이야기할 수 없지만, 자녀를 만들기 위한 새로운 방식을 개척해나갈 것이라고 예상할 수 있다. 생물학적으로는 자녀를 낳을 수 없지만 자녀를 바라거나 아니면 자신의 자녀를 만드는 데 보다 더 큰 자유와 통제를 원하는 이들이 수가 늘어가고 있는 상황에서 i세계는 그들의 바람에 답할 수 있어야 한다. 분명히 많은 불임 커플들이 기꺼이 입양하기를 원할 것이다. 하지만 클로닝(미수정란의 핵을 체세포의 핵으로 바꾸어 유전적 동일 생물을 얻는 기술-역자주)과 유전적 선택 기술이 발전함에 따라 사람들은 정부가 과학, 의료 기관들의 역량을 키워 자신들이 바라는 자녀를 정확히 주문할 수 있도록 하는 방향으로 정책을 추구하기 원할 것이다. 여기에는 성별과 인종의 선택은 물론 유전학이 제공할 수 있는 온갖 공학 배열뿐만 아니라 인간 복제에 대한 요구도 포함할 것이다. i세계의 정부는 이런 요청들을 거의 수용하게 될 것이다. 이런 사회 변화와 기술 발달은 정치적 논쟁을 야기하겠지만 개인적 선택이 사회의 가장 높은 이상으로 자리매김하게 되고 인간이 영적 존재라기보다는 육체적 존재에 불과하다고 믿는 사람이 많아지는 한 이런 변화와 시도가 중단되지는 않을 것이다. 사회가 이를 온전히 받아들이기까지는 시간이 걸리겠지만 결국 i세계에서는 개인적 선택과 자유에 모든 것이 굴복하게 되어 있다.

성별 및 유전적 특징의 변환

그에 따라 i세계는 개인이 성별과 유전적 특징을 바꾸기 위해 과학이 허용하는 최대한의 범주까지 나아갈 권리를 부여할 것이다. 정부는 이를 성취해줄 의료와 과학 연구를 위한 자금을 대고 시민들에게는 그 기술을 이용할 자유를 제공할 것이다. i세계는 아직 태어나지 않은 태아를 위해 기꺼이 이런 일들을 하고 있으며, 앞으로는 동의 연령을 지난 남성과 여성들을 위해서도 분명 이 일을 허용할 것이다. 이런 변화를 선택한 사람들은 차별에 반대하는 법적인 보호를 받게 될 것이고 트랜스젠더 역시 비슷한 보호 아래 놓이게 될 것이다. i세계에서 공공 정책은 앞서 언급한 세 가지 금기를 위반하지 않는 한 사람들이 자신이 하고 싶은 일을 하고 원하는 모습이 되도록 도움으로써 개인 앞에 놓인 선택과 가능성을 확장하는 일에 전념한다.

인류의 중성화

i세계가 어떻게 성별이 구분된 활동과 시설들을 궁극적으로 처리할 것인가는 공공 정책에서 한 걸음 더 나아간 영역이다. 지금까지는 공공 정책이 성별 **사이**의 평등을 증진하는 일에 그 초점을 맞추었다면 그다음은 성별 **가운데**의 평등 추구에 집중할 것이다. 그리고 성별 사이의 경계가 희미해지면서 기존 경계에 관한 근거를 계속 유지하기

어려울 것이다. 예를 들어 한 남성이 성별을 여성으로 바꾼다면 이 사람에게는 프로 여성 스포츠 분야에서 활동할 수 있는 권리가 있을까? 성전환 테니스 선수인 르네 리처즈 박사(Dr. Renée Richards)를 보면 "있다"고 답할 수 있다. 여성은 단순히 여성이라는 이유만으로 경제적으로 더 수익성이 높은 남성 스포츠 세계에서 제외되어야 할까? 골프의 경우에는 애니카 소렌스탐(Annika Sorenstam)과 미셸 위(Michelle Wie)가 남성 PGA 경기에서 경쟁한 전례가 있다. 이는 기존의 경계에 틈이 생기고 있다는 사실을 보여준다. 또한 현재 많은 대학 캠퍼스에서 남학생과 여학생이 같은 기숙사나 같은 층, 어떤 경우에는 같은 방에서 생활하고 있다. 1970년대 의회에서 남녀 평등 헌법 수정안이 통과되지 못한 주된 이유는 남녀 공용 화장실을 만드는 것과 같은 사회적인 변화에 대한 두려움 때문이었다. 그러나 수정안 통과 저지는 결코 이런 공공 정책 문제에 대한 장기적인 해결책이 될 수 없었다.

지금까지 살펴본 일곱 가지 공공 정책의 문제들이 성과 성별 및 가족과 관련하여 i세계에서 발생할 유일한 문제들은 아니지만, 전반적인 주요 쟁점을 잘 보여준다. 하지만 이들 모두를 관통하는 또 다른 문제가 있다. 그것은 바로 사회 전체가 어느 정도까지 이런 정책들을 준수하도록 할 것인지, 또한 종교 단체를 포함한 민간 기관에 이런 정책들을 기피할 권리가 주어질 것인지에 대한 것이다. 예를 들어 종교 조직들은 자율적 선택(차별)을 행사함으로써 자신들의 특정한 도덕적, 종교적 체제에 기초하여 직원을 채용하고 구성원을 징계할 수 있는가? 이는 i세계의 정부가 개인으로서의 시민이 갖는 중요성을 결정 짓는 정도와 관련해 근본적인 질문을 던진다. 정부는 다른 기준을 고수하기를 원할 수도 있는 사적이고 자발적인 단체의 존재를 허용할 것인가? 찰스 테일러는『문화다원주의』에서 탁월한 시각으로 이런 딜레마를 검토한다.[11] 각양각색의 사회는 다양한 방식으로 이 문제에 접근할 것이다. 하지만 만일 i세계가 정말로 개인주의의 승리라고 한다면, 결국 자신을 통제할 각 그룹의 권위는 오로지 개인, 개인의 권리, 세 가지 금기만 남을 때까지 서서히 사그라들 것이라고 예상할 수 있다.

i세계에 대한 생각을 마무리하면서

나는 이 책의 서론에서 우리 사회가 던지는 근본적이고 중요한 질문 두 가지가 있다고 진술했다.

1. 상호 동의만 있다면 성인들은 어떠한 형태의 성관계를 맺어도 괜찮은가?
2. 남자와 여자로 이뤄진 부부 관계를 벗어나 상호 동의하에 누구와도 성관계를 할 수 있는 자유가 없다면, 우리는 인간으로서 얻을 수 있는 최선의 성취감과 친밀감을 박탈당하는 것일까?

i세계는 각 질문에 분명히 "그렇다"라고 대답했다.

이 질문들은 물론이고 우리가 논하고 있는 성행위들도 새로운

---

11   Charles Taylor et al., *Multiculturalism: Examining the Politics of Recognition*, ed. Amy Gutmann(Princeton, NJ: Princeton University Press, 1994)을 참조하라.

것은 아니다. 서구 역사를 살펴보면 기시감을 주는 일들이 많다. 진정 새로운 것은 우리가 하나의 문화로서 이런 질문에 내놓는 대답들이다. 성 혁명 이래 서구의 많은 사람들이 온전한 사람이 되고 유효한 성취를 이루며 관계의 참된 깊이와 친밀감을 누리기 위해서라면 자신이 원하는 것은 무엇이든 할 수 있는 최대한의 자유가 필요하다고 말하고 있으며, 이런 자유는 한 남자와 한 여자 사이의 부부 관계를 넘어선 모든 관계에서 상호 동의만 있다면 성관계를 가질 수 있도록 허용한다고 이야기한다. 너무나도 많은 사람들이 이런 믿음을 수용한 나머지 현재 우리는 오십 년 전만 해도 상상할 수 없었던 시대에 살고 있다. i세계는 우리의 목전에 있다.

강조하고 싶은 사실 한 가지는 t세계에서 i세계로의 전환이 인류 역사에서 보기 드문 참으로 평화로운 혁명 중 하나였다는 점이다. 이 혁명은 칼로 이뤄지지 않았다. 오히려 i세계가 이전의 다른 세계들보다 우월한 삶의 방식을 제공한다고 인정하는 사람들이 늘어났기 때문에 이뤄진 혁명이다. 많은 지점에서 기독교 및 여러 다른 종교들은 i세계를 지지할 수 없겠지만, 인간의 자유를 지지하는 종교라면 i세계에도 유익한 점이 많다는 사실을 인정해야 할 것이다. 더욱이 t세계가 해로운 관계 속에 가두어 두었던 이들에게 i세계는 반가운 해방을 제공한다. 우리는 i세계가 위의 문제들에 대해 최선의 응답을 제공하는지를 물어야 한다. 이는 하나의 문화로서 우리에게 주어진 질문이며 우리는 너무 늦지 않게 이에 답할 기회를 얻은 셈이다.

비록 이 책은 유진 로빈슨 신부가 뉴햄프셔주 성공회 주교로 임명된 일과 매사추세츠주에서 동성 결혼이 합법화된 사건으로 인해 시작되었지만, 우리 시대를 휘몰아치는 문제는 더 이상 동성 결혼이나 성

소수자의 서품에 국한되지 않는다. 이 사건은 모든 사람들을 위해 규칙과 규제가 개정되는 세상 가운데서 나타난 삶의 예시에 불과하다. 우리는 올더스 헉슬리가 1932년에 『멋진 신세계』를 출간하면서 상상했던 것 이상의 세상에 살고 있다. 사람들은 이 모든 것들이 우리를 어디로 이끌어가고 있는지 겨우 인지하기 시작했을 뿐이고, 아직 이 변화가 인간의 삶에 어떤 영향을 미칠지 전부 알지 못한다. 심지어 우리는 i세계가 약속한 개인적인 자유가 과연 지속 가능한 것인지, 전례 없을 만큼의 개인적인 자유를 제공하려는 시도가 질서의 붕괴로 이어진 다음에 그 질서를 복구하기 위해 전보다 강력한 파시스트 혹은 전체주의적 정치 체제가 나타나지는 않을지에 관해서도 장담할 수 없다.

여기 언급한 i세계의 영역 외에도 그 세계가 추구하는 희망, 약속, 도전, 불안 등에 대해 더 많은 이야기를 나눌 수 있다. 독자들이 이 풍자만화의 모든 부분에 동의하는가와는 상관없이, 현재 서구 사회를 움직이는 것은 개인적인 자유라는 i세계의 정신이다. 이에 대한 우리의 동조 여부와 무관하게 이것이 우리가 지금 살고 있는 세상의 기조라는 사실을 염두에 두어야 한다. 더욱이 여기까지 오게 된 데는 t세계의 쇠퇴와 몰락이라는 이유가 있었다. t세계에도 기회가 있었지만 우리는 여러 이유를 내세워 그 세계를 거절하고 새로운 무언가로 그것을 대체한 세대 가운데 살고 있다. i세계는 그 안에서 자유에 대한 최선의 소망을 엿보는 수백 만 아니 수십 억 사람들의 꿈과 희망을 대표한다. 우리 앞에 놓인 질문은 "인간의 마음속에 자리한 갈망을 이보다 더 완전히 만족시키는 대안이 있는가"이다.

2부

r세계를 숙고해보다

내 머릿속에는 퍼즐이 있어

평생 그 조각들을 찾고 있지

완성하는 데 영원한 시간이 걸릴 거야

네모나고 둥근 조각들을 맞추는 데는

다다, 「퍼즐」[1]

i세계의 신속한 등장을 보면서 이에 대한 합리적이고 강력한 대안이 있는지 궁금한 사람이 있을 것이다. 나는 "있다"고 생각하고, 그에 대한 이상을 자세히 제시하기 위해 이 책의 2부를 썼다. 여기서 제시할 대안을 "r세계"라고 부를 것이다. i세계가 개인의 자유가 지배하는 장소였다면, r세계는 인간이 관계를 위해 만들어졌으며 자기 성취를 추구할 때가 아닌 건강한 인간관계 가운데서 살면서 관계 맺을 때 가장 깊은 성취감을 찾는다는 믿음에 기초한 곳이다. 나는 우선 r세계의 이상을 제시한 후 각각의 장점을 검토함으로써 i세계와 r세계를 비교, 대조할 것이다.

이런 입장을 묘사하기 위해 내가 "r세계"라는 용어를 선택한 점을 기이하게 여기는 독자들도 있을지 모르니, 설명을 하려고 한다. 앞서 밝힌 대로 나는 기독교인이자 목사기 때문에 내가 무엇을 대안으로 제시하든 그것을 "c(hristian)세계"로 명명할 것이라고 기대한 사람도 있을 것이다. 그게 아니면 기독교의 영향을 강하게 받은 t세계로의 회귀를 호소할 것이라고 예상한 독자들도 있겠다.

그렇다면 왜 단순히 예전 방식으로 회귀하지 않고 대안을 제시

---

1   Dada, "Puzzle," *Puzzle* (Blue Cave Records, 1992).

하는 것일까? t세계는 서구 사회에서 성장한 전통적, 관계적 체제에 근간을 두고 있으며, 이것은 분명 여러 다양한 철학적, 종교적 전통들로부터 왔지만 이 중 어느 하나를 충분히 대표하지는 않는다. 실제 세상에서 존재하는 모든 것들이 그렇듯 여기에도 유기적인 특성이 있으며 이 특성은 그것에 미친 영향들을 반영하고 있음에도 불구하고 개별적인 영향 중 특정한 한 가지를 정확히 보여주지는 않는다. 그리스인들, 로마인들, 유대인들, 기독교인들, 이슬람교인들이 각자 t세계에 대해 지지하는 부분이 있지만, 서로 동의하지 않는 측면들도 있다. 예를 들어 동성애적 행위에 대해 그리스 철학자들과 이슬람교인들은 다른 의견을 보일 것이다. 따라서 나는 t세계로의 회귀를 주장하지 않는데, 그 첫 번째 이유는 내가 그 세계에 온전히 동의하지 않기 때문이며, 두 번째는 이 시점에서 그 세계를 부활시키는 것이 불가능하기 때문이다. 이 세계는 특정한 맥락을 갖는 시간과 장소 안에서 발전한다. 그런데 t세계를 만들고 지속시킨 사회경제적 환경은 이제 더 이상 존재하지 않는다.

그렇다면 왜 r세계 대신 c세계라고 부르지 않는 걸까? r세계가 성경적 사고와 일치한다고 여기는 기독교인으로서의 믿음 때문에 내가 당연히 그렇게 할 것이라고 생각하는 독자들도 있을 것이다. 내가 그렇게 하지 않기로 결정한 데는 네 가지 이유가 있다. 첫째, 나는 r세계가 기독교 신앙과 일치한다고 믿지만, 감히 기독교의 입장을 대변할 책임을 떠안을 수는 없다. r세계에 대한 나의 설명은 온전히 방어가 가능한 신학이라고 하기에는 지나치게 간략하다. 따라서 나는 "c세계"라는 용어를 채택하지 않음으로써 내가 기독교 신앙의 권위를 지닌 해석에 대한 책임을 주장하지 않는다는 사실을 분명히 한다. 나는 정치학 교수지 성경학자가 아니다.

둘째, 나는 관계적 체제의 이점과 r세계가 제공하는 사회적 혜택을 찾기 위해서 꼭 기독교인이어야 한다거나 신앙이 있어야 한다고 믿지 않는다. 서론에서 지적한 대로 나는 이 논쟁을 구성하고 지지하기 위해 성경의 자료들을 자유롭게 사용하려고 하는데, 그렇게 하는 것이 r세계를 설명하는 최선의 방법이기 때문이다. 성경의 권위를 인정하지는 않지만 마음을 열어 i세계에 대한 흥미로운 대안으로서 r세계를 고심하려는 이들이 존재할 수 있다. 만일 당신이 그런 사람이라면, 나는 이 여정의 길동무로서 당신을 초청한다. r세계를 이해하는 것은 퍼즐을 맞추는 일과 비슷하다. 나는 퍼즐 조각들이 어떻게 서로 맞아 들어가는지에 대해 내 생각을 나열하겠지만 그것이 이 주제에 대한 최종 발언이라고는 생각하지 않는다. 신앙이 있든 없든 이 책을 읽는 모든 사람들이 r세계가 어떻게 자신의 관계적인 패러다임 안에서 그 모습을 나타내는지를 계속해서 생각해보았으면 좋겠다. 역사가 분명히 보여주듯이 관계에 관심을 두고 관계적인 건강을 이해하는 일에 기독교인들만 독점권을 지닌 것은 아니기 때문이다.

셋째, 나는 관계에 대해 어떤 특정 종교의 경계를 초월한 사고의 수단을 제공하고 싶다. 만일 내가 우리가 알고 있는 세상에 대한 더 나은 대안으로서 r세계를 제안하고 있다면, 이 세계는 특정한 종교 신조를 품은 이들뿐 아니라 모든 이들에게 그렇게 되어야 한다. 역사를 보면 기독교인들이 문화를 통제하고 무력을 사용함으로써 부당한 방식과 정당화될 수 없는 목적을 위해 도덕성을 결정하고 복종을 강요한 시절도 있었다. 그러나 이런 접근은 실패했을 뿐 아니라 그 일에 관여한 이들의 신망도 앗아갔다. 독재적 강요는 그리스도가 포용한 접근이 아니다. 그분은 관계적인 삶의 본을 보이셨으며, 가장 위대한 계명이 하나님을 사랑하고 서로를 사랑하는 것이라고 가르치셨다. 그리스도께 충실한 사람들은 남에게 명령하지 않으며 진실하고 존중하는 그리스도의 마음을 품은 채로 세상과 관계 맺는다. 기독교인들이 독재적인 방식으로 통치에 접근했을 때, 기독교는 사회에도 이들의 신앙에도 도움이 되지 못했다. 기독교가 관계적인 종교라면 그 특성은 정치에도 반영되어야 한다. 만일 r세계가 실행 가능한 세계라면 이 세계는 독단적인 명령으로 이뤄지기보다는 모든 사람들을 그 창조 과정에 초청함으로써 대화를 통해 진보하고 설득된 이들의 동의를 바탕으로 그 모양을 빚어갈 것이다.

　　마지막으로 우리는 뒤가 아니라 앞을 바라보아야 한다. 독자들은 기독교 신앙의 역사적인 기초와 t세계 간의 관계를 이유로, 성경과 일맥상통하는 관계적 체제를 수용하는 일이 우리를 t세계로 되돌려 놓는 것과 같다고 추론하기 쉽다. 나는 t세계로 돌아가기를 바라지 않으며, 이 책도 그것을 추천하지 않는다. t세계에는 선한 점이 있었고 내가 가진 신앙과 일맥상통하는 부분이 많았지만, 불행히도 여기에는 노예제도, 독재 정치, 성적 위선, 관계적 역기능, 여성에 대한 합법적인 억압의 모습으로 드러난 악도 많았고 나는 그 어떤 일도 다시 반복되지 않기를 진심으로 바란다. 대신 나는 기독교의 관계적인 본질을 재발견하고 그것에 따라 살고자 노력할 때 우리 사회가 이전에는 잘 해내지 못한 일들을 실제로 해낼 수 있다고 믿는다. 따라서 이제부터 내가 묘사하려고 하는 것이 때로는 오해받고 온전히 실현된 적 없는 일이라는 점을 독자들이 고려해주었으면 한다.

　　하지만 r세계로 시선을 돌리기 전에 우리는 먼저 니체와 가상의 대화를 나눠야 한다. 만일 계시 종교에 대한 그의 비평이 수백 만의 사람들이 그렇다고 믿을 정도로 결정적이라면 r세계를 탐구할 이유가 없기 때문이다. 만일 니체가 옳았다면 그것을 논하는 것조차 의미 없는 일이 된다. 따라서 한걸음 더 나아가기 전에 우리는 신(그리고 도덕성)이 죽었다던 니체의 주장에 대응할 그럴듯한 방식이 있는지를 먼저 찾아봐야 하는데, 만일 그럴 수 없다면 세 가지 금기를 뛰어넘을 도덕적 경계가 있는지를 묻는 질문에 대한 객관적인 답변을 찾을 수 없기 때문이다.

5

"왜?"에 답하다

하나, 둘, 셋, 열넷!

빛이 사라지고, 이제는 어두워
머릿속은 정글과 같아
너의 마음을 지배할 수 없어
감정은 훨씬 더 강해
생각보다
크게 떠진 너의 눈
너의 영혼은
돈으로 살 수 없지만
너의 마음은 방황하고 있어

여보세요, 여보세요
나는 버티고(Vertigo)라는 곳에 있어
내가 알지 못했으면 하고 바라던 모든 것이야

네가 나에게 느낄, 느낄 수 있는 무언가를 준다는 것을 제외한다면

밤은 구멍투성이

총알들이 하늘을 찢어놓은 것처럼

잉크 빛 하늘이 황금빛으로

반짝여 마치

로큰롤을 연주하던 소년들처럼

자신이 춤출 수 없다는 것을 알아

적어도 그들은 알아…

비트를 참을 수 없어

계산서를 부탁했지

붉은 네일을 한 여자아이

예수를 목에 둘렀더군

음악에 몸을 흔들고

음악에 몸을 흔들고

오오오오

여보세요, 여보세요

나는 버티고라는 곳에 있어

여보세요, 여보세요

나는 버티고라는 곳에 있어

내가 알지 못했으면 하고 바라던 모든 것이야

하지만 너는 내가 느낄, 느낄 수 있는 무언가를 줘

외통수

오, 예

즐거웠던 몇 시간

이 모든 것, 이 모든 것이 너의 것이 될 수 있어

이 모든 것, 이 모든 것이 너의 것이 될 수 있어

이 모든 것, 이 모든 것이 너의 것이 될 수 있어

그냥 내가 원하는 것을 줘 그러면 누구도 다치지 않아…

여보세요, 여보세요

우리는 버티고라는 곳에 있어

빛은 사라지고 내가 아는 것이라고는

네가 나에게 무엇을 준다는 것

너의 사랑이 나를 가르치고 있다는 것을 느낄 수 있어 어떻게

너의 사랑은 나에게 어떻게, 어떻게 굴복할지를 가르쳐주고 있어….

예예예예

보노와 디 에지, 「버티고」1

---

1   Bono with The Edge, "Vertigo," *How to Dismantle an Atomic Bomb*, U2 (Island Records, 2004).

니체의 도전

니체는 기독교뿐만 아니라 다른 모든 철학적, 신학적 세계관을 향해 심각한 도전을 제시한다. 그는 도덕성에 대해 "왜?"라고 물어서는 답을 얻지 못한다는 주장을 한다. 어떤 도덕적 진술에 대해 "왜 그것이 참인가요?"라고 질문한다면, 그 진술을 변호하려는 사람은 결국 "제가 그것을 참이라고 느끼기 때문입니다" 또는 "제가 그것을 참이라고 믿기 때문입니다"라고 대답할 수밖에 없다는 것이다. 니체는 바람이나 감정에 뿌리내린 서로 경쟁하는 도덕적 주장 중 지성적으로 확실한 선택 방법이 없다고 말한다. 결과적으로 신학과 철학은 우리에게 객관적이며 도덕적인 안내자를 제공해줄 수 없는데, 두 학문은 "왜?"라는 질문에 객관적인 대답을 내놓을 수 없기 때문이다. 여러 철학자들과 종교들이 내놓은 도덕적 답변을 구별 짓는 유일한 방법은 바람이나 감정뿐이라고 여긴 니체의 믿음을 생각할 때, 그는 이들이 도덕적으로 가치 있는 것이 무엇인지 말해줄 수 없다고 이야기했을 것이다.

니체는 도덕적 참에 대한 경험적 주장에 의문을 제기한 최초의 인물은 아니지만,[2] 지성적인 풍조가 그의 입장을 심각히 고려하고 있을 시점에 글을 썼다. 앞서 보았듯이 계몽주의 시대 철학자들은 t세계의 토대를 허문 인식론을 받아들였지만 정작 이 인식론의 문화적인 영향이 실현되기까지는 여러 시대가 걸렸다. 니체는 질문을 던졌고 학자들로부터 충분한 관심을 받았으며, 1960년대 학생들에게 동일한

---

2 이것은 서구 사회가 시작된 이래 지속되어온 논쟁이다. 플라톤의 『국가』 1권을 참조하라.

질문을 던졌을 때 학생들은 목소리를 모아 "물론입니다"라고 반응했다. t세계의 지성적, 문화적 토대가 심각하게 부패한 상황에서 학생들은 "왜?"라는 질문에 답이 없다고 마음을 정한 후 더 이상 답이 존재하는 것처럼 살지 않겠다는 결심을 했다. 이들은 서구 사회가 수천 년간 살아온 체제를 받아들이는 대신 자기만의 세상을 창조하기로 결정했고 그 결과 성 혁명과 i세계가 왔다.

니체를 들어본 사람들은 상대적으로 별로 없고 그의 글을 직접 읽어본 이들은 더 적을 테지만, 그는 t세계가 i세계로 전환되는 과정에서 중추적인 역할을 했다. i세계는 "왜?"라는 질문에 진심으로 답이 없다고 믿기 때문에, 기독교를 포함한 다른 모든 도덕 철학 및 신학이 사기로 드러났다고 생각하며 객관적 참이라는 개념은 도덕적으로 전혀 중요하지 않다고 본다. 철학과 종교가 개인에게 감정적, 역사적 중요성을 상기시킬 수는 있지만, 연관성은 거기까지다. i세계는 세 가지 금기를 어기지 않는 한 모든 사람이 원하는 무엇이든 될 수 있고 또 원하는 모든 것을 할 수 있다는 윤리를 선언한다. 니체가 세 가지 금기의 권위를 의심했을 가능성도 있지만, 이 지점에서 i세계는 그를 무시한다. 우주가 기능하기 위해 철학적, 신학적인 일관성이 필요한 것은 아니다. 그저 동일한 비일관성을 좇아 살아가는 사람들이 필요할 뿐이다. 사실상 i세계는 21세기 초 서구 사회의 도덕 운영 체계가 되었다.

니체가 펼친 주장의 사실 여부를 떠나 그 안에는 설득력이 있었다. 사회가 i세계를 받아들인 이유는 이 세계가 어떤 종교적, 철학적 체제보다 인간의 본성과 성취에 대해 강력한 이해를 갖고 있다고 믿었기 때문이다. 대부분의 사람들은 i세계가 우리의 본성이나 인류의 잠재력과 잘 어울린다고 믿었으며, 인간의 성은 이 점을 분명히 드러내준다. 성이 행복을 극대화하기 위한 주요 방식이라고 구체적인 주장을 펼치는 것은 아니지만, 이 세계는 상호 동의만 있다면 자신이 선택하는 누구와도 성관계를 가질 수 있는 인간의 능력을 지속적으로 옹호한다. 그리고 서구 사회의 면면을 보면 사람들은 실제로 이런 자유를 가장 특별하게 받아들였다.

U2의 보노는 「버티고」라는 곡을 통해 i세계의 성적 신조가 갖는 힘을 노래한다. 그는 나이트클럽에서 연주하는 밴드를 보고 그 광경이 뿜어내는 관능성에 압도되었다. 특히 자리를 떠나려고 할 때 붉은색으로 손톱을 칠하고 십자가를 목에 두른 한 여성의 아름다움에 매혹된다. 그는 순간의 기회를 놓치지 말고 그 여성과 성적 밀회를 나누라고 자신을 부추기는 감정을 느끼면서 질문한다. 이런 유혹에 덧붙여 "이 모든 것이 너의 것이 될 수 있어"라고 속삭이는 목소리도 있다. 그는 무엇을 해야 할까? 그리고 왜 그렇게 해야 할까? 결정, 또 결정의 연속이다. i세계는 "네가 그녀를 원하고 그녀도 너를 원한다면 '그러자'고 대답해"라고 말한다. t세계는 가벼운 성관계를 가져선 안 된다고 말한다. 유대교, 기독교, 이슬람교 및 많은 도덕 철학들이 여기에 동의할 것이다. 하지만 우리는 놀랄 만큼 많은 사람들이 흔쾌히 "그러자"고 대답하는 시대에 살고 있으며, "그러면 안 된다"고 이야기하는 종교와 자신을 동일시하는 이들 가운데도 그런 이들이 점점 더 늘어나고 있다.

무엇이 변한 것일까? 이것은 우리 시대가 마주하게 된 도덕적 질문이다. 나는 권위적으로 다른 종교나 도덕 철학의 안내를 받는 이들을 대표해서 말할 수 없기 때문에 자칭 기독교인들을 사례 연구로 사용하고자 한다. 점점 더 많은 기독교인들이 니체의 도덕 추론 비평에 설득당하고 있다. i세계와 니체 및 다른 실존주의 철학자들의 영향을 기반으로 한 교육을 받고 자란 많은 수의 기독교인들이 이들의 사고 방식을 받아들였을 뿐만 아니라, 이 상황에서 "안 된다"고 말할 수 있을 만큼 설득력 있는 이유를 찾는 데 어려움을 느끼고 있다. 이들은 안 된다고 말해야만 한다고 믿을 수도 있고 실제로 안 된다고 말할 수도 있지만, 점점 더 많은 사람들이 그렇게 해야 할 이유를 모르고 있다. 안 된다고 다른 사람들을 설득하는 것도 어렵고 스스로 이런 쾌락을 억제하는 일도 점점 더 어려워진다. 왜 그럴까?

지성적으로 니체와 i세계에 대한 교회의 반응은 효과적이지 못했다. 문제는 기독교인들이 인간의 성에 대한 정통 기독교의 가르침에 무지한 것이 아니라, 니체가 i세계를 통해 이런 가르침이 기초한 계시에 관한 이들의 믿음을 손상시켰고, 더 나아가 성직자들은 니체의 도전과 씨름하고 있는 평신도들에게 도움을 주지 못했다는 데 있다. 평신도들은 종교 지도자들이 설득력 있는 답변을 내놓지 않은 이유가 그들에게 답변이 없기 때문이라고 의심하고 있는데, 이는 당연한 일이다. 회중들을 향해 안 된다고 이야기하도록 설교하는 목회자들도 있지만 정작 왜 그렇게 말해야 하는지에 대한 설명은 없다. 결과적으로 그들이 유대 기독교 성 윤리에 대한 충성이 감소하는 현실을 공격하면서 설교한 내용들은 사람들의 행동, 여론, 공공 정책을 바꾸는 데 일조하지 못했다. 심지어 너무나도 설득력이 부족한 내용이어서 도리어 기독교의 신뢰도에 해를 입혔다. 많은 목회자들이 이 주제를 논하면서 i세계가 아닌 t세계에나 어울릴 법한 주장을 사용한다. 누구도 자신의 목소리를 듣고 있지 않음을 감지할 때도 그 주장에 대한 접근

법을 바꾸려고 시도하기보다는 그저 마이크의 볼륨을 높인다. 같은 말을 더 크게 강하게 반복하는 것은 효과적인 설득 기술이 아니다.

다른 성직자들이 이 주제를 다루려는 시도조차 하지 않는 까닭은 이런 이유일 수 있다. 하지만 침묵도 효과적인 반응은 아니다. 말을 아끼거나 침묵하는 태도로 일관하면서 최대한 오래 버티다 보면 i세계와 니체가 자연스럽게 사라질 것이라고 기대하는 성직자들이 많은 것 같다. 하지만 이들이 신뢰할 만한 답변을 내놓지 못한다면 사라지는 것은 i세계와 니체가 아닐 것이다. i세계의 성 윤리에 대한 효과적인 반론의 부재야말로 기독교인들이 성경의 권위와 인간의 성에 대한 성경의 가르침을 더 이상 확신하지 못하는 이유다. 기독교인들을 이끌고 있다고 주장하는 사람들에게서 신뢰할 만한 답변이 나오지 않는다면 그 무엇도 변하지 않을 것이고 그 결과 i세계로 흡수되는 기독교인들은 계속해서 증가할 것이다.

세상이 알고 싶어 하는 것은 이 "왜?"라는 질문에 답이 있는가의 여부다. 도덕성을 위한 초월적인 기초가 있으며, 과연 우리는 이것을 발견할 수 있는가? 있다면 어떻게 그렇게 할 수 있는가? i세계와 니체에 대한 모든 반응은 여기에서 시작해야 하며, 그렇지 않을 경우에는 무시와 조롱을 각오해야 한다. 이와 관련된 문제 중 하나는 수많은 신앙인들이 지난 수백 년 동안 폭넓은 문화 속에서 자신의 생각을 소통하기 위해 사용해온 자연법 논쟁이 i세계에서는 더 이상 통용되지 않는다는 점이다. "자연법"은 윤리학에 대한 접근으로서 스토아 철학자들로부터 시작되어 토마스 아퀴나스를 거쳐 지금에 이른다. 이 주장에 따르면 자연 세계를 연구하고 이상화된 인간 본성을 이해함으로써 도덕성이 도출될 수 있다. i세계가 자연법 논쟁에 설득되지 못했다는 말은 자연법이 사실이 아니라는 의미가 아니라 다만 우리 문화가 이런 논쟁에 설득력이 있다고 느끼지 못한다는 뜻이다. i세계에서 자연법 논쟁을 사용하는 행위는 미적분학에 대한 신뢰를 잃은 청중에게 양자물리학에 대한 강의를 하겠다고 애쓰는 것과 같다. 미적분학이 없이 양자물리학을 이해할 수는 없다. 마찬가지로 도덕적 절대성의 가능성이 없이 자연법을 이해할 수 없다.

니체의 주장에 따르면 답이 없다는 "왜?"에 대한 대답

그렇다면 니체에 대한 설득력 있는 답변은 없는가? 이것은 기독교인들뿐만 아니라 모든 사람들을 위한 질문이다. 예를 들어 인간에게 영혼이 있는지 없는지에 관한 질문을 보자. 영혼에 대한 연구는 인간성의 양자물리학과 같다. 이런 질문에 신뢰할 만한 답이 있는가? "왜?"라는 질문에 답이 있다고 믿을 만한 타당한 이유가 있는가? 기독교 전통은 이에 대해 여전히 "그렇다"고 답한다.

　　니체의 도전에 효과적으로 대답하기 위해 기독교 신학의 근본에 깔린 영적 인식론을 재확인할 필요가 있다. 이것이 어떻게 설득력을 발휘하는지 살펴보자. 니체와 기독교 사이의 주된 인식론적 차이는 니체가 모든 것은 물질적이며 인간은 오로지 육체와 정신으로만 이루어져 있다는 근대 과학 개념을 받아들였다는 데 있다. 반면 기독교는 인간에게 "영혼"이라고 하는 비물질적인 차원이 존재하고 있으며 이 차원을 통해 하나님이 우리와 소통을 하고 관계를 맺으신다고 주장한다. 핵심은 인간에게 영혼이, 그것이 아니라면 영적 차원이라도 존재하는지에 대해 그럴듯한 주장을 펼칠 수 있는지의 여부다. 만일 그럴 수 있다면 "왜?"라는 질문에는 답이 생기는데, 예를 들어 영성이라는 것이 하나님과 같이 우리 바깥에 존재하는 권위적인 정보원과 연결될 가능성을 제공하기 때문이다.

인간에게 영적인 차원이 존재하는가? 우리는 과학이 이런 질문에 답할 수 없다는 사실을 가장 먼저 이해해야 한다. 과학은 오로지 물질적 실재만 평가할 수 있다. 비물질적 실재가 존재한다면 과학적 방식으로는 감지할 수 없으며, 과학이 그나마 지성적으로 정직하다면 이 지점에서 불가지론적인 태도를 유지할 것이다. 과학은 이런 질문을 해결할 수 없기 때문에 우리는 과학과는 다른 접근을 사용함으로써 이에 답해야 한다. 비물질적 실재가 존재할 수도 있다는 가능성에 열린 접근 말이다.

영(spirit)과 혼(soul)의 존재에 대해서는 어떤 논쟁들이 있을까? 역사를 통해 수많은 논쟁이 있어왔다. 한 예로 기독교는 인간이 육체와 정신 및 영혼(soul)으로 이루어진 영적 존재라고 가르친다. 육체는 시각, 촉각, 미각, 청각, 후각이라는 오감을 통해 정보를 수집하는 매체다. 청교도들은 기독교인들이 전반적으로 믿는 바를 서술했는데, 이에 따르면 혼은 영적인 기관으로서 여기에 우리의 영이 깃들고 이를 통해 우리가 영적 세계와 소통을 하고 대화를 나눈다. 정신은 감각을 통해 육체와 혼으로부터 받은 모든 정보를 수집한 후 그것을 이해하기 위해 사용되는 기관이다. 올바른 추론이란 육체와 영혼으로부터 온 통찰을 통합하는 것이다.

이것이 사실이라면, 우리에게 영적 차원이 있다는 사실이 왜 모든 사람에게 분명하지 않은 걸까? 기독교는 교만이 추론의 임무와 하나님과의 영적인 관계를 복잡하게 만든다고 설명한다. 창세기에 따르면 아담과 하와는 에덴동산에서 추방된 후 하나님으로부터 단절되었을 뿐 아니라 하나님은 물론이고 자신의 영과 혼의 상태에 아랑곳하지 않고 이기적으로 사고하는 경향을 갖게 되었다. 그리고 이들의 이야기가 인류의 이야기라면 우리는 여기서 니체를 만난다.[3]

니체는 추론의 영적 차원을 거부하고 주관적인 인간의 추론과 교류하면서, 존재하는 모든 도덕 체계에 대해 설득력 있는 비판을 제공했다. 우리는 그의 이성 비판을 보면서 위협을 느끼기보다 그것의 정직성과 깊이를 이해하고 음미하는 가운데 유익을 얻을 수 있다. 그는 인간의 이성만으로는 도덕적 주장들을 서로 구분할 방법이 없다고 주장한다. 성경이 이런 결론을 지지하는 것은 아니지만, 니체를 비롯해 영적 차원의 존재를 부인하는 사람들이 이에 대해 설득력이 있다고 느끼는 이유를 설명한다. 창세기 3장에서 아담과 하와는 선악을 알게 하는 나무의 과실을 먹지 말라는 경고를 듣는데, 그 열매를 먹게 되면 하나님과 같이 되어 스스로 선악을 알게 된다는 이유에서였다. 이들은 말씀에 불순종한 결과 동산에서 추방되었다.

이것은 언뜻 가혹한 처벌처럼 보인다. 과실을 먹지 말라는 것은 아담과 하와에게 스스로 선과 악을 결정지을 수 없다는 사실을 경고하기 위한 목적이었다고 설명할 수 있다. 그들이 에덴동산에서 추방된 후 일어난 일들이 바로 이에 대한 증거다. 아담과 하와는 선과 악에 대한 자신들의 개념을 바탕으로 한 꿈의 세계에 입성하는 대신 악몽을 물려받았다. 가인이 동생 아벨을 죽임으로써 타락 이후 인류의

3　나는 6장에서 에덴동산 신학을 길게 논할 예정이다.

끝없는 혼돈이 시작되었다. 니체는 인류 역사의 날카로운 관찰자가 되어 타락 이후 인간이 벌인 일에 대한 기록을 모두 살펴본 후 합리적 결론을 내린다. 우리는 스스로 선과 악을 판단할 수 없다. 인류로서 우리가 길을 잃은 것이 사실이라면, 우리는 좋든 싫든 선악 저편에 살고 있다는 사실을 직시해야만 한다.[4] 선과 악을 판단하는 것은 우리 각자에게 달린 일이고, 그런 상황에서 우리가 할 수 있는 유일한 선택은 주관적으로 그렇게 하는 것뿐이다.

니체는 우리에게 영혼이 있을 수도 있다는 가능성을 용납하지 않았으며, 그것의 결과로 모든 선악을 우리에게 영적으로 알려줄 수 있는 하나님과 연결될 방법이 있을 수도 있다는 가능성도 허용하지 않았다. 그렇다면 니체와 i세계에 물어야 할 질문은 "왜?"가 아닌 "어떻게?"이다. 어떻게 인간이 주관적이기만 한 자아의 세계를 벗어나 객관적이고 초월적인 세계와 연결될 수 있을까? 영과 혼을 통해서다. 니체는 정신과 육체를 통해서는 우리가 주관적인 세계를 벗어날 수 없다고 강력하게 이야기했지만, 인간이 진리에 접근할 수 있는 방법이 없다는 단언으로는 부족했다. 니체와 i세계를 비롯해 깜짝 놀랄 만한 수의 기독교인들은 인간 존재의 영적 차원을 간과했다.

계몽주의가 등장한 이후 대부분의 사람들이 취한 입장은 인간이 육체와 정신으로만 이루어진 생명체이며 인간의 생각과 감정이 오감을 통해서만 생성된다는 것이었다. 자연과학이 근대의 배타적 인식론으로 승격되면서 이런 인식 역시 배타성을 띠게 되었다. 과학적 방식은 비물질적 실재의 존재를 증명도 반증도 할 수 없기 때문에, 자연과

---

4   Nietzsche, *Beyond Good and Evil*.

학은 영적 근거를 갖는 정보를 찾을 수 없으며 그 존재 가능성을 설명할 방법도 이해할 수 없다. 과학적 방식이 지식의 유일한 원천으로 인식된 까닭에 분별과 계몽의 수단으로서의 영혼의 개념은 근대 세계에서 자취를 감추었다. 니체처럼 정직하고 통찰력 있는 사람이 근대 인식론으로 바라본 도덕성을 고발하는 것은 불가피했다. 과학적 방식을 통해서는 도덕 철학에 경험적 타당성을 적용하기 불가능하다는 사실을 깨달았을 때, (그간 영과 혼의 존재에 대한 의심을 쌓아왔던) 근대 세계에서는 니체의 허무주의와 객관적 도덕 추론의 가능성을 거절하는 것이 유일하게 합리적인 결론으로 보였다. 특이한 사실은 기독교 공동체 안에 있던 수많은 사람들이 자신들이 믿어오던 인식론을 잊었거나 아니면 그것에 대한 의심이 너무나도 깊어진 끝에 마치 꿈을 꾸는 것처럼 니체와 함께 i세계로 걸어 들어갔다는 점이다. 많은 교회들이 근대 세계를 향해 자신들이 충분히 합리적인 존재임을 보여주기 위해 인간 존재의 영적 구성 요소, 즉 그 존재와 관련성의 참된 원천에 대해 일종의 기억상실을 발현시켰다는 사실은 역설적이다.

이제 어떤 것이 확립될 수 있고 어떤 것이 확립될 수 없는지를 분명히 하는 것이 중요하다. 우리가 확립한 것은 니체가 독단적으로 "왜?"에는 답이 없다고 주장한 것이 잘못되었다는 사실이다. 우리가 살펴본 것처럼 "왜?"라는 질문에는 적어도 영적 대답이 있을 수 있기 때문에, 확신을 가지고 그렇게 주장하기는 불가능하다. 하지만 그렇다고 우리가 "왜?"에는 답이 있다는 사실을 확실히 증명한 것은 아니다. 다만 그런 가능성을 확립했을 뿐이다. 그렇다면 대답은 무엇일까? 우리는 각자에게 혼과 영이 있는지, 이 통로들을 통해 하나님이나 분별력 또는 지혜에 접근할 수 있는지, 우리가 모두 인정하는 오감을 뛰어넘은 인식의 차원이 가능한지에 대해 스스로 결정을 내려야 할 것이다. 우리의 개인적인 답변은 우리가 i세계나 r세계 혹은 다른 세계를 바라보는 방식에 큰 영향을 미친다.

니체의 도전에 대한 기독교인의 반응은 기독교가 그 닻을 내렸다고 주장하는 영적 인식론을 재발견하려고 애쓰는 것으로 나타난다. 성경은 회심의 순간 성령이 우리 안에 들어오셔서 하나님과의 영적 연결을 재확립하신다고 주장한다. 이 영적 연결을 통해 우리 마음이 그리스도의 진리를 증언하는 것이다(참조. 롬 12:1-2). 하나님과의 이런 영적 연결을 통해 우리 마음이 다시 한번 새로워지고 변화될 수 있다. 이 회심은 도덕적 진리에 대한 인식을 가능케 하는데 성령의 변화시키는 역사를 통해 우리의 교만이 저지됨으로써 세상을 우리 자신이 바라는 대로가 아닌 있는 그대로 바라볼 수 있게 되기 때문이다. 회심이 교만의 문제를 완전히 제거하지는 않기 때문에 하나님은 우리가 성령으로부터 받았다고 믿는 정보들을 시험할 다양한 통로들을 제공하신다. 여기에는 말씀과 신앙 공동체(교회), 여러 시대를 통해 축적된 지혜(전통), 인간의 온갖 학습을 통해 얻을 수 있는 지식들이 포함된다. 이 모든 것의 협력을 통해 성령은 우리가 어떻게 살아야 하는지에 대한 지혜와 도덕적 지침을 주신다. 우리는 우디 앨런이 보여준 것처럼 벌거벗은 우주에 홀로 남겨진 채로 하나님의 부재 속에서 그분의 역할을 떠맡아 스스로 선악을 판단할 필요는 없다.[5] 오히려 지금처럼 계속해서 스스로에 대한 신으로 살아갈지, 아니면 하나님과의 관

---

5   *Crimes and Misdemeanors*, DVD, directed by Woody Allen, produced by Robert Greenhut (New York: Orion Pictures, 1989).

계로 (다시) 돌아가 우리에게 계시된 삶의 지침을 수용할지를 선택할
수 있는 세계 안에 살고 있으며, 우리는 후자를 택함으로써 사랑과 생
명, 관계, 이성, 의미가 충만한 우주 안에서 살고 있는 자신을 발견하
게 된다. 간략히 말해 "왜?"라는 질문에 답이 없다고 권위적으로 주장
한 니체의 실수는 영적 차원을 통해 인류에게 진리가 계시되었을 가
능성을 몰랐거나 그것을 인정하지 못한 데 있다.

　　이런 기독교의 인식론이 참신해 보일 수 있지만 이것은 새로운 것
이 아니다. 근대에는 거의 잊힌, 역사적인 기독교가 표명했던 인식론
의 복구일 뿐이다. 이는 i세계에 대해 기독교들인이 찾고 있던 대답으
로서, i세계도 인생의 의미와 목적에 대한 대화에 참여할 수 있는 길을
열어준다. 이런 주장이 비록 기독교가 옳다거나 우리에게 영혼이 있다
는 사실을 **증명**해주지는 못하지만, 고려해볼 이유는 될 수 있다.

　　흥미롭게도 U2가 부른 「버티고」의 핵심에 놓인 메시지가 바로
이것이다. 보노는 나이트클럽에서 자신에게 가능한 쾌락에 굴복하라
는 엄청난 유혹을 받으면서, 마태복음 4:9에서 "만일 내게 엎드려 경
배하면 이 모든 것을 네게 주리라"고 예수님을 유혹한 사탄의 목소리
와 흡사한 무엇을 듣고도 결국 "안 된다"고 대답한다. "버티고"는 그
여성의 사랑이 아닌 "나에게 어떻게 굴복해야 할지를 가르쳐주는" 하
나님의 사랑을 선택함으로써 사탄을 거절하는 보노와 함께 끝이 난
다. 모든 인류는 이처럼 사랑이라는 이름으로 우리의 감각을 기쁘게
할지, 아니면 사랑이신 하나님과 관계 맺기 위해 그분께 복종하고 영
적으로 손을 내밀지와 같은 선택을 마주하고 있다.

　　기독교와 니체 사이에 발생하는 근본적인 의견의 불일치는 인식
론적인 문제다. 기독교는 인간에게 혼과 영이 있다는 사실을 과학적

으로 증명할 수 없고, 니체 역시 그렇지 않다는 것을 증명할 수 없다. 니체가 주장한 체계의 이런 한계는 기독교뿐만 아니라 다른 종교와 도덕 철학들이 깃들 수 있는 공간을 만들어냄으로써 모든 사람들에게 중요한 의미를 갖는다. 중요한 것은 "왜?"라는 질문에 과학적 방식으로는 포착할 수 없는 답이 있을 수 있다는 사실이다. 결과적으로 도덕성의 문제와 인생의 의미는 열린 질문이 된다. 그리고 이것은 우리 각자에게 신앙의 질문을 던진다. 실재를 이해하기 위해서라면 모든 선택 중 어떤 접근이 가장 적절한 것일까?[6]

질문을 던졌으니 답을 찾는 도전이 남았다. 영과 혼, 하나님의 존재를 위한 지성적인 공간을 만들어내는 것과 거기에 실제로 무엇이 깃들었다고 판단하는 것은 서로 다르다. 이것은 모든 사람들을 위한 질문이다. 우선 성경이 인간의 삶과 관계의 본질에 대해 무엇을 말하는지를 살펴봄으로써 r세계를 숙고해보도록 하자. 그런 후에야 과연 r세계가 i세계가 지향하는 삶의 이상을 대체할 만한 강력한 대안을 제시할 수 있는지를 결정할 수 있을 것이다.

---

6   E. F. Schumacher는 이것을 *adequatio*에 대한 장에서 표현한다. E. F. Schumacher, *A Guide for the Perplexed* (New York: Harper and Row, 1977), 39-60을 참조하라.

6

r세계의 본질

하나님에게 이름이 있다면, 무엇일까?

그분의 면전에서 그 이름을 부를 수 있을까?

그분의 온전한 영광 안에서 그분을 마주한다면

한 가지만 물을 수 있다면 당신을 무엇을 묻겠는가?…

하나님이 우리 중 하나였다면?

우리 중 하나처럼 궁상맞고

버스에서 본 낯선 그 사람처럼

집으로 돌아가는 중이었다면?

하나님에게 얼굴이 있다면, 어떤 모습일까?

바라보고 싶을까? 그분을 바라본다는 것이

천국 같은 것들을 믿어야 한다는

예수님과 성자들과 모든 예언자들을 믿어야만 한다는 뜻이라면?…

하나님이 우리 중 하나였다면?

우리 중 하나처럼 궁상맞고

버스에서 본 낯선 그이처럼

집으로 돌아가는 중이었다면?

에릭 바질리안, 「우리 중 하나」[1]

만일 하나님이 우리 중 하나와 같다면, 그건 우리에게 관계 맺을 수 있는 하나님이 계신다는 뜻이다. 성육신이라는 기독교 교리는 하나님이 나사렛 예수라는 사람 안에서 인간이 되셔서 우리 가운데 사셨다는 의미를 전달한다. r세계는 이런 주장을 기초로 삼는다. 우리는 성경이나 종교적인 믿음이라고 하면 보통 규칙과 규제를 가장 먼저 떠올리는데, 그렇게 되면 성경의 참된 본질을 완전히 놓치기 쉽다. r세계의 교과서와 같은 성경은 우리에게 관계 맺음의 목적을 위해 자신의 형상으로 남자와 여자를 만드신 관계적인 하나님에 관한 이야기를 들려준다. 처음 창세기부터 마지막 요한계시록에 이르기까지 성경은 관계의 창조, 파괴, 구속을 다룸으로써 오직 관계에 집중한다. 전체적으로 볼 때 이 개념들은 i세계와 정반대를 이룬다. i세계는 자기 성취에 초점을 맞추는 반면 성경은 자기 성취가 모순이자 불가능한 일이라고 가르치는데, 그것이 우리의 본성을 부인하기 때문이다. 우리는 하나님과 그리고 타인과 관계 맺기 위해 창조되었고, 우리의 개인적인 성취와 행복은 이 두 가지 관계의 건강에 달려 있다. 실제로 우리는 오직 이 한 쌍의 관계를 통해 자신을 이해할 수 있다. 기독교

1　　Eric Bazilian, "One of Us," recorded by Joan Osborne, *Relish* (Mercury Records, 1995).

는 우리가 무엇이 되기 원하는지를 파악하거나 무엇이 우리를 행복하게 하는지를 결정짓기 위한 수단이 아니다. 오히려 우리가 누구인지를 알고, 하나님이나 다른 사람과 관계를 맺으면서 행복과 성취를 발견하는 방법을 배워가기 위한 것이다.

독자들이 추측하듯이 나는 최대한 솔직하게 내 생각을 나누려고 애쓰고 있다. 그렇게 하는 이유는 이번 장이 "친숙함은 경멸을 키운다"라는 영역에 속하기 때문이다. 대부분의 미국인들은 서구의 많은 사람들과 마찬가지로 자신이 성경의 기본적인 의미와 기독교의 가르침을 잘 이해하고 있다고 생각한다. 따라서 이런 개념들에 큰 주의를 기울일 필요가 없다는 강한 유혹을 받는 것이다. "결국 성경이 뭐라고 할지 이미 다 알고 있지 않은가!"

나는 여러 차례 경험을 통해 이런 일이 늘상 일어나고 있음을 알게 되었는데, 실제로 종교에 대한 강의를 하거나 설교를 할 때마다 이런 장면을 목격하기 때문이다. 학생들과 성도들의 흐려지는 눈빛과 무관심을 드러내는 몸짓을 통해 그들의 관심이 다른 데로 이동하고 있음을 알아차린다.

"저 옷에 왜 저 양말을 신었을까?"

"봄 방학 때 플로리다에 갈까? 아니면 칸쿤에 갈까?"

"하나님은 시카고 컵스 야구팀을 싫어하시나?"

"사각팬티 아니면 삼각팬티?"

"내가 오븐을 켜놨나?"

"와, 천장에 열세 군데나 금이 가 있네. 무슨 징조인가?"

"저 여자 정말 예쁘네."

"목사님은 왜 매주 똑같은 이야기를 하실까?"

"내가 오븐을 껐나?"

"어쩌면 기시감이라는 것은 정말로 있을 수도."

"이게 시험에 나올까?"

강의가 끝나면 학생들은 그냥 떠나지만, 성도들은 설교를 다 듣고 떠나기 전에 "은혜로운" 설교를 해주신 것에 대해 먼저 감사를 표시해야 한다고 느낀다. 설교를 통해 도전을 제시하는 경우가 많다는 사실을 생각해보면, "은혜로운"이라는 수식어를 쓰는 것은 그다지 희망적인 징후가 아니다.[2]

한편 여기에 제시된 생각들이 새롭게 느껴지는 이들도 있겠다. 나 역시 1980년대 영국에서 출판된 무명의 학술 논문 한 편을 읽기 전까지는 성경이 제시하는 관계적 본질에 대해 어떤 심각한 논의도 들어보지 못했다.[3] 하지만 이것은 새로운 논쟁이 아니다. 오늘날 저소득층 대부분이 매일 경험하는 바다. 또한 20세기에 이르기까지 대부분의 유대교인들과 기독교인들이 삶을 이해한 방식이기도 하다. 미국과 유럽에서 이런 논쟁에 익숙한 사람들이 이토록 적은 이유는 개인주의가 사회의 통념을 장악하면서 관련 논쟁이 폐기되었기 때문이다. 서구에서 계몽주의가 시작되면서 성경이 말하는 관계적 본질은 무시되기 시작했다. 따라서 이런 생각은 새로운 것이 아니라 근대가 무시해버린 사고의 방식일 뿐이다.

---

2 뉴햄프셔주 내슈아 임마누엘 언약교회의 성도들은 예외다. 정말로 그렇다.

3 Michael Schluter and Roy Clements, "Reactivating the Extended Family: From Biblical Norms to Public Policy in Britain," Jubilee Centre, paper no. 1, 1986.

많은 사람들이 여전히 t세계와 흡사한 공간에서 살고 있지만, i세계는 거의 모든 사람들의 삶 가운데서 재현되고 있다. 텔레비전과 인터넷이 갖는 영향력과 그 범위를 고려하면, 이런 경향은 가속될 것이다. 전 세계적으로 일어나고 있는 이 전환의 본질에 대해 내가 직접 경험한 두 가지 일을 나누고 싶다.

첫 번째는 1990년에 베를린에서 겪은 일이다. 베를린 장벽이 무너지고 얼마 지나지 않은 시점에 나는 독일의 미래를 다룬 한 콘퍼런스에 참석했다. 구 동베를린 야외 카페에서 혼자 커피를 마시고 있었는데, 같은 콘퍼런스에 참석 중이던 매력적인 독일 여대생이 다가와 합석을 해도 되냐고 물었다. 나는 "물론이죠"라고 대답했고 그렇게 15분 정도 대화를 나눈 끝에 그 여성이 천진난만한 목소리로 물었다. "제 아파트로 가서 같이 잠자리를 하실래요?" 전혀 예상치 못한 상황에서 내가 할 수 있는 최선의 반응은 "왜요?"라고 되묻는 것이었고, 그녀는 "그럴 수 있으니까요. 이 모든 것(장벽이 무너지고 자유가 찾아온 것)의 의미가 그것 아닌가요?"라고 답했다. 나는 너무 놀라 대꾸도 하지 못하고 있는데 그녀가 말을 이었다. "저는 직업여성이 아니에요. 돈을 바라지 않아요." 마침내 나는 입을 열었다. "전 유부남이에요." 그러자 그녀는 한숨을 내쉬며 말했다. "그러시군요. 하지만 그게 왜 중요한지는 잘 모르겠네요." 오늘날의 구 동베를린은 그때보다 훨씬 덜 순수하다.

두 번째는 1994년 태평양 연안에서 16킬로미터 정도 내륙에 위치한 코스타리카의 아주 작은 자경 농업 마을에서 겪었던 일이다. 수돗물도 나오지 않고 전기도 들어오지 않는 열악한 마을이었는데, 나는 노동과 연구를 위해 대학생 그룹을 인솔해서 3주간 그곳을 방문

했다. 우리는 서로 다른 가족들과 생활하면서 63시간 동안 쌀과 콩으로만 밥을 지어 먹는 즐거운 경험을 했다. 동네에 전기가 들어오지 않지만 대신 발전기가 한 대 있어서 한 주에 한 번 그 발전기를 돌릴 때마다 사람들이 둘러 모여 「비벌리힐스의 아이들」을 시청했다. 그 드라마를 한 번도 본 적이 없었던 나는 그 프로그램이 내보내는 i세계의 메시지에 충격을 받았다. 하지만 더 충격적인 일은 마을의 어린아이들이 그 프로그램의 대사와 행동을 따라 하는 것을 볼 때 일어났다. 토리 스펠링(Tori Spelling)이 연기한 역할을 미국의 여성 롤모델로 여기는 이들의 시선은 나에게 일종의 역문화충격이었다. 여행 막바지에 마을 청년 두 명이 나를 찾아와 물었다. "이번에 데리고 오신 여학생들은 무슨 문제가 있나요?" 나는 "제가 알기로는 없는데요"라고 답했다. "그럼 왜 우리와 잠자리를 하고 싶어 하지 않는 거죠? 미국 여자들은 다 그런 걸 원하는 줄 알았는데요." 나는 현명한 답을 생각해낼 수 없었다. 이렇게 i세계가 내보낸 메시지에 어떻게 반응해야 할지 알 수 없을 때가 종종 있었다.

i세계의 세력 범위는 서구에만 한정되지 않으며 빠르게 지구를 가로질러 확장 중이다. 이런 확장세는 이슬람교와 서구 또는 이슬람교와 기독교 사이의 주된 갈등 요인 중 하나다. 이슬람교인들은 종종 기독교를 i세계와 동일시함으로써 위협을 느낀다. 이슬람교와 기독교 사이에는 분명 차이가 있지만, 이 둘은 모두 근저에서부터 i세계를 반대하고 있다.

세상이 i세계를 수용하는 속도를 고려할 때 r세계는 실현 가능한 대안이 될 수 있을까? 나는 그럴 수 있다고 믿는다. r세계가 근거로 삼는 본문 중 하나는 성경이다. 성경을 관계적으로 해석하는 관점이 새롭게 느껴지는 독자들이 있다면 나에게 설명할 기회를 달라고 부탁하고 싶다. 기독교에 익숙한 사람들에게는 기독교의 가르침 자체를 새롭게 바라보는 시각이 필요할 수도 있다. 그렇지 않은 사람들이라면 잠시 인내하면서 내 주장을 경청해주시라. 우리가 기독교 신앙의 의미를 또 다른 시선으로 바라볼 수 있도록, 나는 마르틴 루터가 이용한 방식을 써보려고 한다. 그는 1517년에 기독교의 의미를 논하기 위해 95개조의 반박문을 내걸었지만, 나는 딱 한 가지만 이야기하려 한다. **기독교는 본질적, 근본적으로 관계적이다.**

예수님은 인생에서 가장 중요한 것이 무엇이냐는 질문을 받으셨을 때 정확히 말씀하셨다.

> 예수께서 사두개인들로 대답할 수 없게 하셨다 함을 바리새인들이 듣고 모였는데 그중의 한 율법사가 예수를 시험하여 묻되 "선생님, 율법 중에서 어느 계명이 크니이까?" 예수께서 이르시되 "'네 마음을 다하고 목숨을 다하고 뜻을 다하여 주 너의 하나님을 사랑하라' 하셨으니 이것이 크고 첫째 되는 계명이요, 둘째도 그와 같으니 '네 이웃을 네 자신 같이 사랑하라' 하셨으니"(마 22:34-39).

기독교는 수없이 많은 규칙과 규제의 미로를 지어놓고 인간들이 저지른 실수를 낱낱이 벌하기를 기뻐하면서 자신의 창조물과 "잡기 놀이"를 펼치는 좀스러운 하나님이 만든 종교가 아니다. 기독교는 하나님과 그분의 창조물 사이에 펼쳐지는 극적인 사랑 이야기다. 성경의 율법은 이 사랑 이야기에서 중요한 역할을 차지하지만 어디까지나 조연의 역할을 한다. 심지어 십계명도 근본적으로는 두 가지, 즉 어떻게 하나님을 사랑하고 서로를 사랑해야 하는지를 기술한다. 성경 전체의 모든 율법은 이 두 가지 중 하나를 다룬다. 왜일까? 우리가 하나님 그리고 서로와 관계 맺는 목적을 위해 창조되었기 때문이다. 우리가 맺는 관계의 건강이 율법의 주된 관심사다. 성경의 이야기는 하나님이 관계를 위해 우리를 창조하셨지만 우리가 그 관계를 망가뜨렸으며, 그럼에도 불구하고 그 관계를 다시 회복시키시겠다는 하나님의 이야기다.

그렇다면 이에 대한 증거는 어디에 있을까? 우리는 어디에서 시작해야 할까?" 조니 미첼의 「우드스톡」에 등장한 젊은 남성의 말처럼 "우리는 그 동산으로 돌아가야 한다."

관계를 위해 창조되다

창세기 1-2장은 우주와 에덴동산 안에 첫 번째 인간의 가정이 창조된 사실을 묘사한다. 이 서술은 하나님과 우리의 정체성과 더불어 우리가 어떻게 살아가야 하는지에 대한 이해를 밝힘으로써 r세계의 근본적인 의미를 제공하는데, 이는 i세계의 것과는 매우 다르다. 이것은 **나**에 대한 것인 동시에 **우리**에 대한 것이다. 또한 우리에게 하나님과 우리의 정체성, 성별의 의미, 가족과 결혼, 인간 관계의 의미를 들려준다.

관계적인 하나님

> 하나님이 이르시되 "우리의 형상을 따라 우리의 모양대로 우리가 사람
> 을 만들고"(창 1:26).

기독교는 하나님의 본성이 관계적이라고 가르친다. 내가 "하나님이
본성상 관계적이시다"라고 표현하지 않았다는 (그런 표현을 앞으로 사
용하겠지만) 사실에 주목해달라. 내가 말한 것은 하나님의 본성 자체가
관계적이라는 것이다. 성경은 이 점을 창세기 첫 장에서 드러낸다. 위
의 구절이 가리키듯 하나님께는 관계적인 본성이 있다. 위 구절은 "하
나님이 그분(his)의 형상대로 사람을 만드셨다"라고 이야기하지 않는
다. 대신 "하나님이 이르시되 **우리**의 형상을 따라 사람을 만들자"라
고 말한다. 이 복수형의 지칭에는 풍성한 관계적 의미가 담겨 있다.
삼위일체의 온전한 그림이 담겨 있는 것은 아니지만, 이 본문은 하나
님이 독립적이고 고독한 본성을 가지셨으며 그분의 형상대로 지음을
받은 우리에게도 고독하고 독립적인 본성이 주어졌다는 개념을 잠재
운다. 오히려 이 구절은 만일 우리가 하나님의 형상대로 지어졌다면
우리는 개인일 수 있으나 혼자 있을 때는 온전하지 않다는 사실을 전
해준다.

신약은 성부, 성자, 성령이신 하나님의 삼위일체적 본성을 묘사
하면서 이와 같은 사실을 확장한다. 예수님께서 자신과 성부 하나님
이 향유하시는 사랑과 관계적인 온전함을 우리도 하나님과 그리고
서로와 경험하기를 구하신 기도는 이 예에 속한다. "내가 비옵는 것은
이 사람들만 위함이 아니요, 또 그들의 말로 말미암아 나를 믿는 사람

들도 위함이니 아버지여, 아버지께서 내 안에, 내가 아버지 안에 있는 것 같이 그들도 다 하나가 되어 우리 안에 있게 하사"(요 17:20-21). 예수님은 이 기도를 통해 창세기에서 발견된 하나님의 관계적인 본성의 의미를 재확인하시고 확장하신다.

r세계를 이해하는 데 이 점은 매우 중요하다. 하나님이 인간을 창조하신 이유는 외로움이나 자신의 관계적인 필요 때문이 아니다. 하나님은 본성상 관계적인 존재시다. 따라서 관계는 하나님의 창조로 인한 결과물이 아니라 그분의 참된 본성의 일부다. "하나님은 사랑이시다"라는 개념이 말이 되는 이유가 여기에 있다. 하나님이 본성상 관계적이시기 때문에, 삼위일체 안에서 사랑을 **살아 내시고** 그렇기 때문에 사랑을 **아신다.**

이것은 우리의 자기 이해에 어떤 차이를 만들어낼까? 만일 우리가 하나님의 형상으로 지음 받았다면 우리는 본성상 관계적이며 혼자서는 불완전하다. "우리"는 포괄적인 온전함으로 나아가는 길인 반면 "나"는 불만족스런 나르시시즘의 연습으로 그치기 쉽다. 우리는 i세계가 아닌 다른 것에서 성취감을 얻도록 창조되었다.

남성과 여성: 하나님의 형상으로 창조된 관계적인 존재

> 하나님이 자기 형상 곧 하나님의 형상대로 사람을 창조하시되 남자와 여자를 창조하시고(창 1:27).

이 책이 지금까지 다룬 내용에는 비교적 논쟁의 여지가 없었다. 이미 여러 장 앞에서 책의 제목과 더불어 정치적 공정함의 압력이 압도적으로 드러날 것이라는 예상에도 불구하고, 내가 전하고자 하는 내용이 흥미롭고 계몽적이며 상대적으로 솔직하게 표현되었기를 바란다. 하지만 이제부터 본격적으로 재미가 시작되고 이야기가 흥미로워지며 r세계가 모양을 갖추기 시작한다. 이제 성별에 대해 이야기해보자.

위 본문이 가리키는 것처럼 우리는 관계적인 본성 안에서뿐만 아니라 우리의 성 안에서도 하나님의 형상을 지니는데, 이것은 우리의 자기 이해와 관계에서 중요한 의미를 갖는다. i세계에서 성별은 출산을 제외하고는 별다른 의미가 없다고 간주된다. 위 구절은 기독교가 이 문제에 대해 얼마나 다른 시선을 갖는지를 알려준다. 먼저 창세기 1:27은 우리의 성(남성과 여성)이 출산을 목적으로 할 뿐만 아니라 하나님의 본성을 반영한다는 사실을 암시한다. 이는 우리의 성이 성적인 의미와는 별개로 관계적인 의미를 갖는다는 사실을 시사한다. 위 구절은 남성이 된다는 것과 여성이 된다는 것이 서로 다른 뜻이며 각자 독특한 방식으로 하나님의 형상을 반영한다고 말한다. 우리 자신만으로는 온전해질 수 없는 또 다른 방식이 있다는 뜻이다. 우리는 하나님과 그리고 서로와 관계 맺지 않고는 온전함을 찾을 수 없는 관계적인 존재들인 동시에 성별을 가진 존재들로서 다른 성별과 관계 맺지 않고는 온전해질 수 없다. 남성과 여성은 관계적인 온전함을 위해 다른 성별이 필요하다.

앞서 보았듯이 i세계는 우리의 삶과 관계를 위한 성별의 중요성을 최소화시킨다. 성경은 인간이 된다는 것의 의미를 매우 다르게 이해하며, 성이 삶의 중요한 기초를 이루는 깊고 미묘한 차이를 제공해준다고 이야기한다. 우리는 온전해지기 위해 두 성별 모두와의 관계가 필요하다. 관계적으로 온전해지기 위해 남성은 남성과 여성은 여성과 좋은 관계가 필요하며, 남성과 여성 사이에도 서로 좋은 관계가 필요하다. 성별의 창조가 결혼의 존재와 성에 대한 그 어떤 성경적인 가르침보다 앞서 등장한다는 사실은 중요하다. 그럴 필요는 없었다. 성경은 "하나님이 자신의 형상대로 사람을 창조하셨는데 그들이 출산을 할 수 있도록 남자와 여자로 만드셨습니다"라고 말할 수도 있었지만 그렇게 하지 않았다.

지금 나는 "남성"과 "여성"이 결혼, 출산, 역할 너머의 의미 있는 범주라고 이야기하고 있는 것인가? 물론이다. 성별은 결혼과 성에 대한 성경적인 가르침에서 없어선 안 될 부분이다. 꼭 있어야 한다. 출산의 과정에서 두 성별이 모두 관여하지 않고는 자녀를 갖기 어렵고, 앞으로도 이야기하겠지만 성경은 결혼 또한 한 남자와 한 여자 사이의 관계라고 가르치고 있다. 성별이 결혼과 성관계에 중요하다는 사실을 잘 알지만 지금은 결혼과 성관계에 대해 장황히 논하지 않으려고 한다. 왜일까? 첫째는 아직까지 창세기가 그것을 언급하지 않았기 때문이고, 둘째는 서둘러 성관계와 결혼에 대한 이야기로 넘어가려고 한다면 성별의 본질에 내재된 깊이와 풍성함을 놓치기 쉽기 때문이다. 성관계를 넘어 성별의 의미를 이해하는 것은 성별의 중요성을 온전히 이해하기 위해 꼭 필요한 일이다. 창세기의 본문은 우리에게 주어진 성이 하나님의 본성을 반영한다고 말하고 있으며 하나님은 성적인 존재가 아니시기 때문에 우리가 남자와 여자로 창조되었다고 할 때 거기서 오는 차이가 생물학, 심리학이 탐지할 수 있는 것보다 더 깊은 차원에 존재한다고 추론하는 것은 충분히 합리적이다.

이렇게 말한다면 나는 성차별주의자일까? 성별이 중요하다고 말하는 것이 성차별주의자라면 나는 유죄일 것이다. 성별의 특징을 범주화하다 보면 중요한 경계선이 존재하기 때문에, 이에 따라 독자들이 내가 어디에 서 있는지를 판단하고 싶어지는 것은 자연스럽고 당연한 일이다.『빈 서판』의 저자 스티븐 핑커에 따르면 성별은 인간성의 한 측면으로서 우리의 본성에 내재되어 있다. 반면『동일한 차이』의 저자 로잘린드 바넷과 캐릴 리버스는 그것과 관련된 호르몬의 영향 같은 상대적으로 작은 차이 외에는 성별 사이에 내재적 차이가 없다고 주장했다. 과연 나는 이 둘 중 어느 편에 있을까? 동일한 경계는 신학계에도 존재하고 따라서 독자들은 내가 기독교의 사역과 삶의 문제에 대해 성별 사이의 본질적인 평등을 지지하는 "성경적 평등을 위한 기독교인들"(Christians for Biblical Equality)과 한 편에 있는지, 아니면 성경이 남성과 여성은 사역, 결혼, 삶에서 매우 구별된 역할을 갖고 있음을 가르친다고 믿는 이들인 "성경적 남성성과 여성성에 대한 협의회"(Council on Biblical Manhood and Womanhood)와 한 편에 있는지가 궁금할 것이다. 서로 접전 중인 선택 가능한 관점들은 많다. 그렇다면 나는 어느 편에 서 있을까?

사실 나는 어느 편에도 서지 않으려고 한다. 왜 그럴까? 각 입장이 성경 본문의 주요 핵심을 놓치고 있는데 어느 한 편에 선다면 내가 주장하고자 하는 가장 중요한 핵심을 사람들이 듣지 못할 것 같기 때문이다. 사회과학자들이 그 핵심을 명백히 놓쳐버린 것을 차치하고 신학자들마저 그 점을 간과하고 말았는데, 안타깝게도 사회과학자들이 신학적 논쟁을 정의하도록 허용하는 과정에서 그런 일이 발생하게 되었다. 그리고 그 핵심은 바로 성별에 영적 차원이 존재한다는 것이다.

내 주장의 핵심을 정리하면 다음과 같다.

내가 정신 생물학적 논쟁이나 이 논쟁의 신학적 변형의 해결 방법을 알고 있는지와는 관계없이, 성경 본문이 생물학적, 유전학적, 심리학적 차원과는 별개로 성별에 영적 차원이 존재한다고 이야기한다는 사실을 알기 위해 위의 문제를 꼭 해결해야 하는 것은 아니다. 그렇기 때문에 남성과 여성은 동일하지 않으며 동일한 존재가 되도록 만들어지지도 않았다. 오히려 이들은 각각 하나님의 형상을 지닌다는 점에서 평등하며, 온전해지기 위해 서로가 필요하다는 점에서 서로를 보완한다. 여기에는 더 이상의 논쟁이 필요하지 않다.

성별은 중요하다. 성별의 정신 생물학적 측면에 대해 과학자들이 어떤 판단을 내리든 성별에 영적 차원이 존재한다는 사실은 변하지 않는다. 신학자들이 이를 유념한다면 신학적 논쟁이 생물학자들, 유전학자들, 심리학자들이 다투는 은유적 싸움의 경상(mirror image)이 되지 않도록 하는 데 도움이 될 것이다.

"영적 차원"이란 어떤 의미일까? 만일 우리가 하나님의 형상으로 만들어졌다면 그 형상이 우리의 육체뿐만 아니라 영혼으로까지 확장된다는 의미다. 바넷과 리버스는 남성과 여성이 생식 능력이라는 측면에서 서로 다르다는 사실을 인정했다. 따라서 성별 사이의 정신 생물학적 유사점들에 대한 이들의 주장이 옳다고 해도, 사회과학자들이 성별의 영적 차원에 대해 논할 입장은 아니다. 만일 우리가 영적 차원을 가진 존재라면, 성별에 영적 차원이 없다는 것이야말로 정말로 놀라운 일일 것이다.

우리는 앞으로 이어지는 내용을 통해 성별이 갖는 영적 차원의 존재를 인식함으로써 결혼에 대한 가르침과 관련해 어떻게 성경을 더 잘 이해할 수 있을지를 살펴볼 것이다. 그 예로 이를 받아들이게 되면 천국에서는 결혼이 없을 것이라고 하신 그리스도의 말씀을 더 잘 이해할 수 있다(참조. 마 22:30; 막 12:25). 나는 다른 해석에도 마음이 열려 있지만 이 구절을 보고 천국에서는 성관계가 없을 것이라고 추론하는 편이 합리적이라고 생각한다. 하지만 그렇다고 천국에 성별이 없을 것이라는 뜻은 아니다. 천국에서도 성별은 거의 확실히 있을 것이다. 왜 없겠는가? 창세기 1장이 분명히 보여주듯이 성별은 우리 안에서 하나님의 본성을 반영해주는 근본적이고 창조적인 인간 범주로서, 결혼과 성보다 먼저 독립적으로 존재했다. 성별이 결혼과 성관계와는 별개로 갖는 근본적인 중요성을 보지 못한다면 우리의 이해와 인식이 얼마나 부족한지를 드러낼 뿐이다. 남성과 여성이 맺는 관계와 동성의 사람들이 서로 맺는 관계 사이에는 영적 수준에서의 차이가 있다. 우리는 그것을 직시하기 위해 성적 충동은 물론 겉모습을 꿰뚫고 다른 사람의 영혼을 깊숙이 들여다 보아야 하며, 그때 비로소 성별 안과 성별 사이에서 누군가와 관계 맺는 것의 참된 의미를 배울 수 있다. 그러다 보면 그동안 많은 것들을 놓쳐왔음을 알게 될 것이다.

내 생각에 이것을 이해하는 사람은 드물고, 특히 현대 음악에서 성별의 영적 차원을 묘사하려는 사람도 거의 없다. 그것을 탁월하게 해내는 사람이 바로 U2의 보노다. 보노가 쓴 다음 가사를 보면 한 남자와 한 여자 사이의 사랑 노래임을 의심의 여지 없이 인정할 수 있을 것이다. 하지만 성별의 중요성을 인정하지 않는 i세계는 이 노래를 온전히 이해할 수 없다. 이 노래 가사를 중성화하여 이해하다 보면 핵심을 놓칠 수밖에 없다. 이것을 단순히 이성 간의 사랑 노래로 이해하는 것 역시 핵심을 비껴간다. 이 노래는 한 남자와 한 여자가 연인 관계보다 더 깊이 맺고 있는 관계적인 차원을 묘사함으로써, 성별이 지닌 영적 신비를 드러낸다.

작은 자매여, 오늘은 아무것도 염려하지 마시오
태양으로부터 오는 빛을 쬐시게
작은 자매여
모든 것이 괜찮지 않지만
그대는 내 혀에 꿀과 같다오

참된 사랑은 절대 찢어질 수 없지만
오직 참된 사랑만이 아름다움을 순결하게 지킬 수 있소

절대로 위험을 무릅쓸 수 없소
연애를 위해 사랑을 잃는 위험을
신비로운 간격 안에서
한 남자와 한 여자 사이에서
절대로 위험을 무릅쓸 수 없소
결코 이해할 수 없기 때문에
이 신비로운 간격을
한 남자와 한 여자 사이에

그대는 사랑으로부터 도망할 수 있소
그것이 참된 사랑이라면 그댈 찾을 거요

그대의 발목을 붙들 거요

하지만 사랑에 무감각해질 수는 없소

유일한 고통은 아무것도 느낄 수 없는 것

그대를 안고 있을 때 어찌 아플 수 있겠소?

절대로 위험을 무릅쓸 수 없소

연애를 위해 사랑을 잃는 위험을

신비로운 간격 안에서

한 남자와 한 여자 사이에서

그대가 바로 그 사람, 그대 말고는 아무도 없소

나 자신을 잃어버리고 싶도록 만드는 사람

신비로운 간격 안에서

한 남자와 한 여자 사이에서

U2의 보노 「한 남자와 한 여자」[4]

i세계는 성별에 내재된 독특성을 놓치고 있다. r세계가 성공하기 위해서는 세심한 주의를 기울여서 그 독특성을 회복해야만 하고, 그렇게 한다면 i세계와 r세계 사이의 많은 차이점들이 성별에 대한 다른 이해에 근거하고 있다는 사실을 발견하게 될 것이다. 성별을 잘못 이해하면 인간성과 우리의 관계 및 우리 자신을 오해하게 된다. 가족과 결혼

---

4   Bono, "A Man and a Woman," *How to Dismantle an Atomic Bomb*, U2 (Island Records, 2004).

은 여기에 속하는 굉장히 유용한 사례다.

가족과 결혼

> 여호와 하나님이 이르시되 "사람이 혼자 사는 것이 좋지 아니하니 내가
> 그를 위하여 돕는 배필을 지으리라" 하시니라.···이러므로 남자가 부모
> 를 떠나 그의 아내와 합하여 둘이 한 몸을 이룰지로다. 아담과 그의 아
> 내 두 사람이 벌거벗었으나 부끄러워하지 아니하리라(창 2:18, 24-25).

> 네 부모를 공경하라. 그리하면 네 하나님 여호와가 네게 준 땅에서 네
> 생명이 길리라(출 20:12).

나는 앞서 하나님이 관계를 위해 우리를 지으셨다고 말했다. 하나님
은 우리를 그분과 관계 맺을 수 있도록 영혼과 함께 창조하셨으며, 우
리는 하나님의 형상 곧 남자와 여자로 창조되어 그렇게 서로 관계 맺
도록 지음을 받았다. 그렇다고 해서 인간이 개인으로서 갖는 중요성
이 덜하다는 뜻은 아니다. 우리는 누구나 인정, 사랑, 존엄을 받아 마
땅한 하나님의 독특한 창조물이다. 나는 우리 인간이 홀로 존재하도
록 창조되지 않았으며 관계를 위해 창조되었다는 점을 강조하고 싶
다. 창세기의 첫 두 장을 보면 하나님은 자신이 지으신 모든 것을 보
시면서 좋다고 선언하시는데, 한 가지 예외가 있다. 창세기 2:18에서
하나님은 "사람이 혼자 사는 것이 좋지 아니하니"라고 분명히 말씀하
신다. 사람은 다른 사람과 그리고 창조주와 관계 맺을 때만 번성할 수
있다. 창조의 관계적인 질서는 관계적인 성취를 위해 필요한 모든 것

을 우리에게 제공한다. 관계적인 질서의 초석은 가족이며, 그 가족을 만들도록 지정된 관계는 한 남자와 한 여자 사이의 결혼이다. 위에 인용된 첫 번째 성경 본문은 결혼에 대해 직접적으로 이야기하는 반면, 두 번째 본문은 나머지 성경 말씀이 말하는 것처럼 가족의 근본적인 중요성에 대해 언급한다.

가족은 인간이 된다는 것의 피할 수 없는 일부다. i세계는 사실상 개인주의와 자기실현을 위해 가족을 해체한다. 하지만 흥미롭게도 i세계의 미사여구를 제쳐둔 채로 사람들의 행동을 관찰하면 i세계의 시민들이 가족을 버리고 있지 않음을 알 수 있다. 가족을 재정의할지는 몰라도 그것을 잃고 싶어 하진 않는다. 전통적인 가족의 부재 가운데서 i세계의 시민들은 "가족"이라는 이름을 다른 폭넓은 관계들로 이양시켰다. i세계에서는 동거 중인 두 사람을 가족이라고 부른다. 반려동물을 기르는 미혼의 사람들도 스스로를 가족이라고 부른다. 비교적 친밀한 사회적인 그룹은 무엇이든 "가족"이라는 이름으로 성별한다. 기독교인들은 자신의 지역 교회를 가리켜 가족이라고 부르기도 한다.

오해하지 말라. 가족은 중요하다.

결혼도 중요하다.

i세계는 결혼 역시 해체하려고 하지만, 결혼은 여전히 중요하다. 결혼은 동성 커뮤니티에서도 꽤나 많은 사람들에게 중요한 제도로 인식되고 있기 때문에 사람들은 합법적인 연합을 통해 파트너와 공존하기보다는 궁극적으로 결혼할 권리를 얻기 위해 노력한다. 힘든 결혼 생활을 견뎌낸 사람들은 보통 장기간의 약속이 유효한 파트너를 다시 찾고 싶어 한다. 오랜 연인 관계를 맺어온 두 사람은 결혼하

지 않는다고 해도 결혼과 비슷한 모양의 구조를 만들어낸다. 사람들은 서로 돌보고 인내하는 친밀한 관계를 맺고 싶어 하며, 결혼을 하지 않더라도 그런 관계를 갈망한다.

가족과 결혼이 중요한 이유는 이들이 사회의 구성 요소이기 때문이 아니라 하나님의 형상과 성별만큼 강력한 우리 본성의 일부이기 때문이다. i세계가 우리를 모든 관계적인 약속으로부터 자유롭게 하려는 그 순간에도 i세계의 시민들은 여전히 가족과 결혼을 중요하게 여기고 있다. 그렇다면 r세계에서는 결혼이나 가족 중 무엇이 우선 되어야 할까?

현재 이 질문에 대해 대부분의 기독교인들과 비기독교인들은 분명한 목소리로 결혼이 우선된다고 말한다. 사람들은 튼튼한 결혼 관계나 헌신된 관계의 중요성을 지속적으로 강조하고, 만일 선택해야 한다면 건강한 결혼이나 그와 비슷한 모양새를 갖춘 무언가가 건강한 가족을 갖는 것보다 우위에 있다고 말한다. 결혼이 우선한다는 주장의 한 가지 이유는 사람들이 건강한 가족의 기초가 건강한 결혼이라고 믿는 데 있다. 하지만 그것 말고도 사람들은 인간 행복의 핵심 요소 중 하나가 결혼과 같은 헌신된 관계 안에 있다고 인식한다. 우리가 온전해지길 원한다면 헌신된 관계 속에 있어야 하고 그렇지 않다면 온전해질 수 없다는 것이 일반적인 인식이다. 가족은 중요하지만 결혼이나 그와 비슷한 무언가가 더 중요하다. 이처럼 결혼이 인간의 성취에서 가장 중요한 것이라는 주장은 문화 전반과 기독교 교회 안에서 설득력을 갖는다.

하지만 결혼이 가족보다 더 중요하다고 인식하는 한 우리 문화와 기독교 교회는 잘못된 방향을 향하게 된다. r세계에서는 가족이 우선이다. 결혼도 중요하지만 가족이 더 중요하다. 성경적으로 가족은 인간의 관계적인 성취에서 우선되는 구성 요소이며, 결혼은 가족을 위해 존재하는 것이다. 관계적인 성취를 위해 결혼에 너무나도 높은 기대를 갖는 세상에서, 가족을 위해 존재하는 원래의 자리로 결혼을 되돌려 놓으려는 시도는 결혼의 중요성을 깎아내리려는 것처럼 보일 수도 있다. r세계가 결혼을 높이 평가하는 것은 그것이 갖는 내재적인 중요성과 가족에 대한 가치 때문인데 가족은 인간의 관계적인 성취에서 보다 더 큰 역할을 수행한다. 가족이라고 할 때 r세계는 수많은 복음주의 기독교인들이 강조하는 것처럼 핵가족을 의미하기보다는 확대 가족 및 삼대 가족(조부모, 부모, 자녀들로 구성된)을 뜻한다.

창세기 2:18-24은 최초의 결혼과 인간 가족이 창조되는 모습을 묘사하고 있다. 아담과 하와의 경우에는, 오직 이 둘에만 해당되지만, 가족의 창조를 위해 결혼이 앞서야 했다. 하지만 이들의 결혼이 세운 가족 덕분에 이후 생겨난 모든 결혼에서는 가족이 결혼보다 앞선다. 그 예로 24절에서 결혼을 하는 두 사람은, 뒤따르는 모든 기혼 커플들이 그랬던 것처럼 가족들로부터 왔다. (이들은 자신들의 부모를 떠났다.)

가족이 결혼보다 관계적으로 우선하는 이유는 우리 모두가 가족으로 태어나지만 전부 결혼을 하지는 않기 때문이다. 누군가가 미혼이라는 사실이 그 사람이 이상하다는 징후나 사망 선고는 아니다. 구약의 가르침에 따르면 결혼을 하지 않는 한 모든 사람이 출생 가정과 연결되어 있으며, 결혼은 아내가 자신의 가족을 떠나 결혼을 통해 남편의 가족에 접붙여지는 것이다. 결혼을 하지 않으면 그 사람은 평생 자신의 출생 가정과 친밀히 연결되어 있을 것이다. 그렇다고 결혼이 가족을 벗어나는 통로인 것은 아니다. 새로운 구성원들이 들어온다고 해도 가족 관계는 여전히 유효하다. r세계에서도 결혼은 대단히 중요하고 특별하며 독특한 관계로 남아 있으며 대부분의 사람들이 이 관계 안으로 들어가지만, 이 관계는 그 커플이 만들어낼 가족과 이들이 애초에 나온 확대 가족 및 이들이 속한 삼대 가족을 위해 존재한다.

이것이 구약의 첫 다섯 권(모세 오경)이 구체적으로 묘사하는 가족과 결혼의 의미다. 성경의 관계적인 가르침을 보고 핵가족이 가장 중요하다거나 i세계의 개인주의가 정당하다는 의미로 해석한다면 잘못된 일이다. 개인의 권리와 핵가족에 대한 우리 사회의 강조와는 반대로 모세 오경은 삼대 가족을 주된 관계적, 합법적 사회 단위로 규정했다. 이 사회는 개인의 권리나 핵가족의 합법적 지위 위에 세워진 것이 아니었으며, 여기서 기초적이고 더 이상 축소될 수 없는 합법적 가족 단위로 인정받은 것은 삼대 가족이었다. 모든 사람들이 궁극적으로 자신의 법적, 사회적 정체성을 자신의 삼대 가족으로부터 가져온다. 더욱이 삼대 가족은 고립된 관계 단위가 아니었다. 구약의 사회 구조는 서로 연결된 풍성한 관계망을 제공했다. 삼대 가족의 구성원들은 (다른 삼대 가족들로 구성된) 확대 가족과, 이 확대 가족들은 씨족과, 씨족은 부족과, 부족은 국가와 근거리에서 밀접하게 생활했다.

확대 가족들은 근접한 대지에 살면서 농경, 요리, 교육, 자녀 양육과 같은 다양한 인생 과제들을 함께 나누었다. 죽음, 범죄, 가난이 발생하면 법적으로 서로를 돌보아야 했다. 이스라엘의 모든 사람들은 삼대 가족을 중심으로 서로에 대해 유별나도록 지지를 아끼지 않는 관계망 속에 존재했다. 삼대 가족과 확대 가족이 인간을 위한 관계의 유일한 원천은 아니었지만, 어쨌든 모든 사람들을 위한 관계적인 삶의 중심이었다. 가족은 인간 생명의 토대였고 결혼은 가족을 위해 존재했다. 한 개인의 결혼 여부는 삶의 질에 큰 차이를 만들어내지 않았는데, 왜냐하면 모든 사람에게 소속될 장소가 있었기 때문이다. 사람들은 누구나 다양한 깊이와 의미 및 친밀감을 찾을 수 있는 관계의 무리를 갖고 있었다. 그리고 모든 사람들이 어린아이들, 노인들, 환자들뿐만 아니라 서로를 돌보는 일에 참여했다. i세계는 이런 구조에 어느 정도 포함된 관계적인 유대감을 놓치고 있다.[5]

여기서 한 가지 짚고 넘어가야 할 중요한 사실이 있다. 이런 구약의 체제가 i세계가 보장하는 개인 공간의 분량에 전혀 미치지 못하거나 동일한 만큼의 개인적인 자유를 제공하지 않는다고 해도 개인을 무시하는 것은 아니다. 단지 사람은 이런 체제 안에서 자신이 누구인지를 가장 잘 이해할 수 있으며 가장 만족스러운 삶을 살 수 있다고 이야기하는 것뿐이다.

그렇다면 구약은 r세계와 어떤 관련이 있는가?

r세계를 소개하고 있는 이번 장 전체가 구약에 그 기반을 두고 있다는 사실에만 집중하다 보면 r세계가 구약의 사회적 구조를 21세기에 적용한 것에 불과하다는 잘못된 결론을 내리기 쉽다. 또는 t세계가 r세계와 기본적으로 동일하다고 추론하기 쉬운데 이 역시 사실이 아니다. 구약이 t세계와 r세계 모두를 위한 중요한 토대를 형성하고 있기

---

5   Michael Schluter and David Lee, *The R Factor* (London: Hodder and Stoughton, 1993).

때문에 이들 사이에는 유사점이 있다. t세계와 r세계는 관계망의 뿌리를 가족과 우정에 둔다. 또한 두 세계는 우리의 개인적인 행복과 성취가 관계적인 만족을 찾는 일과 연결되어 있다고 믿는다. 하지만 둘 사이에는 격심한 차이가 있다. t세계는 귀족주의, 독재, 가부장적인 특성을 갖고 있으며, 이 점으로 인해 많은 사람들 특히 여성들을 관계 안에서 억압하고 비하해왔다. t세계에서는 주어진 역할과 위치에 개인을 그대로 가두어두는 일이 계급과 경제와 성별의 선을 넘어 다른 계급과 인종, 성별의 사람들이 제공하는 관계적인 선물을 누리게끔 하는 것보다 훨씬 중요했다. 앞으로 살펴보겠지만 사랑, 평등, 상호 존중은 r세계 내에서 세워지는 관계적인 건강의 중심 요소이며, 여기에는 t세계가 종종 놓치는 중요성이 담겨 있다. t세계와 r세계 사이의 유사성은 주로 형태와 구조를 통해 드러나는데, 삼대 가족이라는 가족 체제와 결혼이 좋은 예시다.

따라서 r세계라는 기독교적 개념을 온전히 이해하기 위해서는 구약과 신약을 모두 기반으로 삼아야 한다. 구약은 관계망의 큰 부분인 결혼과 가족을 제공하고, 반면 신약은 어떻게 보면 모세 오경 덕분에 우리가 사랑에 다가설 수 있게 하며 그것을 삶과 관계 안으로 통합할 수 있는 능력과 더불어 새로운 관계 공동체인 교회를 제시한다. (7장의 토론을 참조하라.)

r세계를 창조하기 위해 필요한 것은 무엇일까? 많은 것들이 필요하지만 무엇보다도 사랑이 필요하다. 사람들과 하나님을 하나로 모으고 그 사이에 깊은 친밀감을 일으킬 만한 강력한 사랑이 아니고서는, r세계는 그저 한 가지 체제나 하나의 고결한 사상에 지나지 않는다. 사랑이 존재하기 위해서는 관계가 필요하다. 이처럼 그 단어 자체에

관계성을 포함하고 있는 사랑이 우리를 r세계로 초청하는 것이다. 그렇다면 이 사랑은 무엇일까? 이제 그 질문을 탐험할 차례다.

7

구멍 난 마음에서 온전한 마음으로
사랑 이야기

생의 야망이 나의 시간을 점령해

우선순위들이 마음을 어지럽게 해

행복은 한 걸음 물러나 있어

내가 아직 찾지 못한 내면의 평화

강물은 바다로 흘러들어

하지만 바다도 나로 채워지지 않아

장님이 아니라면 왜 볼 수 없지

동그라미로는 채울 수 없다는 사실을

네모가 들어가야 할 자리를

내 마음에는 구멍이 있어

너만이 메울 수 있는

내 마음에 난 이 구멍은

내가 하는 무엇으로 메울 수 없어

구멍 난 마음

구멍 난 마음

내가 숨어드는 이 돌 같은 마음

진흙 두 발도 잘 숨어들었어

매일같이 줄어드는 만족

죽기 전에는 사라지지 않을 거야

강물은 바다로 흘러들어

하지만 바다도 나로 채워지지 않아

장님이 아니라면 왜 볼 수 없지

동그라미로는 채울 수 없다는 사실을

네모가 들어가야 할 자리를

내 마음에는 구멍이 있어

너만이 메울 수 있는

내 마음에 난 이 구멍은

내가 하는 무엇으로 메울 수 없어

내 마음에는 구멍이 있어

너만이 메울 수 있는

처음부터 알았어야 해

내가 할 수 있는 일들로는 부족하다는 사실을

구멍 난 마음

구멍 난 마음

구멍 난 마음

구멍 난 마음

익스트림, 「구멍 난 마음」[1]

사람들은 좋은 사랑 이야기에 매력을 느낀다. 영화 「프린세스 브라이드」는 사랑 이야기에 별 관심이 없던 소년이라도 제대로 된 이야기를 듣게 되면 그 매력에 빠지게 된다는 예시를 보여준다. 독자들은 이 책을 집어 들면서 사랑 이야기가 담겨 있으리라고 기대하지 못했을 것이다. 하지만 r세계가 관계에 대한 것이라면 사랑 이야기와 비슷한 내용이 포함되지 않을 이유가 없다.

이번 장은 한 명의 기독교인이 바라보는 r세계에 대한 설명이다. 그렇다고 r세계가 기독교인이나 다른 특정 신앙인이 독점한 영역은 아니다. 우리는 앞서 제시한 관계적인 체제 위에서 구약과 신약을 모두 아우르는 사랑 이야기를 살펴볼 것이다. 내가 만일 시인이었다면 나는 이 사랑 이야기를 가사로 풀어낸 다음 "시간의 끝에서부터 온 사랑 노래"라는 제목을 붙였을 것이다. 이것은 시간을 초월하여 모든 세대에서 우리를 만나는 노래기 때문이다. 하지만 내 예술적 감각이 별로 좋지 않기 때문에 내 설명에 시적인 면을 담지 않았다.

우리는 6장에서 이 사랑 이야기를 만났다. 성경은 하나님이 인류를 그분의 형상대로 만드셨다고 이야기한다. 그분은 모든 사람이 그분과 그리고 다른 사람과 서로 사랑의 관계를 나누도록 세상을 만드셨다. 에덴동산에서 하나님은 아담과 하와와 그들의 자손을 이런 관

---

1   Extreme, "Hole Hearted," *Pornograffitti* (A&M, 1990).

계 속으로 초청하신다. 불행히도 아담과 하와는 하나님의 초청을 거절한 끝에 결국 동산에서 쫓겨남으로써 우리 모두에게 영향을 미치는 방식으로 관계적인 전위를 경험하게 되었다. 이 이야기는 우리의 마음에 어떻게 구멍이 생기고 관계의 역기능을 경험하게 되었는지를 설명한다. 우리는 하나님께서 어떻게 이 구멍을 메우시고 우리를 다시금 관계적으로 온전히 만드실지에 관해 묻는다.[2]

1부: 잃어버린 기회

> 아담과 그의 아내 두 사람이 벌거벗었으나 부끄러워하지 아니하니라 (창 2:25).

창세기 3장이 묘사하는 타락은 인간과 하나님 사이의 깨어진 관계와 그로 인해 우리가 맺은 다른 모든 관계에 미친 영향에 대한 이야기다. 타락을 통해 우리가 무엇을 잃어버렸는지를 이해하기 위해서는 우선 아담과 하와가 동산에서 하나님과 맺은 관계의 본질이 무엇인지 그리고 둘이 누린 관계의 종류가 어떤지를 살펴봐야 하며, 이들이 벌거벗고도 하나님과 서로에게 부끄러워하지 않았다는 사실의 의미를 이해할 필요가 있다.

앞서 보았듯이 창세기의 첫 두 장은 우리의 본성 중 특히 관계적

---

2 이어지는 내용은 기독교의 이야기를 요약한 것에 불과하다. 가톨릭의 견해를 근거로 한 r세계에 대한 훌륭한 설명은 Pope John Paul II, *The Theology of the Body: Human Love in the Divine Plan*(Boston: Pauline Books and Media, 1997)에서 찾아볼 수 있다.

인 본성에 대한 이해의 기본 틀을 제공한다. 성경은 우리가 하나님의 형상대로, 즉 남자와 여자로서 하나님과 그리고 서로와 관계 맺도록 지어졌다고 이야기한다. 아담과 하와는 하나님이 만드셨지만 하나님과 동등한 존재로 지음 받지는 않았다. 이처럼 우리가 본성을 창조하지 않았기 때문에, 우리의 개인적이고 관계적인 건강은 개인의 정체성이 얼마나 건강하게 발달했는지 그리고 각자 얼마나 자기 본성의 한계를 준수하고 존중하는지에 달려 있다.

우리가 본성에 반하여 살 때 우리가 맺는 관계와 정체성의 본질적인 측면들이 위험에 빠진다. 하나님은 우리를 관계적인 존재로 지으셨고 우리가 번성할 수 있는 관계망을 구축하셨다. 이 관계망은 단순히 우리가 머물기만 하는 곳이 아니라 태어나서 죽는 날까지 소속되어 살면서 사랑하고 사랑받을 수 있는 공간이다. 사실 우리는 모든 인류가 포함된 망의 일부다. 우리의 관계적인 본성을 이해하는 것은 우리가 무엇이 되도록 지음 받았는지를 이해하는 데 도움이 된다. 우리는 마음속 깊이 다른 사람과 우리 자신을 알고자 갈망한다.

그렇다면 이것은 관계적으로 어떤 모습을 보일까? 창세기는 원래 의도되었던 관계의 모습을 보여준다. 우리는 이 이야기의 시작에서 벌거벗었으나 부끄러워하지 않았던 아담과 하와를 발견한다. 이것은 우리가 상상해볼 수 있는 친밀감을 가장 잘 환기시키는 그림 중 하나로서 순수가 갖는 의미의 핵심을 드러낸다. 아담과 하와는 서로에게 전적으로 투명했다. 둘 사이에는 비밀도 거짓말도 부끄러움도 없었으며, 이들은 상대방이 자신의 전 존재에 다가올 수 있도록 했다. 이들은 분명 서로와 성적인 관계를 맺음으로써 깊은 친밀감을 누렸을 것이다. 이들은 진실하게 생활하면서 상대방을 온전히 신뢰했기 때문에 서로를 깊이 알았고 부끄러움을 알지 못했다. 이들은 자기 존재의 가장 깊은 곳 안에서 하나님의 사랑을 알았기 때문에 말 그대로 벌거벗고도 부끄러워하지 않을 수 있었다.

창세기의 저자가 타락 이전 에덴에서의 삶에 대해 더 많은 정보를 제공했더라면 좋았을 것이다. 우리는 아담과 하와가 하나님과 함께 에덴에 거했다는 사실은 알지만 그 순수함의 기간은 알지 못한다. 이들은 한동안 서로 그리고 하나님과 가장 깊은 사랑의 관계를 누렸다. 하지만 자유롭게 주어진 것이 아니라면 사랑이 아니다. 따라서 참된 사랑에는 거절당할 가능성이 따라붙는다. 하나님을 사랑하는 것과 관련해 아담과 하와에게는 그분을 거절할 자유가 있었다. 한동안, 정확히 얼마나 지속되었는지는 알 수 없지만, 이들은 하나님과 서로를 사랑했다. 하지만 하나님을 거절하면서 이들은 가릴 것과 다른 동산이 필요해졌다.

2부: 사랑을 거절하다

그런데 뱀은 여호와 하나님이 지으신 들짐승 중에 가장 간교하니라. 뱀이 여자에게 물어 이르되 "하나님이 참으로 너희에게 동산 모든 나무의 열매를 먹지 말라 하시더냐?" 여자가 뱀에게 말하되 "동산 나무의 열매를 우리가 먹을 수 있으나 동산 중앙에 있는 나무의 열매는 하나님의 말씀에 '너희는 먹지도 말고 만지지도 말라. 너희가 죽을까 하노라' 하셨느니라." 뱀이 여자에게 이르되 "너희가 결코 죽지 아니하리라. 너희가 그것을 먹는 날에는 너희 눈이 밝아져 하나님과 같이 되어 선악을 알 줄 하나님이 아심이니라."

여자가 그 나무를 본즉 먹음직도 하고 보암직도 하고 지혜롭게 할 만큼 탐스럽기도 한 나무인지라. 여자가 그 열매를 따 먹고 자기와 함께 있는 남편에게도 주매 그도 먹은지라. 이에 그들의 눈이 밝아져 자기들이 벗은 줄을 알고 무화과나무 잎을 엮어 치마로 삼았더라. 그들이 그날 바람이 불 때 동산에 거니시는 여호와 하나님의 소리를 듣고 아담과 그의 아내가 여호와 하나님의 낯을 피하여 동산 나무 사이에 숨은지라.

여호와 하나님이 아담을 부르시며 그에게 이르시되 "네가 어디 있느냐?" 이르되 "내가 동산에서 하나님의 소리를 듣고 내가 벗었으므로 두려워하여 숨었나이다."

이르시되 "누가 너의 벗었음을 네게 알렸느냐? 내게 네게 먹지 말라 명한 그 나무 열매를 네가 먹었느냐?" 아담이 이르되 "하나님이 주셔서 나와 함께 있게 하신 여자 그가 그 나무 열매를 내게 주므로 내가 먹었나이다." 여호와 하나님이 여자에게 이르시되 "네가 어찌하여 이렇게 하였느냐?" 여자가 이르되 "뱀이 나를 꾀므로 내가 먹었나이다."

여호와 하나님이 뱀에게 이르시되 "네가 이렇게 하였으니 네가 모든 가축들과 들의 모든 짐승보다 더욱 저주를 받아 배로 다니고 살아 있는 동안 흙을 먹을지니라. 내가 너로 여자와 원수가 되게 하고 네 후손도 여자의 후손과 원수가 되게 하리니 여자의 후손은 네 머리를 상하게 할 것이요 너는 그의 발꿈치를 상하게 할 것이니라" 하시고

또 여자에게 이르시되 "내가 네게 임신하는 고통을 크게 더하리니 네가 수고하고 자식을 낳을 것이며 너는 남편을 원하고 남편은 너를 다스릴 것이니라" 하시고

아담에게 이르시되 "네가 네 아내의 말을 듣고 내가 네게 먹지 말라 한 나무의 열매를 먹었은즉 땅은 너로 말미암아 저주를 받고 너는 네 평생에 수고하여야 그 소산을 먹으리라. 땅이 네게 가시덤불과 엉겅퀴를 낼 것이라. 네가 먹을 것은 밭의 채소인즉 네가 흙으로 돌아갈 때까지 얼굴에 땀을 흘려야 먹을 것을 먹으리니 네가 그것에서 취함을 입었음이라. 너는 흙이니 흙으로 돌아갈 것이니라" 하시니(창 3:1-19).

창세기 3장은 "타락" 이야기다. 아담과 하와에게는 하나님과 사랑의 관계 안에 머물면서 누린 선물을 자녀들에게 물려줄 기회가 있었다. 하지만 이들은 하나님을 거절함으로써 오늘날에 이르기까지 모든 자손들을 대신해 다른 삶을 선택했다.

5장에서 이야기한 것처럼 문제는 작은 규칙 하나를 위반함으로써 하나님의 과잉 반응을 유도한 것이 아니다. 선악을 알게 하는 나무로부터 과실을 취한 것은 궁극적으로 간음의 행위였다. 그런 일을 저지름으로써 아담과 하와는 하나님 행세를 하기로 결정했고, 그 결과 전능자와의 관계를, 궁극적으로는 서로와의 관계를 깨버렸다. 이처럼 그들은 도덕적 기준을 상실했을 뿐만 아니라 자신들의 참된 정체성도 상실했는데, 하나님과의 사랑의 관계를 끊어냄으로써 서로를 참되고 온전히 알 수 있는 능력도 끊어내버렸기 때문이다. 이런 상실의 효과는 즉각적으로 드러났다. 그들은 즉시 부끄러움을 느끼며 몸을 가려야 한다고 생각했으며 그렇게 함으로써 하나님과 서로로부터 숨기 시작했다. 신뢰를 잃어버렸기 때문이다.

이런 그림이 보여주는 친밀감의 상실은 우리의 마음을 아프게 한다. 아담과 하와가 맺은 관계의 질은 즉각적으로 얄팍해지고 불만족스러워졌다. 자신의 참된 정체성과 괴리가 일어난 즉시 이들의 행동은 점점 더 왜곡되었다. 더욱 심각한 것은 자녀에게 이것을 물려주었다는 점인데, 이는 둘 사이에서 태어난 가인이 갑자기 치밀어온 질투심을 이기지 못하고 동생 아벨을 살해한 사건에서 잘 드러난다.

이것은 단지 아담과 하와 및 이 가족의 이야기에 머물지 않고, 우리의 이야기와 인류의 이야기가 되었다. 이 부분에서 i세계의 정서에 근본적으로 부당하다고 느껴지는 점이 발견된다. 타락은 아담과 하와만 에덴에서 추방된 것이 아니라 그들과 함께 우리 모두가 추방됨을 의미한다. 개인의 자유를 그토록 열렬히 믿는 세상에서 다른 사람의 선택이 불러온 결과를 누군가가 부담해야 한다는 사실은 명백히 부당해 보인다. 이는 세 가지 금기를 위반한다. 우리는 제대로 된 하나님이라면 적어도 세 가지 금기 정도는 존중해주실 것이라고 기대한다. 하지만 문제는 이것이 하나님이 바란 결과가 아니라는 점이다.

하나님은 인간을 위해 에덴을 창조하셨지만 우리는 지금 아담과 하와가 추방을 당한 에덴의 동쪽 지역에 살고 있다. 부모의 죄로 인해 자녀가 벌을 받는 것이다(참조. 출 34:7). 만일 우리가 하나님과 사랑의 관계 안에 있도록 창조되었다면, 그분과의 친밀한 관계를 맺을 능력을 상실한 데는 파괴적인 결과가 따른다. 아담과 하와가 더 이상 하나님의 사랑을 느끼지 못하게 된 순간 이들은 자신의 온전한 정체성과도 괴리되었고, 그 결과 하나님의 형상대로 지음 받은 인간에게 어울리지 않는 비인간적인 방식으로 행동하기 시작했다. 이런 혼란과 여기에 동반된 감정적 결과가 아담과 하와의 자녀들에게 이어졌으며 궁극적으로는 우리에게 전달되었다. 우리의 부모는 하나님의 사랑과 떨어진 채로 본성상 자신이 정말로 누구인지에 대한 지식과 괴리된 가정을 갖고 있으며 세상 속에서 살 때 받게 되는 상처를 지니고 있다. 이 밑에서 태어난 우리는 결과적으로 자기 오해 속에서 성장하게 되며, 최선의 경우라고 해도 우리가 갈망하는 그 사랑을 경험하지 못한다. 우리는 슬픔과 낙심에 익숙해진 끝에 그와 동일한 것을 다음 세대로 대물림한다.

온 세계가 이토록 연약하지 않기를 바랄 수도 있겠지만, 관계의 본질을 이해한다면 이들이 실제로 연약하다는 사실을 우리는 잘 알고 있다. 관계는 양육과 지속적인 돌봄을 필요로 한다. 양육과 돌봄을 잘 받으면 관계는 탁월한 아름다움과 거대한 선이 되지만, 그렇지 못할 때는 관계와 함께 움직이는 사랑이 질병에 걸리고 쇠퇴한다. 이로 인해 전해지는 불만족은 우리 마음에 구멍을 남긴다. 밴드 익스트림의 개리 셰론이「구멍 난 마음」이라는 노래를 통해 간절히 전하고자 했던 것이 바로 이런 갈망이다.

우리를 향한 하나님의 사랑에 연결되지 않으면 우리는 타인을 제대로 사랑할 수 없으며 그렇게 되도록 창조된 사람이 될 수도 없다. 또한 우리의 삶은 마음속 구멍을 메우려는 탐색전으로 축소된다. 게다가 우리의 욕구가 우리를 인도하도록 내버려 둔 채로 그 구멍을 메우는 일에만 몰두하게 될 수도 있다. 음식, 성관계, 술, 마약에 취해보기도 하지만 잠깐 스쳐 지나가는 만족을 얻을 뿐이다. 일에 몰입하거나 소유를 축적함으로써 이 구멍을 메우려 할 수도 있지만 그것도 별 소용이 없다. 그 무엇도 우리의 가장 깊은 갈망을 만족시키지 못하기 때문에, 우리는 결국 모든 것에 싫증과 불만족을 느끼게 된다. 뭔가 더 필요하다는 사실을 감지하고 온갖 시도를 하지만 그것이 무엇인지 찾아낼 수 없다. 이 상태가 지속될수록 우리 안에 불만이 더 쌓

여갈 것이며, 이 불만을 그대로 놔두면 공격성과 폭력성을 띠게 된다. 이와 관련된 비극적인 아이러니는 우리가 이렇게 축적된 불만을 가장 가까운 사람들에게 터뜨린다는 것이다. 가정 폭력은 타락의 결과로서, 그 영향은 배우자와 자녀들에게만 한정되지 않는다.

기독교 신학의 영역에서 어떤 것이 자명하다고 말하기 어렵지만, 타락 이야기는 거의 그렇다고 볼 수 있다. 우리가 만나는 모든 사람이 관계적인 상처와 불만의 상흔을 지니고 있다. 더욱이 우리가 가진 문제들은 변화할 수는 있어도 절대 사라지지 않는다. 우리의 관계를 형성하는 불화와 소외는 결코 일소되지 않는다. 우리가 사랑을 위해 창조되었다는 지속적인 느낌은 우리 본성에 깊이 새겨져 있다. 하지만 혼자서는 이 마음의 구멍을 메울 수 없고 더불어 사는 친밀감의 결핍을 치유할 수 있는 방법도 찾을 수 없다. 그 누구도 혼자의 힘으로는 이 구멍에서 벗어날 길을 찾기 어렵다.

우리가 생활하는 모든 방식을 보면 사람이 본성상 관계를 위하여 창조되었지만 실제로는 하나님이나 다른 사람들과 그런 관계를 맺지 못하고 있다는 사실을 알 수 있다. 타락한 세상에서 맺어지는 모든 인간 관계는 강한 저항을 마주한다. 그러나 장애물, 상처, 불만에도 불구하고 우리는 지속적으로 탐색한다. 왜 그럴까? 희망을 멈추지 못하는 것이다. 그것을 찾는 과정에서 탈진하고 낙담할 수도 있지만, 우리는 제대로 된 사랑 이야기를 귀 기울여 들을 때 마음 깊은 곳에서부터 올라오는 감동을 느낀다. 지나친 냉소를 보이며 뒷걸음만 치지 않는다면 말이다. 어떤 사람은 이미 자신이 인간이나 하나님을 포기했다고 선언할 수도 있지만, 이런 태도 역시 추구할 만한 가치가 있는 관계를 발견할 때까지 적용하는 방어 기제에 불과하다. 상처를 받는 순간에는 미래에 맺게 될 관계들에 완전히 두 눈을 감아 버리겠다고 선언하지만, 우리가 사랑을 찾을 수 없더라도 사랑이 우리를 찾아오리라는 작은 바람에 의지하여 적어도 한쪽 눈을 감지 못한 채로 버티고 있는 것이다. 삶에서 경험하는 인간관계가 실망스러워도 관계를 맺지 않고는 살 수 없다. 혼자서는 충분하지 않다. 우리에겐 다른 사람들이 필요하고, 그들에게도 우리가 필요하다. 계몽주의 자유주의자인 토머스 페인은 『상식』이라는 책에서 이런 사실을 인정한다.[3] 우리는 서로 의존하지 않고는 생존하거나 번성할 수 없다.

그렇다면 사랑의 하나님은 왜 인간을 에덴동산에서 창조하시면서 타락할 능력을 함께 주신 것일까? 그리고 왜 타락의 결과는 이토록 비참할까? 질문에 대한 답변은 이렇다. 하나님은 우리를 창조하실 때 그분과 관계 맺기로 선택할 능력(자유 의지)과 함께 관계 맺지 않기로 선택할 능력도 주셨다. 그렇게 하지 않기로 선택한 결과가 비참하리라는 사실은 놀랍지 않다. 온 우주를 뒤집어 놓고서 모든 것이 평안하기를 기대할 수는 없지 않은가. 아담과 하와가 경고를 듣지 못한 것도 아니다.

이 설명이 위의 질문에 대한 답변이 될 수는 있지만, 그렇다 하더라도 아담과 하와가 내린 결정의 결과가 파괴적이었다는 사실을 바꾸지는 못한다. 최악의 경우 우리의 삶은 악몽처럼 된다. 믹 재거가 노래한 것처럼 인간은 이 지구에서 그 자체로 우리에게 만족을 주는 것을 도저히 찾을 수 없다.[4]

---

3 Thomas Paine, *Common Sense* (London: Penguin Books, 1986), 66.

4 Mick Jagger and Keith Richards, "(I Can't Get No) Satisfaction," *Out of Our Heads*, Rolling Stones (Decca, 1965).

우리는 참된 본성을 잃어버린 채로 타락한 본성에 속아왔다. 우리는 더 큰 그림을 이해하지 못한 상태에서 자신의 정체성을 개발하려고 하지만, 그 결과 참된 친밀감과 사랑을 향한 마음의 갈망을 만족시킬 만한 것을 찾지 못한다. 그렇게 하려는 시도는 오히려 갈등과 소외 심지어 전쟁을 불러온다. 더 심각한 것은 우리 혼자 힘으로는 집으로 돌아갈 길을 찾을 수 없다는 사실이다. 성적, 관계적, 화학적인 방법을 시도하더라도 전부 만족스럽지 못하다. 실제로는 이것들을 의지하면 할수록 얻을 수 있는 것이 점점 더 줄어든다. 타락의 비극은 우리가 바라던 것을 전혀 얻지 못할뿐더러 원하던 것마저 모두 잃는다는 데 있다. 우리는 자유 대신 감각과 충동의 노예가 된 채로, 말 그대로 온갖 잘못된 장소에서 사랑을 찾아 헤맨다. 우리는 교만의 승리로 인한 낙진으로 비틀거리는 세상 속에서 살고 있다. 로마서 1장과 7장은 타락 이후의 삶을 묘사한다. 우리는 아는 바 해야 할 선한 일들을 하지 않고 원하지 않는 악한 일들을 한다. 사랑하지 말아야 할 것들을 사랑하면서, 도리어 우리를 구원할 수 있는 것으로부터 몸을 숨긴다. 그러면서 바울과 같이 울부짖는다. "이 사망의 몸에서 누가 나를 건져내랴?"(롬 7:24) 하지만 감사하게도 우리에게 들려오는 사랑의 노래가 있다.

3부: 초청

하나님이 세상을 이처럼 사랑하사 독생자를 주셨으니 이는 그를 믿는 자마다 멸망하지 않고 영생을 얻게 하려 하심이라. 하나님이 그 아들을 세상에 보내신 것은 세상을 심판하려 하심이 아니요, 그로 말미암아 세상이 구원을 받게 하려 하심이라(요 3:16-17).

사랑하는 자들아, 우리가 서로 사랑하자. 사랑은 하나님께 속한 것이니 사랑하는 자마다 하나님으로부터 나서 하나님을 알고 사랑하지 아니하는 자는 하나님을 알지 못하나니 이는 하나님은 사랑이심이라. 하나님의 사랑이 우리에게 이렇게 나타난 바 되었으니 하나님이 자기의 독생자를 세상에 보내심은 그로 말미암아 우리를 살리려 하심이라. 사랑은 여기 있으니 우리가 하나님을 사랑한 것이 아니요, 하나님이 우리를 사랑하사 우리 죄를 속하기 위하여 화목 제물로 그 아들을 보내셨음이라 (요일 4:7-10).

지금까지 기독교의 이야기가 신화적이거나 비현실적이라고 느꼈다면, 믿음은 그 이야기가 신뢰성의 경계를 뛰어넘게 만듦으로써 우리가 그 이야기를 삶으로 살아낼 수 있게 한다. 지옥이라고 불리는 장소가 실제로 존재한다고 믿는 사람들의 수는 적지만, 누구든 지옥을 쉽게 상상해볼 수 있다. 일례로 우리 중에는 현실을 무시할 수 있을 만큼의 수단을 제공해주는 생활 수준을 영위하는 이들도 있다. 하지만 실제 인생은 그것을 의도적으로 무시하는 이들이나 우리 모두가 원하는 것에 비하면 한참 모자란다. 우리는 오래 살수록 더 많은 상처와 실망을 겪으면서 우리 자신이 곧 죽을 운명이라는 사실을 인식하게 되며, 천국은 고사하고 사랑이 정말로 존재한다는 사실조차 믿기 어려워한다. 하지만 이 특정한 사랑 이야기는 믿기 어려울 만큼 행복한 결말을 보여준다.

아담과 하와가 하나님을 버린 후 남은 우리들이 버림 받은 상태로 태어났다고 해도, 또 우리가 세상을 엉망진창으로 만들어버렸다고 해도, 하나님이 우리를 사랑하시지 않은 적은 없다. 그분의 지속적이고 일방적인 사랑이 이 이야기를 모든 사랑 이야기 중 가장 놀라운 것으로 만든다. 이것은 하나님에 대한 이야기다. 하나님은 전능하고 거룩하신 분이기 때문에 우리는 그 이름을 감히 입에 올릴 수 없고 멸망할 각오 없이 함부로 그분의 임재 가운데 설 수도 없다. 그분은 우리를 실패한 실험 정도로 여기실 수도 있고 우리가 기거하는 우주의 한 구석을 무시하거나 멸망시킬 힘을 갖고 계시지만, 그럼에도 불구하고 여전히 우리를 사랑하신다.

왜 그럴까? 그분이 그렇게 하기로 선택하셨기 때문이다. 사랑은 하나님의 본성이기 때문에, 그분이 우리를 자신의 형상대로 만드셨을 때부터 우리를 사랑하지 않으실 가능성은 전혀 없었다. 우리는 이 사실에 이목을 집중하게 된다. 이 세상에서 사는 것이 너무나도 기괴하게 느껴져서 이렇게 말하지 않고는 견딜 수 없는 나날들이 있다. "하나님이 나를 사랑하신다는데, 그것을 너무 이상한 방법으로 보여주시는 것 같아!" 이런 표현이 정당하게 느껴지는 순간들도 있지만, 전반적으로는 우리의 선택과 더불어 아담과 하와의 결정이 불러온 결과에 대한 이해의 부족을 드러낼 뿐이다. 하나님은 우리의 상황과 우리를 둘러싼 부패에 대한 책임이 없으시지만, 그럼에도 불구하고 우리를 되찾기 원하신다.

그렇다면 하나님은 어떻게 우리를 관계 속으로 다시 초청하시는 걸까? 그분은 우리가 온전히 이해할 수 있는 유일한 방식을 사용하셔서 초청장을 보내시는데, 말 그대로 사람을 통해 그렇게 하신다. 성자이신 예수 그리스도께서 마리아와 요셉의 아들로 이 땅에 오셔서 온전한 인간의 삶을 사시고, 우리를 대신해 자신을 십자가 형벌에 내어 주심으로써 우리를 향한 자신의 사랑을 증명하신다. 그리고 부활 때 죽은 자들 가운데서 살아나시고 죽음을 이기심으로써 우리가 다시 한번 그분과 영원히 함께 살 수 있도록 하신다.

그렇다면 왜 이런 방식이어야 했을까? 두 가지 이유가 있다. 먼저 우리의 행동에는 결과가 따른다. 우리가 서로 더불어 살 수 없다면 하나님과 관계를 맺는 것도 쉽지 않다. 하나님을 거절하고 우리 자신을 더럽힌 우리는, 아담과 하와가 에덴동산에서 그랬던 것처럼 하나님의 직접적인 임재 가운데서 살 수가 없다. 두 번째로 우리는 하나님이 이것을 행하실 수 있다는 믿음을 가져야 하는데, 하나님이 정말로 우리를 이만큼 사랑하신다는 사실을 믿는 것은 개연성의 경계를 밀어붙이는 일이다. 따라서 이런 믿음을 실행하는 것은 작은 일이 아니다. 결과적으로 우리가 하나님의 초청이 진짜라는 사실을 믿기 위해서는, 하나님께서 우리가 그것을 믿을 만큼 진실하고 개인적인 방식으로 그 초청장을 전달해주셔야만 했다. 관계 가운데서 학대와 배신을 경험하고 상처 입은 사람들로 가득 찬 이 세상에서 사랑을 고백하며 다가오는 낯선 사람을 신뢰하기란 어려운 일이다.

결과적으로 하나님은 사랑이 증명되는 유일한 방식 곧 자기희생을 통해 초대장을 전달해주셨다. "사람이 친구를 위하여 자기 목숨을 버리면 더 큰 사랑이 없나니"(요 15:13). 이것은 절대로 공허한 말이 아니다. 로마 백부장은 예수님이 마지막 숨을 거두셨을 때 그분이 정말로 하나님의 아들이심을 스스로 깨닫게 되었다. 그분이 죽으시고 부활하실 때 하나님은 우리가 보고 믿을 수 있는 방식을 통해 화목으로의 초청장을 우리에게 전해주심으로써 우리가 동의한다면 더불어 함께 사는 것을 가능하게 해주셨다.

　이것은 환상적인 사랑 이야기에 그치지 않는다. 이 이야기는 천국에서 보내는 내세에 대한 초대일 뿐만 아니라 우리의 참된 본질을 재발견하고 지금 여기서 사랑할 능력을 개발할 방법을 배울 기회이기도 하다. 우리에게 건네는 하나님의 초대는 거룩한 개인주의를 살라는 것이 아니라, 우리 자신을 넘어 그분과 그리고 사람들과 서로 친밀하게 관계 맺는 법을 배우라는 권면이다.

우리의 참된 정체성을 발견하다

i세계는 정체성에 대해 매우 다른 개념을 갖는다. i세계에서 정체성이란 우리가 선택하거나 창조하는 무언가이다. 자기 자신이 마음에 들지 않거나 편안하지 않다면 우리는 과학이 허용하는 방식 안에서 마음껏 자신을 재창조하도록 격려받는다. 그러다 보니 결과적으로 i세계에서 의미를 찾고 자기 이해를 탐색하는 일에는 끝이 없는데, 그 이유는 "다른 길을 택했더라면 더 행복했을까?"라는 의문이 언제나 남기 때문이다. 하지만 창세기에 따르면 인간이 자신의 본성을 설계한 것이 아니다. 우리는 하나님의 형상으로 만들어진 남자와 여자로서 자신이 누구인지를 이해하고 자신의 의미를 발견한다. 우리는 어떻게 그것을 발견할까? 하나님 및 다른 사람과 서로 관계를 맺음으로써 그렇게 한다.

　발달 심리학자들은 인간이 감정적, 육체적, 지적으로 발달하는 방식에 대해 풍성한 이해를 제공한다. 우리는 이들이 제시하는 연구

결과를 통해 우리의 발달과 정체성 및 자기 이해가 우리가 맺는 관계, 삶의 경험, 선택의 질과 깊이 연관되어 있다는 사실을 본다. 여러 가지 경험들은 우리의 정체성과 자기 이해에 심오한 방식으로 영향을 미침으로써 삶의 과정에서 변하지 않는 흔적을 남긴다. 정체성은 단순한 자기 이해보다 더 깊은 무언가를 의미한다. 이것은 우리의 본성에 내재된 것인데, 우리의 각자 자신의 정체성이 만들어지는 과정에 참여한다. 삶의 경험들이 우리 본성을 발견하기 어렵게 만들 수도 있지만, 실제로 우리의 본성은 고정되어서 삶의 경험으로 쉽사리 변화되지 않는다.

정체성과 자기 이해는 매우 중요하다. 우리는 모두 다양한 호불호, 끌림, 재능과 능력 및 여러 가지 다른 삶의 모습과 관계의 경험을 갖고 있다. 더불어 우리 안에는 고정된 본성의 영역들도 존재한다. 이 모든 요인이 어우러져 우리 자신을 이해하는 데 중요한 역할을 한다.

정체성은 i세계의 주된 초점이라고 할 수 있다. 이것은 우리로 하여금 어떤 면에서 우리를 정의하거나 제한하는 인간의 본성이 있다는 사실을 무시하거나 부인하는 대가를 치르는 데 유일한 초점이 되기도 한다. 문제는 우리 각자가 어떻게 인간으로서 자신(우리의 본성과 정체성)을 알게 되는지에 관한 것이다.

i세계는 본성을 정체성 아래로 예속시키는 반면, 성경은 정체성이 우리의 본성으로부터 발달한다고 주장한다. 성경의 견해로 볼 때 우리는 주어진 본성과 함께 시작하는데, 그 본성으로부터 정체성이 형성되고 지원받으며 유지되거나 파괴된다. 하지만 i세계에서 우리의 정체성을 설계하는 것은 지적 운동, 그러니까 심사숙고와 시행착오를 통해 도달하는 무언가라고 여겨진다. 하지만 이것은 아무리 좋게 보

아도 모순적 메지지다. 한편으로는 우리가 스스로 정체성을 창조한다고 하면서, 다른 한편으로는 우리가 내면을 들여다보고 그것을 발견해야 한다고 하니 말이다.

성경은 정확한 자기 인식이 하나님을 아는 것, 곧 그분의 마음과 우리가 설계된 형태를 깨닫는 것에 있다고 주장한다. 기독교에 따르면 우리는 먼저 그분의 아들 되시는 예수님을 통해 하나님과 사랑의 관계를 진전시킴으로써 우리 본성과 정체성에 대한 보다 완전한 이해에 다가선다. 정말로 우리가 누구인지를 정확히 이해하기 위해 가장 중요한 일은 하나님과 관계를 맺는 것이다. 우리의 참된 본성에 대한 오해는 우리의 정체성에 대한 잘못된 생각으로 이어진다.

우리와 하나님 사이의 관계는 사랑하고 관계 맺는 우리의 역량에도 영향을 미친다. 사랑이신 하나님은 우리가 사랑하도록 우리를 지으셨기 때문에, 유일하게 우리 마음의 구멍을 메워줄 하나님의 사랑을 받아들이지 않는다면 우리는 결코 영적 성취감을 얻을 수 없다. (다른 사람들을 포함해) 우리를 만족시켜줄 만한 것들로 이 구멍을 메워 보려는 시도는 전부 기대에 미치지 못할 것이다. 우리는 살면서 늘 부족하다는 느낌에 시달릴 것이다. 그 느낌의 실체가 무엇인지 정확히 알 수 없어도, 부족함을 느낀다는 사실만큼은 반드시 알 수 있다.

이는 우리가 하나님을 알지 못하면 우리에게 사랑할 능력이 전혀 없다는 의미가 아니다. 우리는 모두 하나님의 형상대로 지어졌기 때문에 우리에게는 관계를 맺고 사랑할 역량이 있다. 더욱이 하나님을 안다고 해서 그 자체로 상냥하고 자기 자신을 잘 인식하며 관계적인 사랑을 충분히 구축할 수 있는 사람이 되는 것도 아니다. 이 세 가지 영역에서 자칭 기독교인이라고 하는 사람들보다 더 나은 역량을 보이는 사람들이 많다. 그럼에도 불구하고 우리가 누구인지를 온전히 이해함으로써 온전한 관계를 맺고 사랑할 수 있는 유일한 방법은 하나님을 아는 것이다.

비틀즈(Beatles)는 사랑에 대해 i세계가 보여주는 인식의 한 가지 측면을 완벽히 요약하여 제시한 적이 있다. "결국 당신이 받는 사랑은 당신이 베푼 사랑과 동일하다."[5] 사랑에 대한 이런 정의는 카르마와 굉장히 닮았다. 얻으려면 먼저 베풀어야 한다. 먼저 베풀지 않으면 그것을 얻을 수 없다. 하지만 기독교는 카르마와는 극적으로 다른 이해를 가르친다. 사랑은 카르마가 아니다. 오히려 하나님은 모든 사랑의 근원이시다. 요한이 말한 것처럼 "사랑하는 자들아, 우리가 서로 사랑하자. 사랑은 하나님께 속한 것이니 사랑하는 자마다 하나님으로부터 나서 하나님을 알고, 사랑하지 아니하는 자는 하나님을 알지 못하나니 이는 하나님은 사랑이심이라.…하나님은 사랑이시라. 사랑 안에 거하는 자는 하나님 안에 거하고 하나님도 그의 안에 거하시느니라. 이로써 사랑이 우리에게 온전히 이루어진 것은…우리가 사랑함은 그가 먼저 우리를 사랑하셨음이라"(요일 4:7-8, 16-17, 19).

우리가 하나님과 그분의 사랑을 알 수 있는 한 가지 방법은 성경을 읽는 것이다. 앞서 살펴본 것처럼 성경은 우리를 도와 우리가 하나님을 더 잘 알도록 도움으로써 우리의 본성과 참된 정체성을 온전히 발견하도록 한다. 하나님을 지적으로 아는 것도 중요하지만 그것만으로는 충분하지 않다. 우리는 영적, 감정적으로도 하나님을 알아야 한다. 솔직하게 말해 하나님을 영적, 감정적으로 알기 전까지는 하

---

5   Paul McCartney, "The End," *Abbey Road*, The Beatles (Apple Records, 1969).

나님을 참으로 안다고 볼 수 없다. 다차원적인 우리 인간은 전 존재를 다해 하나님과 관계를 맺음으로써 우리 존재의 모든 영역으로 그분의 사랑을 받아들여야만 우리가 누구인지를 알 수 있다. 우리는 영적으로 영혼을 통해 그분과 관계를 맺음으로써 하나님의 사랑을 안다. 우리는 회심하는 순간 성령을 받지만 지속적으로 하나님과 교통하기 위한 영적 역량을 개발해야 한다.

i세계에서 영성이 자리를 잃어버린 까닭은 크게는 비물질적 실재의 존재를 증명하기 위한 과학의 충분성을 잘못 신뢰했기 때문이다. 결과적으로 i세계에 사는 많은 사람들은 인간에게 영적 차원이 없다고 결론 내렸다. 마치 근육을 자주 사용하지 않으면 수축되는 것처럼 우리의 영혼도 그렇게 쪼그라들었다. 사실 우리는 수축된 영혼으로 인해 고통을 받는다. i세계에 살면서 이 세계를 벗어나기란 쉽지 않다. 그렇다면 우리는 어떻게 우리의 영혼을 다시 발전시킬 수 있을까? 우선 하나님과 관계를 맺고 영적 훈련이라고 부르는 금식, 기도, 묵상, 침묵을 통해 그렇게 할 수 있다. 이런 행위를 하면서 하나님을 불러 우리 앞에 나타나도록 하는 주문과 같은 마법 의식을 수행한다고 생각하면 곤란하다. 이 훈련은 우리 자신을 고요히 함으로써 하나님의 음성을 듣는 우리 영혼의 역량을 날카롭게 만들어주고, 더 나아가 우리 영혼이 성령을 통해 하나님과 교통하도록 도와주는 연습에 가깝다.

하나님을 지적, 영적으로 아는 것은 바람직한 일이지만, 이것만으로는 충분치 않다. 우리는 감정적으로도 하나님의 사랑을 느끼고 싶어 한다. 우리는 관계 안에 거하도록 설계되었으며 이는 우리 본성의 일부다. 관계 밖에서 살려고 하는 것은 건강하지 않다. 이 지점에서 우리가 다른 사람들과 맺는 관계가 등장한다. 우리는 종종 이웃과의 관계를 통해 하나님의 사랑을 경험하며 다른 사람들이 하나님의 사랑을 경험하는 데 도움을 주기도 한다. r세계와 기독교에서 관계는 선택적이지 않고 필수적이다. 우리는 말 그대로 관계 밖에서는 사랑을 알 수 없으며, 사랑을 모르는 사람은 결코 자신의 정체성을 건강하게 발달시킬 수 없다.

여기서 역할 관계 놀이(role relationships play)를 통해 하나님의 사랑을 "느끼는" 것이 무엇인지를 살펴보자. 기독교의 가르침에 따르면 하나님께 용서를 구하면 용서를 받는다. 문제는 우리가 하나님께 용서를 구할 때 지적으로는 용서를 받았다는 사실을 믿으면서도 때로는 그것을 느끼지 못한다는 데 있다. 이것 때문에 많은 사람들에게 고백의 실천이 중요한 것이다. 우리는 용서받았다고 느껴야 하고, 그렇게 느끼기 전에는 앞을 향해 새로운 발걸음을 떼기 어렵다. 종종 우리는 우리 죄를 다른 사람에게 고백한 다음에 그 사람을 통해 우리가 용서를 받았다는 사실을 보고 들어야만 하나님의 용서를 느낀다. 반대로 그 사람으로부터 용서를 받지 못하면 하나님으로부터도 용서받았음을 느끼지 못한다.

우리가 다른 사람들을 용서한 만큼 우리도 용서를 받을 것이라고 하신 그리스도의 말씀은 놀라운 것이 아니다. 이것은 용서와 사랑에 모두 적용된다. 하나님의 사랑을 지적, 영적, 경험적으로 아는 것은 중요하다. 많은 경우에 우리는 다른 사람을 통하지 않고는 하나님의 사랑을 느낄 수 없다. 인간은 하나님의 사랑을 표현하는 전달자다. 사랑은 우리가 만들어내는 무언가가 아니라 다른 사람들을 통해 하나님으로부터 받는 것이며 동시에 우리가 하나님으로부터 다른 사람들에게 건네는 선물이다.

사랑에 대한 이런 묘사는 보통 사랑이 이해되는 방식과 매우 다르다. 우리가 일상적으로 사용하는 사랑의 언어는 자아에 기초를 둔다. 실제로 우리가 사용하는 세 단어는 "I love you"(나는 너를 사랑해)다. 사랑에 대한 기독교의 이해를 극단적으로 적용한다면, 우리가 서로에게 사용할 수 있는 유일한 단어는 "God loves you"(하나님은 당신을 사랑하십니다)일 것이다. 하지만 그런 표현으로는 사랑에서 우리가 하는 역할을 충분히 드러내지 못한다. 우리가 하나님의 형상대로 지음 받았고 하나님이 사랑이시라면, 분명 우리도 하나님처럼 사랑을 하도록 지음 받았을 것이기 때문이다. 더욱이 종교적인 사람들만 사랑의 행위를 하는 게 아니다. 사랑이 많은 사람들 중에는 종교적이지 않은 이들도 있다. 기독교적인 관점에서 볼 때 이것은 놀랍지 않다. 우리가 만일 하나님의 형상대로 지어졌고 하나님이 우리를 사랑하신다면, 우리 모두에게는 하나님을 알든 모르든 상관 없이 나눌 사랑이 있다. 그저 얼마나 많은 사람들이 형편없는 모습으로 사랑을 하는지 안타까울 뿐이다.

사랑은 단순한 감정이나 자기 본위적인 행동이 아니다. 우리는 사랑을 행하면서 각자 심오한 역할과 책임을 맡는다. 하나님의 형상으로 지음 받은 우리는 사랑을 하도록 만들어졌지만, 지음 받은 대로 사랑을 하기 위해선 하나님의 사랑 안에 거해야 한다. 그 사랑 안에 거할수록 같은 처지에 있는 사람들을 더 잘 사랑할 수 있다.

사랑에 대한 이런 개념이 사실이라면, 하나님의 사랑을 알지 못한 채로 하는 사랑이 좌절감을 안겨줄 것임은 분명하다. 하나님의 사랑을 알지 못하면 그것을 위해 우리가 지음을 받은 사랑의 본질 역시 누리지 못할 것이다. 사랑이 결여된 삶을 살지는 않겠지만, 자신의 참된 정체성을 온전히 이해하지 못한 상태로 결코 베풀 수도 받을 수도 없는 사랑을 갈망할 것이다. 이것이 에덴에서 일어난 비극이다. 타락의 결과가 너무나 심각한 나머지 우리는 r세계가 실제 세계에 존재할 수 있다는 것조차 믿지 못하는데, 그 이유는 현재 살고 있는 세상이 에덴의 어두운 초상만을 품고 있기 때문이다.

초청을 직면하다

성경은 환상적인 사랑 이야기를 포함하고 있다는데, 이것이 과연 사실일까? 여기에 우리가 직면해야 하는 믿음의 질문이 놓여 있다. 우리를 창조하신 하나님을 믿고 그분께 복종하겠는가, 아니면 계속해서 자신의 삶을 통제하겠는가? 이 질문에 대한 선택은 우리의 몫이다. 이것은 영화 「매트릭스」에서 주인공인 토마스 앤더슨이 직면한 선택과 크게 다르지 않다. 모피어스는 앤더슨에게 말한다. "파란 약과 빨간 약 중 하나를 선택해. 파란 약을 먹으면 내일 아침 너는 매트릭스에서 깨어나게 될 것이고, 이 모든 것이 단순히 꿈이었다고 여기면서 다른 일은 전혀 중요하지 않은 것처럼 계속해서 너의 삶을 살게 될 거야. 하지만 빨간 약을 먹으면 나와 함께 가서 토끼굴이 얼마나 깊은지를 깨닫게 되겠지. 선택은 너의 몫이야."[6] 우리도 마찬가지다.

기독교가 유일한 사랑 이야기일 리는 없다. 세상에는 많은 사랑 이야기들이 있다. 우리는 참된 사랑을 찾을 수 있다고 주장하는 많은

6　Wachowski and Wachowski, *The Matrix*.

방법들과 마주치는데, 문제는 우리에게 그 모든 것들을 추구해볼 시간이 없다는 것이다. 이 땅에서의 삶은 유한하고 짧기 때문에, 우리는 어떤 이야기나 방법이 신뢰할 만한지를 분별하기 위해 믿음을 사용해야 한다.

모든 사람이 초대를 받지만, 모두가 그 초대를 수락해야 하는 것은 아니다. 이 초대를 수락하기 위해서는 하나님께서 존재하시고 우리를 사랑하시며 우리가 집으로 돌아올 수 있는 길을 제공하셨다는 믿음이 필요하다. 우리가 이 초대를 수락한다면 그분의 다스림과 설계를 근거로 그렇게 하는 것이고, 또한 하나님을 떠나 만족을 찾으려는 노력으로부터 구원받아야 하는 우리의 필요가 있어서 그런 결정을 내리는 것이다. 비유적으로 표현한다면 우리는 아담과 하와의 결정이 우리 삶에 미친 영향을 **무효화**함으로써 선악을 알게 하는 나무로부터 이들이 취한 사과를 하나님께 되돌려드려야 한다. 그렇게 할 때 비로소 우리 손에 쥐어진 삶의 통제권을 하나님께 양도할 수 있다.

우리가 이런 약속을 할 때 성령을 선물로 약속받을 수 있으며 더 나아가 하나님과의 관계를 구축할 수 있다. 우리는 또한 성령을 통해 이 초대를 수락함으로써 동일한 약속을 맺은 다른 사람들과 연합하게 된다. 하나님, 우리 자신, 그분의 교회가 함께 사랑의 관계로 엮여서 확대 가족이 되는 것이다. 우리는 **동산으로 되돌아갈** 수 없지만, 종말의 때에 하나님이 베푸시는 **축하연**을 향해 앞으로 나아갈 수는 있다. 우리는 각자 진실해지는 능력 안에서 성장한 끝에 하나님의 사랑을 알기에 이른다. 하나님의 사랑을 다른 사람들에게 나타내는 법을 배우고 그들을 통해 하나님의 사랑을 느낀다. 이런 과정이 이생에서 완성되지는 않겠지만, 성경은 죽음 이후, 종말의 때에 우리가 완벽하고 썩지 않는 몸으로 부활할 것이며 영원히 그렇게 살 것이라고 가르친다.

이와 더불어 교회 자체는 하나님이 세상에 내보내시는 살아 있는 초대장이 된다. 교회의 목적 중 하나는 하나님이 모든 사람들에게 이 초대장을 내보내시는 통로가 되는 것이다. 그리고 교회 구성원들의 삶에 나타나는 사랑의 질을 통해 그 초대의 설득력이 드러날 것이다.

이것이 사랑 이야기다. 그렇다면 이 이야기와 성관계는 도대체 무슨 상관이 있는가?

8

r섹스

하나는 당신이 만날 숫자들 중 가장 외로운 숫자예요

둘은 하나만큼 나쁘죠

숫자 하나 다음으로 가장 외로운 숫자인 걸요

해리 닐슨, 「하나」[1]

성관계의 비극은 영혼의 영구적 순결이다.

윌리엄 예이츠

목표는 영혼이다.

U2의 보노, 「집으로 가다」[2]

마침내 r세계의 성관계에 대해 이야기할 시간이다. 이 책의 구심점은

---

1   Harry Nilsson, "One," recorded by Three Dog Night, *Three Dog Night* (ABC-Dunhill/MCA Records, 1969).

2   Bono, *U2 Go Home: Live from Slane Castle Ireland*, DVD (Interscope Records, 2003).

인간의 성취라는 큰 그림 안에서 성이 갖는 자리를 탐색하는 것이다. 이 문제를 논하는 것이야말로 내가 이 책을 쓰기로 한 주된 이유이자 독자들이 지금까지 이 책을 읽은 이유라고 해도 무리가 아니다.

이런 주제에 대해 공개 강의를 할 때마다 경험하는 일인데, 이 논의 주제에 접근할수록 청중들의 의구심과 기대감이 공존하는 것을 느낀다. 사람들은 궁금해한다. "i세계의 관점에 정말로 도전하시려는 건가요?" "성 혁명이 t세계를 전복시킨 단호한 방식을 목격하시고도 왜 공개적으로 망신당할 것이 거의 확실한 일을 자처하시는 건가요?" "성 윤리에 대한 논쟁은 이미 결론이 났다는 사실을 모르시나요?" 니체의 그림자는 이토록 길게 드리워져 있다.

이런 강의를 연다는 것은 수백 년 전 로마 콜로세움에서 벌어졌던 광경을 현대에 재현하는 것과 비슷하다. 사람들은 검투사의 생사보다 그가 과연 어떻게 죽을 것인지를 궁금해하면서 모였다. 사람들은 내가 이런 시도를 하는 이유를 알고 싶어 한다.

그들은 다시 한번 이렇게 물을지도 모른다. "진심으로 여전히 논의되지 못한 것이 남아 있다고 생각하시나요?" "정말로 성에 대한 전통적인 종교의 가르침이 모든 사람에게 더 만족스러운 삶의 가능성을 제공한다고 주장하시는 건가요?" "이 점에 있어서 기독교는 이미 신망을 잃지 않았나요?" "그런데도 불구하고 이처럼 공개적인 구경거리를 만들어서 조롱을 조장하는 이유가 뭔가요?" "공개적인 자살을 시도하느니 일말의 존엄이라도 지킬 수 있도록 논쟁의 호스피스 병동으로 자리를 옮기시는 건 어떨까요?"

자신의 주장을 공개 연설로 드러내는 대신 글로 진술할 때 얻을 수 있는 이점 중 하나는 방해나 전환으로 인해 산만해지지 않고 논지를 빈틈없이 전개하고 진술할 수 있다는 것이다. 공개적인 상황에서는 청중 가운데 한 명이 그 논의를 갑작스레 다른 방향으로 몰아붙이는 방식으로 질문을 던질 수도 있다. 이는 특히 내가 "다양성의 정치학"을 가르칠 때 자주 일어나는 일이다. 학기 중 이 시점에 이르면 이렇게 질문하는 학생들이 나온다. "큐엔 교수님, 그러니까 교수님 말씀은 r세계에서는 이성애자가 아니고 행복한 결혼 생활을 하고 있지 못하다면 소망이 없다는 뜻인가요?" 이것은 내가 말하려는 바가 아니지만 매 학기 이런 질문을 접한다. 또 다른 학생이 이렇게 질문한다. "결혼을 벗어나 상호 동의하에 갖는 성관계를 포기해도 만족스러운 삶을 누릴 수 있다고 진지하게 저희를 설득하시는 건가요? 비록 그것이 앞으로 전혀 성관계를 맺을 수 없다는 뜻이라고 해도 말이죠?" 이것은 불신의 자발적 유예를 요구하지만, 나의 대답은 "그렇다"이며 그 이유를 설명하는 것이 이번 장의 목적이다.

i세계는 성 혁명이 도래한 이후 동일한 질문을 기독교, 이슬람교, 유대교에 물어왔고 만족스러운 답을 얻을 때까지 같은 질문을 계속해서 이어갈 것이다. 지금은 기독교인들을 포함해 사실상 모든 사람이 이 질문을 던지고 있는 것처럼 보인다. 정황은 매우 다양할 수 있지만 어려움을 겪는 지점은 동일하다. 전통적인 가르침을 고수하는 시도가 사람들의 개인적인 성취에 방해가 되는 것처럼 보인다는 지적인데, 이런 가르침을 따르다 보면 자신이 깊은 매력을 느낀 사람이 있더라도 결혼을 벗어나서는 상호 동의하의 성관계를 갖지 못하게 되기 때문이다. i세계는 해방을 선사하지만 기독교는 명확히 이들을 구속하거나 비난하는 것처럼 보인다.

기독교가 근래 들어 단지 상호 동의가 있다는 이유로 성관계를 갖지 말아야 할 설득력 있는 이유를 제공하지 못한 결과, 그런 이유가 있을 것이라고 믿는 사람들이 점점 줄고 있다. 내 강의를 듣는 학생들이 다음과 같은 질문을 던지면서 이 문제를 쉬지 않고 파고드는 이유다. "인간의 성과 관계에 대한 정통 기독교의 가르침을 따르는 것이 i세계가 건네는 것보다 더 큰 성취의 삶으로 저희를 인도할 수 있다고 믿고 계신 건가요? 성 혁명 이후 존재해온 논쟁에 덧붙일 것이 있다고 정말로 믿고 계신 건가요?" 나의 대답은 모두 "그렇다"이다.

나는 **새로운** 이야기가 아닌 그동안 잊힌 무언가를 말하려고 하며, 그것을 재발견할 가치가 충분하다고 믿는다. 우리는 지금 인간의 성취와 행복의 본질에 대한 전 세계적인 논의에 참여하고 있다. t세계와 그것이 일궈낸 관계망은 우리를 실망시켰다. 그 안에서 발생한 많은 관계적인 기능 장애에 비해 치유와 성장에 보인 관심은 저조했고, 그 결과 수많은 사람들이 t세계에 환멸을 느끼면서 그 이상을 갈망하게 되었다. 그런 상황에서 등장한 i세계는 개인적인 성취와 그것을 추구하도록 하는 유례 없는 개인의 행복을 약속하면서 자신을 소개했는데, 그런 세계관이 지닌 명확한 매력에 빠져든 사람들은 열광적인 반응을 보였다. 하지만 i세계는 성적 자유를 뛰어넘는 무언가를 추구한다. 경제적 안녕은 i세계에서 중요한 영역인데, 돈이 우리가 원하는 일을 할 수 있는 수단을 제공하기 때문이다. 하지만 i세계에서 가장 중요한 것은 성적 자유다.

i세계는 t세계를 상대로 확실한 승리를 거머쥐었고 경쟁 상대가 없어 보였다. 하지만 그 세계가 인간이 갈망하던 성취를 정말로 가져다주었을까? 우리가 사람들끼리 그리고 사람과 창조자 사이에서 건강한 관계적인 친밀감을 누리도록 창조되었다면, 성적 또는 재정적

자유를 통해 실제로 추구하는 바를 절대 얻지 못할 것이다. 우리가 갈구하는 참된 사랑과 친밀감은 성관계나 돈에서 찾을 수 없다.

여기서 우리는 문제의 핵심으로 되돌아옴으로써 i세계가 던지는 어려운 질문들을 다시 마주하게 된다. t세계에 대한 환멸을 감안한다면 인간의 성취에 있어 r세계가 i세계를 정말로 "능가"할 수 있다는 사실을 어떻게 옹호할 수 있을까? r세계가 자신에 대해 t세계를 넘어서는 주장을 펼친다 해도, 콘돔과 피임의 시대에 상호 동의하에 맺는 성관계가 뭐 그리 나쁘다고 성 혁명이 일소한 경계들을 되돌리겠다는 것일까?

앞서 살펴보았듯이 성경은 인간이 관계를 위해 만들어졌으며 다른 무엇보다도 친밀감과 사랑을 갈망한다고 주장한다. 성관계의 문제는 그것이 나쁘다는 것이 아니라 그것만으로는 우리가 열망하는 성취를 얻을 수 없다는 점이다. 더 심각한 사실은 그것을 추구하다 보면 주의가 흐려지고 도리어 우리가 열망하는 친밀감과 사랑을 빼앗기기도 한다는 것이다. 솔직히 우리는 참된 친밀감과 사랑의 본질을 이해하기 전까지 삶에서 성관계가 차지해야 할 적절한 자리를 제대로 이해할 수 없다. 따라서 성관계에 대해 성경이 말하는 내용에 집중함으로써 성경에 대한 검토를 마무리짓도록 하자. 우리는 성경이 우리의 기대만큼 엄격하고 우리의 상상보다 더 명확하다는 사실 외에는 놀랄 만한 점을 발견하지 못할 것이다. 사실 우리는 많은 사람들이 이제껏 간과하고 심지어 망각해온 무언가를 발굴하게 될 텐데, 그것은 바로 r세계다. 이 관계적인 세상은 어떻게 참된 친밀감과 사랑을 찾을 수 있을지를 이야기해주며, 왜 성관계에 대한 성경적 가르침이 문제가 아닌 해결의 일부인지에 대해 답변을 들려줄 것이다.

성관계와 구약: 레위기

구약은 인간의 삶에서 성이 차지하는 자리에 대해 매우 솔직한 견해를 제시한다. 조나단 번사이드 교수는 성관계를 위해 성경적으로 용인된 유일한 관계는 한 남자와 한 여자로 이뤄진 부부 관계라는 주장을 했는데, 이런 주장을 펼친 사람은 많다.[3] 제7계명인 "간음하지 말라"(출 20:14)는 이런 가르침을 지지하고 있으며, 레위기는 여기에 살을 붙인다. 레위기 18장을 구성하는 서른 절 중 스물다섯 절이 성적 경계에 대한 명확한 가르침을 제공하고 있는데, 이는 "딱 잘라 안 된다고 하라"(Just Say No)는 본문으로 규정될 수 있다.

> 여호와께서 모세에게 말씀하여 이르시되 "너는 이스라엘 자손에게 말하여 이르라. 나는 여호와 너희의 하나님이니라. 너희는 너희가 거주하던 애굽 땅의 풍속을 따르지 말며 내가 너희를 인도할 가나안 땅의 풍속과 규례도 행하지 말고…나는 너희의 하나님 여호와이니라. 너희는 내 규례와 법도를 지키라. 사람이 이를 행하면 그로 말미암아 살리라. 나는 여호와이니라.
>
> 각 사람은 자기의 살붙이를 가까이하여 그의 하체를 범하지 말라. 나는 여호와이니라. 네 어머니의 하체는 곧 네 아버지의 하체이니 너는 범하지 말라. 그는 네 어머니인즉 너는 그의 하체를 범하지 말지니라. 너는 네 아버지의 아내의 하체를 범하지 말라. 이는 네 아버지의 하체니라. 너는 네 자매 곧 네 아버지의 딸이나 네 어머니의 딸이나 집에서나

---

3   Jonathan Burnside, *God, Justice and Society*, unpublished manuscript.

다른 곳에서 출생하였음을 막론하고 그들의 하체를 범하지 말지니라. 네 손녀나 네 외손녀의 하체를 범하지 말라. 이는 네 하체니라. 네 아버지의 아내가 네 아버지에게 낳은 딸은 네 누이니 너는 그의 하체를 범하지 말지니라. 너는 네 고모의 하체를 범하지 말라. 그는 네 아버지의 살붙이니라. 너는 네 이모의 하체를 범하지 말라. 그는 네 어머니의 살붙이니라. 너는 네 아버지 형제의 아내를 가까이하여 그의 하체를 범하지 말라. 그는 네 숙모니라. 너는 네 며느리의 하체를 범하지 말라. 그는 네 아들의 아내이니 그의 하체를 범하지 말지니라. 너는 네 형제의 아내의 하체를 범하지 말라. 이는 네 형제의 하체니라. 너는 여인과 그 여인의 딸의 하체를 아울러 범하지 말며 또 그 여인의 손녀나 외손녀를 아울러 데려다가 그의 하체를 범하지 말라. 그들은 그의 살붙이이니 이는 악행이니라. 너는 아내가 생존할 동안에 그의 자매를 데려다가 그의 하체를 범하여 그로 질투하게 하지 말지니라.

너는 여인이 월경으로 불결한 동안에 그에게 가까이하여 그의 하체를 범하지 말지니라. 너는 네 이웃의 아내와 동침하여 설정하므로 그 여자와 함께 자기를 더럽히지 말지니라. 너는 결단코 자녀를 몰렉에게 주어 불로 통과하게 함으로 네 하나님의 이름을 욕되게 하지 말라. 나는 여호와이니라. 너는 여자와 동침함 같이 남자와 동침하지 말라. 이는 가증한 일이니라. 너는 짐승과 교합하여 자기를 더럽히지 말라. 내가 너희 앞에서 쫓아내는 족속들이 이 모든 일로 말미암아 더러워졌고 그 땅도 더러워졌으므로 내가 그 악으로 말미암아 벌하고 그 땅도 스스로 그 주민을 토하여 내느니라. 그러므로 너희 곧 너희의 동족이나 혹은 너희 중에 거류하는 거류민이나 내 규례와 내 법도를 지키고 이런 가증한 일의 하나라도 행하지 말라. 너희가 전에 있던 그 땅 주민이 이 모든 가증한 일을 행하였고 그 땅도 더러워졌느니라. 너희도 더럽히면 그 땅이 너희가 있기 전 주민을 토함 같이 너희를 토할까 하노라. 이 가증한 모든 일을 행하는 자는 그 백성 중에서 끊어지리라. 그러므로 너희는 내 명령을 지키고 너희가 들어가기 전에 행하던 가증한 풍속을 하나라도 따름으로 스스로 더럽히지 말라. 나는 너희의 하나님 여호와이니라"(레 18:1-30).

이 본문을 읽고도 하나님이 성적 상상력이 없는 분이라고 말하기는 어려울 것이다. 여기에는 한 남자와 한 여자 사이의 결혼 관계 밖에서 상상할 수 있는 거의 모든 성적 행동들이 금지되어 있다. 또한 하나님이 성범죄를 심각하게 받아들이시지 않는다고 할 수도 없다. 혼외 성관계가 야기하는 피해는 매우 막대했기 때문에 간통에 따라오는 형벌은 대부분 죽음에 처해졌다(참조. 레 20장).

i세계는 레위기 18장과 20장에 대해 불만을 제기할 것이다. 현대적인 관점에서 볼 때 이 두 장은 훈족 아틸라가 지녔던 관용과 감성을 보여주는 듯하다. 형사적인 제재에 대한 논의는 다음 장으로 미뤄두고, 지금은 이 본문이 어떻게 우리로 하여금 i세계와 r세계 사이의 차이를 이해하도록 하는지에 집중해보자. t세계는 이런 종류의 성범죄에 대해 사형을 주장한 반면, 여기서 제안하는 r세계는 그렇지 않다. 구체적으로 i세계에서는 나쁜 행실로도 꼽히지 않는 성적 행동들이 왜 t세계에서는 사형이 선고되는 정도의 중대함을 갖는 것일까?

r세계는 한 남자와 한 여자가 맺는 혼외 성관계가 야기하는 근본적인 피해에 대해 i세계와 토론을 하고 싶어 한다. 앞서 살펴보았듯이 i세계는 상호 동의가 있거나 현재의 관계적인 약속을 배신하지만

않는다면, 성관계로 인해 야기되는 피해가 아주 적을 뿐 아니라 관련된 사람들에게만 제한된다고 믿는다. 하지만 r세계의 입장은 이와 다르다. 이런 성적 행동으로 인한 피해가 심각할 뿐만 아니라 그 행동에 관련된 개인들을 뛰어넘는 관계적인 결과가 따른다고 본다. i세계는 이로 인해 야기된 어떤 피해도 시간이 지나면 치유될 수 있다고 믿는다. 반면 r세계는 관계적으로 볼 때 이 피해가 냉전 시대에 미국과 소비에트 연방이 수용했던 상호 확증 파괴 정책에 맞먹을 만큼 파괴적이라고 여긴다.

구약은 레위기 18장과 20장이 제시한 성적 경계들과 여기에 따라붙는 중요성을 지속적으로 지지한다. 아담과 하와가 에덴동산에서 추방된 순간 성경의 이야기는 관계적인 대량학살을 시작한 인간에 대한 이야기로 전환되었다. 그때부터 인류 역사에 살인과 질투, 시샘, 거짓말, 절도를 비롯해 상상할 수 있는 모든 성적 악행이 등장했다. 인간의 관계적인 타락이 너무나도 즉각적이고 강렬하게 일어났기 때문에, 하나님은 노아의 가족을 제외한 모든 사람의 생명을 앗아갈 만한 홍수 대재앙을 보내심으로써 반응하실 수밖에 없었다. 하지만 홍수도 이 문제를 해결하지는 못했는데, 노아의 후손들이 일종의 기시감을 경험하면서 거의 즉시 동일한 부패의 상황에 처했기 때문이다. 하나님은 이스라엘 사람들을 이집트에서 끌어내시면서 어떻게 가나안 땅으로 들어가야 할지를 가르쳐주셨고, 가나안 사람들을 전멸함으로써 홍수와 같은 심판을 시행하라고 분명히 명령하셨다. 가나안 사람들의 부패는 회복 불가능할 정도로 심각해서 이스라엘 사람들에게 전염될 정도였다. 레위기 18장에 따르면 이들이 부패한 주요 원인은 성적 부도덕이었다. 하나님이 그 장에서 표현하신 우려를 증명하기 위한 증거가 필요하다면 이어지는 이스라엘의 역사를 보면 된다. 이스라엘 사람들은 그 땅에서 가나안 사람들을 제거하라는 하나님의 명령에 순종하지 않았고, 그 결과 자신들도 부패하고 말았다.

성관계와 신약

그리스도와 율법 사이의 연속성

구약에서 성적 경계들은 매우 중요하게 다뤄졌으며 그에 관한 가르침 역시 분명하고 간결하다. 레위기 18장과 20장은 이와 관련된 구약 본문들을 효과적으로 요약하여 보여준다. 우리는 신약에서도 이런 가르침의 연속성을 발견할 수 있다. 사복음서의 저자들에 따르면 그리스도는 성을 논하는 데 상대적으로 적은 시간을 쏟으셨다. 이를 근거로 성관계가 그분에게 상대적으로 덜 중요한 주제였다고 추론하는 사람도 있겠다. 하지만 그리스도께서는 그런 문제를 언급하시면서 레위기 본문이 포함된 구약의 율법을 비롯하여 율법의 정신과 글자들을 분명히 재확인하셨다.

> 내가 율법이나 선지자를 폐하러 온 줄로 생각하지 말라. 폐하러 온 것이 아니요, 완전하게 하려 함이라. 진실로 너희에게 이르노니 천지가 없어지기 전에는 율법의 일점일획도 결코 없어지지 아니하고 다 이루리라. 그러므로 누구든지 이 계명 중의 지극히 작은 것 하나라도 버리고 또 그같이 사람을 가르치는 자는 천국에서 지극히 작다 일컬음을 받을 것이요, 누구든지 이를 행하며 가르치는 자는 천국에서 크다 일컬음을 받으

리라. 내가 너희에게 이르노니 너희 의가 서기관과 바리새인보다 더 낫
지 못하면 결코 천국에 들어가지 못하리라(마 5:17-20).

그리스도께서는 이어서 간음 금지와 몇 가지 다른 명령들에 관한 의로
움의 의미를 자세히 설명하신다. 그분은 우리가 단순히 의로운 행위를
하는 것에 머무르지 말고 더 나아가 의로운 마음을 갖춰야 한다고 지
속적으로 가르치신다.

옛 사람에게 말한바 "살인하지 말라. 누구든지 살인하면 심판을 받게
되리라" 하였다는 것을 너희가 들었으나 나는 너희에게 이르노니 형제
에게 노하는 자마다 심판을 받게 되고 형제를 대하여 라가라 하는 자는
공회에 잡혀가게 되고 미련한 놈이라 하는 자는 지옥 불에 들어가게 되
리라. 그러므로 예물을 제단에 드리려다가 거기서 네 형제에게 원망들
을 만한 일이 있는 것이 생각나거든 예물을 제단 앞에 두고 먼저 가서
형제와 화목하고 그 후에 와서 예물을 드리라.…또 "간음하지 말라" 하
였다는 것을 너희가 들었으나 나는 너희에게 이르노니 음욕을 품고 여
자를 보는 자마다 마음에 이미 간음하였느니라. 만일 네 오른 눈이 너로
실족하게 하거든 빼어 내버리라. 네 백체 중 하나가 없어지고 온몸이 지
옥에 던져지지 않는 것이 유익하며 또한 만일 네 오른손이 너로 실족하
게 하거든 찍어 내버리라. 네 백체 중 하나가 없어지고 온몸이 지옥에
던져지지 않는 것이 유익하니라. 또한 만일 네 오른손이 너로 실족하게
하거든 찍어 내버리라. 네 백체 중 하나가 없어지고 온 몸이 지옥에 던
져지지 않는 것이 유익하니라. 또 일렀으되 "누구든지 아내를 버리려거
든 이혼 증서를 줄 것이라" 하였으나 나는 너희에게 이르노니 누구든지

음행한 이유 없이 아내를 버리면 이는 그로 간음하게 함이요, 또 누구든지 버림 받은 여자에게 장가드는 자도 간음함이니라. 또 옛 사람에게 말한바 "헛맹세를 하지 말고 네 맹세한 것을 주께 지키라" 하였다는 것을 너희가 들었으나 나는 너희에게 이르노니 도무지 맹세하지 말지니 하늘로도 하지 말라. 이는 하나님의 보좌임이요. 땅으로도 하지 말라. 이는 하나님의 발등상임이요. 예루살렘으로도 하지 말라. 이는 큰 임금의 성임이요. 네 머리로도 하지 말라. 이는 네가 한 터럭도 희고 검게 할 수 없음이라. 오직 너희 말은 "옳다, 옳다, 아니라, 아니라" 하라. 이에서 지나는 것은 악으로부터 나느니라. 또 "눈은 눈으로, 이는 이로 갚으라" 하였다는 것을 너희가 들었으나 나는 너희에게 이르노니 악한 자를 대적하지 말라. 누구든지 네 오른편 뺨을 치거든 왼편도 돌려대며 또 너를 고발하여 속옷을 가지고자 하는 자에게 겉옷까지도 가지게 하며 또 누구든지 너를 억지로 오 리를 가게 하거든 그 사람과 십 리를 동행하고 네게 구하는 자에게 주며 네게 꾸고자 하는 자에게 거절하지 말라. 또 "네 이웃을 사랑하고 네 원수를 미워하라" 하였다는 것을 너희가 들었으나 나는 너희에게 이르노니 너희 원수를 사랑하며 너희를 박해하는 자를 위하여 기도하라.···너희가 너희를 사랑하는 자를 사랑하면 무슨 상이 있으리요? 세리도 이같이 아니하느냐? 또 너희가 너희 형제에게만 문안하면 남보다 더하는 것이 무엇이냐? 이방인들도 이같이 아니하느냐? 그러므로 하늘에 계신 너희 아버지의 온전하심과 같이 너희도 온전하라(마 5:21-44, 46-48).

이 본문은 순결의 여러 영역을 다루고 있는데, 예수님은 영적 순결의 중요성을 강조하시면서 성적 율법에 대한 단순한 외적 순종 이상을 말씀하신다. 우리는 간음을 삼가야 할 뿐만 아니라 마음으로도 여성을 향한 음욕을 품어선 안 된다. 음욕은 우리의 결혼 여부나 음욕 대상의 결혼 여부와 상관없이 죄로 간주된다. 결혼을 벗어난 성적 관계뿐 아니라 그것을 상상하는 것 역시 동일한 잘못이다.

요한복음 8:1-11에 기록된 간음하다 잡힌 한 여성의 이야기를 예로 들면서 그리스도께서 성에 대한 구약의 율법을 완화하셨다고 주장하는 사람들도 있다. 이 본문을 보면 바리새인들이 간음하다가 붙잡힌 한 여성을 예수님께로 데려와서는 이런 여성을 돌로 치라 명한 모세의 율법을 상기시키면서 예수님은 어떤 벌을 내리실지 묻는다. 잠시 후 예수님은 "너희 중 죄 없는 자가 먼저 돌로 치라"고 말씀하신다. 모든 사람들이 떠나고 예수님이 그 여자에게 물으셨다. "너를 정죄한 자가 없느냐?" 그녀가 "없습니다"라고 대답하자 예수님은 이렇게 선언하신다. "나도 너를 정죄하지 아니하노니 가서 다시는 죄를 범하지 말라"(요 8:7, 10-11).

이 이야기는 예수님이 베푸시는 은혜와 용서의 예로 종종 인용된다. 하지만 이 본문을 근거로 들면서 예수님이 일반적으로는 구약의 율법을, 특정적으로는 레위기 20장을 완화하셨다거나 뒤엎으셨다고 주장하는 것에는 오류가 있다. 율법에 따르면 예수님이 목격자가 아닐 경우에는 그 여자를 정죄하실 수 없다. 더욱이 돌에 맞아야 하는 것은 간음하다가 잡힌 남자와 여자 모두다. 여자를 돌로 치는 것은 합법적이지 않았기 때문에 예수님은 여기에 거짓 정당성을 부여하심으로써 이 일이 일어나도록 내버려 두지 않으셨다. 더욱이 이 이야기에는 구약에 제시된 성적 경계 중 어떤 것을 완화하셨다는 암시가 없다. 예수님은 그 여자에게 죄악 된 생활 습관을 버리라고 명령하셨다. 따라서 예수님이 확인해주신 성적 경계 중 이 여자를 대하실 때 보여주신 은혜로 인해 변한 것은 하나도 없다.

예수님은 성과 결혼에 대해 광범위하게 말씀하신 적이 없으며, 레위기 18, 20장에 나열된 성적 행위 중 다수를 특별히 언급하신 적도 없었다. 하지만 결혼에 대해 말씀하셨을 때는 오히려 이혼을 보다 더 어렵게 만드는 편을 지지하셨다. 예수님은 성과 결혼을 논하시면서 구약의 가르침을 지속적으로 붙드셨고, 따라서 그분의 침묵으로부터 내릴 수 있는 가장 그럴듯한 추론은 율법의 완화가 아닌 재확인이다.[4]

그렇다면 신약의 다른 저자들을 뭐라고 말하는가? 이들은 예수님이 확인하신 것을 재확인하며 그 어느 지점에서도 레위기의 가르침을 변개하지 않는다. 바울은 서신 곳곳에서 성을 논하면서 레위기가 세운 성적 경계들을 재확인한다. 로마서 1장에는 이런 점이 분명히 드러난다.

하나님의 진노가 불의로 진리를 막는 사람들의 모든 경건하지 않음과 불의에 대하여 하늘로부터 나타나나니, 이는 하나님을 알 만한 것이 그들 속에 보임이라. 하나님께서 이를 그들에게 보이셨느니라. 창세로부터 그의 보이지 아니하는 것들 곧 그의 영원하신 능력과 신성이 그가 만드신 만물에 분명히 보여 알려졌나니, 그러므로 그들이 핑계하지 못할지니라. 하나님을 알되 하나님을 영화롭게도 아니하며 감사하지도 아

---

4   Robert A. J. Gagnon, *The Bible and Homosexual Practice: Texts and Hermeneutics* (Nashville: Abingdon, 2001), 185-228.

니하고 오히려 그 생각이 허망하여지며 미련한 마음이 어두워졌나니, 스스로 지혜 있다 하나 어리석게 되어 썩어지지 아니하는 하나님의 영광을 썩어질 사람과 새와 짐승과 기어다니는 동물 모양의 우상으로 바꾸었느니라. 그러므로 하나님께서 그들을 마음의 정욕대로 더러움에 내버려 두사 그들의 몸을 서로 욕되게 하게 하셨으니, 이는 그들이 하나님의 진리를 거짓 것으로 바꾸어 피조물을 조물주보다 더 경배하고 섬김이라. 주는 곧 영원히 찬송할 이시로다. 아멘. 이 때문에 하나님께서 그들을 부끄러운 욕심에 내버려 두셨으니 곧 그들의 여자들도 순리대로 쓸 것을 바꾸어 역리로 쓰며 그와 같이 남자들도 순리대로 여자 쓰기를 버리고 서로 향하여 음욕이 불일듯하매 남자가 남자와 더불어 부끄러운 일을 행하여 그들의 그릇됨에 상당한 보응을 그들 자신이 받았느니라. 또한 그들이 마음에 하나님 두기를 싫어하며 하나님께서 그들을 그 상실한 마음대로 내버려 두사 합당하지 못한 일을 하게 하셨으니, 곧 모든 불의, 추악, 탐욕, 악의가 가득한 자요. 시기, 살인, 분쟁, 사기, 악독이 가득한 자요. 수군수군하는 자요. 비방하는 자요. 하나님께서 미워하시는 자요. 능욕하는 자요. 교만한 자요. 자랑하는 자요. 악을 도모하는 자요. 부모를 거역하는 자요. 우매한 자요. 배약하는 자요. 무정한 자요. 무자비한 자라. 그들이 이같은 일을 행하는 자는 사형에 해당한다고 하나님께서 정하심을 알고도 자기들만 행할 뿐 아니라 또한 그런 일을 행하는 자들을 옳다 하느니라(롬 1:18-32).

바울은 고린도인들에게 보낸 그의 첫 번째 편지를 통해 성과 결혼에 대해 이야기하면서 결혼의 신성함과 혼외 성관계의 금지를 재확인한다. 그는 결혼이나 성의 가치를 폄하하지 않으면서 결혼을 하지 않거나 성관계를 갖지 않고도 분명 온전해지고 만족할 수 있다고 주장한다. 또한 정욕이 불같이 타는 것보다는 결혼을 하는 편이 낫다고 말하긴 하지만, 모든 사람이 결혼할 필요 없이 자신과 같이 되기를 원하는 바람을 표현하기도 했다(고전 7:7-9).

이견들을 인정하다

이야기를 이어가기에 앞서 여기 제시된 성에 대한 성경적 가르침의 요약에 매우 강력히 반대하는 사람들이 있다는 사실을 안다. 하지만 가장 목소리를 높여 반대하는 사람들은 자신을 동성애자로 인정하는 나의 친구들이 아니다. 흥미롭게도 동성 관계를 맺고 사는 이들과 대화해본 경험으로 보면, 이들은 나와 의견을 달리하지만 솔직하게 서로를 존중하는 대화를 나누려고 했다. 성관계와 사랑이나 친밀감에 대해 나와 이야기를 나눌 만한 가치가 있다고 생각하면 이들은 그 생각을 듣고 싶어 한다. 나의 주장이 부실하다면 적나라한 비평이 이어지겠지만 이들의 존중하는 마음만은 언제나 느낄 수 있다. 이들도 나의 존중을 느낄 수 있기를 바란다. 나는 내가 만나는 모든 사람들이 신학이나 성윤리에 대한 우리의 차이와 상관없이 하나님의 형상으로 창조되었으며 하나님의 사랑을 받고 있는 존재로서 내가 마땅히 사랑하고 존중해야 하는 이들이라고 생각한다.

하지만 나는 예수님이 나와 의견이 다른 이들을 존중하는 것 이상의 일을 하도록 나를 부르셨다고 믿는다. 그리스도는 나를 부르셔서 타인을 존중할 뿐만 아니라 사랑하게 하셨다. 존중하기만 한다면 묵살하거나 무시할 수도 있을 것이다. 하지만 사랑은 이들과 기꺼이 관계를 맺고 대화를 나누며 심지어 그들을 위해 죽는 것이다. 나는 분명 이런 문제들에 대해 신념을 갖고 있고 다른 사람들과 이에 관해 논쟁하고 싶지만, 그렇게 함으로써 다른 사람들이 사랑을 느끼지 못한다면 비록 논쟁에서는 "승리"할지라도 나는 실패하는 것이다. 성에 대한 질문들은 굉장히 개인적인 특성을 지녔으며, 동성애의 실천이라는 문제에는 논란의 여지가 많다. 하지만 이런 견해에 가장 큰 관심을 보이는 사람들은 동성 간 관계를 맺고 있거나 그럴 마음이 있는 나의 지인들이다. 나는 서로 의견이 달라도 우리에게 중요한 것들에 대해 이야기를 나눌 만한 안전하고 서로를 존중하는 사람들을 찾을 수 있음을 기쁘게 생각한다. 나는 확실히 그랬고 이들도 나와 같기를 바란다.

대신 가장 강력하게 다른 의견을 보이는 사람들은 복음주의 기독교 신학자들과 심리학자들 및 목회자들인데, 이들은 성경이 독신의 은사를 가진 사람을 제외하고는 성관계를 온전함과 행복을 위한 필수 요소로 이야기한다고 해석한다. 이런 주제에 대해 서로 다른 의견을 갖는 두 집단이 있다. 하나는 성경이 한 명의 파트너에 충실한 동성애적 관계를 비난하지 않는다고 주장하는 이들로 이루어졌다. 다른 하나는 성경이 동성애적 관계는 비난하지만, 독신의 은사를 갖는 사람들을 제외한 모든 사람의 개인적인 성취에 성관계가 중요한 역할을 하기 때문에 참된 관계적인 성취와 기독교의 결혼 사이에 본질적인 관련성이 있다고 주장하는 사람들로 구성된다.

첫 번째 집단의 한 예는 잭 로저스 박사인데 그는 자신의 책 『예수, 성경, 동성애』에서 성경이 반대하는 것은 방탕이지 한 명의 파트너에 충실한 동성 결혼이 아니라고 주장한다. 또한 그 책 5장에서 성경이 동성애 관계 그 자체가 아닌 한 명의 파트너에 충실하지 못한 동성애 관계를 비난했다고 이야기한다. 그의 설명에 따르면 성경에서 동성애가 다루어질 때 그 행위가 금지된 까닭은 문화적으로 편향되었기 때문이며(레 18, 20장), 묘사된 동성애적 행동이 비난받은 이유는 한 명의 파트너에 충실하지 못했기 때문(롬1장)이다. 이어서 최선의 과학적 증거에 따르면 동성애는 선택이 아니기 때문에 동성애자에게 변화를 요구하는 것은 당사자에게 해를 입힐 수 있다고 말한다. 심지어 하나님(혹은 다른 요인)이 어떤 사람들을 동성애자로 만들었기 때문에, 성경을 읽으면서 하나님이 성관계를 한 남자와 한 여자 사이의 결혼으로 제한했다고 이야기하는 것은 근본적으로 근거가 부족하다는 주장에 가까운 발언도 한다.

로저스가 내놓은 논쟁은 부분적으로는 성적 선호가 미리 결정되었기 때문에 누구도 온전해지기 위해 필요한 성적 관계를 맺을 기회를 박탈당해서는 안 된다는 철학적, 심리학적 추론에 기초를 둔다. 이런 이유로 성적 선호 때문에 결혼의 기회를 박탈당하는 것은 온전해지고 만족스러운 삶을 살기 위해 필요한 무언가를 박탈당하는 것이다. 로저스는 성관계가 참된 사랑과 친밀감을 경험하는 중요한 통로 중 하나라고 주장한다. 결과적으로 하나님은 참된 사랑과 친밀감을 경험할 가능성이 결여된 상태로 우리를 지으실 리 없기 때문에, 로저스는 성경이 동성 간 한 명의 파트너에 충실한 연대를 금지한다고 이해해서는 안 된다고 결론내린다. 로저스에 따르면 이런 해석은 역사적 기독교가 노예 제도를 정당화한 것에 버금가는 실수다. 따라서 결혼과 성에 관한 성경적 가르침에 있어서 특별히 기독교적인 것은 결혼을 벗어난 성관계가 불가하다는 경계다. 로저스는 기독교와 i세계 사이의 논쟁이 주로 방탕에 관한 것이라고 믿는다. 그의 관점에서 볼 때 기독교적인 입장은 만일 섹스를 원한다면 사랑하는 사람과 결혼을 하고 그 결혼 생활을 유지하며 그 사람에게 성적으로 신실해야 한다는 것이고 i세계는 방탕할 자유와 권리를 주장하고 있는 것이다.

나는 그의 논쟁이 내가 r세계를 지지하며 제시하는 논쟁보다 수월하게 문화적인 지지를 받을 수 있다는 사실을 인정한다. 앞서 살펴본 것처럼 자유에 대한 온갖 논의와 방탕한 성적 행동에도 불구하고 i세계의 시민들은 한 명의 파트너에 충실하면서 서로 헌신된 관계에 선천적으로 이끌린다. 동성 연대가 합법성을 얻는다면 이런 논쟁의 핵심은 그야말로 성적 선호보다는 방탕함에 집중될 것이다.

로저스의 주장이 나의 주장보다 덜 야심 차고 정치적으로 더 옳은 쪽에 속해 있다고 해도 나는 여전히 그가 제시하는 신학적, 철학적, 과학적 추론과 의견을 달리한다. 그가 묘사한 성적 취향에 대한 과학적, 철학적 이의는 10장에서 자세히 언급하려고 한다. 지금은 데이비드 흄이 무덤에서 이렇게 외치고 있다고 말하는 것만으로도 충분하겠다. "존재에서 당위를 이끌어내지 마시오!"[5] 하지만 내가 제기하는 신학적 이의는 성경이 성관계를 인간 성취의 중요한 혹은 필수적인 일부로 간주한다는 사실에 대한 의견 차이를 바탕으로 한다.

로저스가 이런 견해를 제시하는 유일한 사람도 아니고 그의 견해가 동성 결혼을 옹호하는 사람들에게만 한정되는 것도 아니다. 수십 년 동안 미국 복음주의 교회는 삶의 만족도에서 결혼이 차지하는 중요성을 강조해왔고, 이 주장의 상당 부분은 만족스러운 삶에서 성관계가 차지하는 중요성에 대해 로저스가 추정해온 것과 동일한 사실들을 근거로 한다. 이들은 결혼의 중요성이 아닌 결혼의 정의에서 차이를 보

---

5   Hume, *Treatise of Human Nature*.

였다. 이런 견해의 이성애적인 형태를 보여준 최근 사건은 플로리다주 탬파 렐러번트 교회(Relevant Church of Tampa)가 2008년 2월 진행한 30일 섹스 챌린지(30 Day Sex Challenge)다.[6] 나는 교회가 우리 세상과 관련된 모든 문제들을 논의해야 한다는 사실에 동의하고, 공정하게 말해 이 챌린지의 커리큘럼은 단순한 성관계를 뛰어넘는다. 하지만 이 챌린지가 드러내듯이 도전자들은 성관계를 인간이 이룰 수 있는 관계적인 성취의 중요 영역으로 간주했다. 성관계와 관계적인 성취 사이의 연결에 대한 이런 이해는 수십 년 동안, 만일 신학이 아니라면, 복음주의 심리학에서 대부분 이론의 여지가 없이 추정한 내용과 같았다. 하지만 나는 이 추정이 근거가 없을 뿐 아니라, 특별히 i세계와 함께 등장한 이혼과 간음 및 방탕함과 관련하여 믿는 사람들의 행동이 그 세계와 동화되도록 한 데 큰 책임이 있다고 믿는다. 이런 추론에 따르면 섹스는 인간 성취의 필수 영역이고, 기독교인들뿐만 아니라 다른 누구라도 이것을 놓치고 있거나 하나님이 정말로 우리가 최대한 만족스러운 삶을 살기를 바라신다면, 이와 같은 만족을 위한 이혼이나 재혼 또는 동거는 어쨌든 잘못된 일일 것이다. 얄궂게도 성경이 제시하는 성적 경계를 범하는 것을 정당화하기 위해 이성애자들과 동성애자들이 사용하는 합리화는 동일하다. 하나님은 내가 만족하기를 원하신다. 섹스는 관계적인 성취를 위해 꼭 필요한 부분이다. 따라서 성경이 성적 경계

---

6   "30 Day Sex Challenge Guide," www.youtube.com/watch?v=MOr09AI7Rfk (Feb. 17-Mar. 16, 2008), http://relevantchurch.com. 또한 다음 자료를 참고하라. the 7-Day Sex Challenge issued by Pastor Ed Wright of Fellowship Church in Grapevine, Texas, www.nytimes.com/2008/11/24/us/24sex.html?bl& ex=1227762000&en=ab700f6adb9c70e5&ei=5087. 이런 새로운 노력이 교회 성장에 어떤 영향을 미칠지 살펴보는 것은 흥미로운 일이 될 것이다.

에 대해 말하는 사실은 진심일 수 없는데, 그것이 나에게서 성취감을 앗아갈 것이기 때문이다.

성관계가 아니라면 무엇이 우리를 행복하게 하는가?

로저스의 주장과 30일 섹스 챌린지를 비롯해 그밖의 인간의 관계적인 성취와 성 사이의 연결에 대한 추정을 토대로 하는 다른 논쟁들이나 접근 방식을 지지하는 것이 문화적으로는 더 쉬울 수 있지만, 성경은 이들을 지지하지 않는다. 실제로 이런 추정을 제거한다면 성적 경계, 결혼, 이혼 및 재혼에 대한 성경의 가르침 전체는 완전히 새로운 견해를 띠게 된다.

이것이 사실이라면 이혼과 재혼의 금지는 어려운 결혼 생활을 이어가는 사람들로부터 참된 사랑과 친밀감을 박탈하는 것이 아닌데, 결혼이 참된 사랑과 친밀감을 찾을 수 있는 유일한 장소는 물론 주된 장소도 아니기 때문이다. 이것이 사실이라면 서로 결혼하지 않은 사람들 사이의 성관계를 금지하는 것은 지금 혹은 이들의 일생에 걸쳐 참된 사랑과 친밀감을 누릴 능력을 앗아가는 것이 아닌데, 이는 섹스가 참된 사랑과 친밀감으로 향하는 길에 놓인 필수 정거장이 아니기 때문이다. 이것이 사실이라면 동성 관계의 금지는 참된 사랑과 행복의 경험에 강하게 이끌린 이들을 거절하는 것이 아니다. 이것이 사실이라면 그리스도의 말씀이 섹스를 거절함으로써 사람들을 불행하게 만드는 것처럼 보이는 이유를 설명하느라 성경을 왜곡되게 해석할 필요가 없다. 오히려 이런 점들을 감안하면 모두가 생명을 얻고 그 생명을 풍성히 누리도록 하기 위해 이 땅에 오셨다는 그분의 가르침이 쉽게 이해된다. 풍성한 삶은 인간이 하나님 및 타인과 친밀한 사랑의 관계를 갖는 것의 결과물이고 성관계는 그것과 거의 관계가 없다.

분명히 말하지만, 성경은 성관계가 나쁘다고 말하거나 낭만적 사랑을 위한 자리가 없다고 이야기하지 않는다. 아가는 뛰어난 낭만시를 담고 있으며, 성경 어디에도 부부가 잠자리를 함께하는 동안 집안일을 논의해야 한다고 암시하지 않는다. 성관계는 원래 있어야 할 자리에 있을 때 유익하다. 하지만 참된 사랑과 친밀감을 찾고 경험하는 과정의 필수 요소는 아니다.

이것은 성경이 첫 장에서 마지막 장에 이르기까지 분명히 가르치는 바다. 성경은 다윗과 사울 왕의 아들 요나단이 어릴 적 서로를 사랑했다고 말하는데, 둘 사이의 관계를 강화하기 위해 성관계가 필요했던 것은 아니다. 예수님과 제자들도 그랬고 예수님과 막달라 마리아도 그랬다. 예수님이 동성애의 문제를 논하시지 않은 이유에 대한 가장 그럴듯한 설명은 누구도 그 문제에 관해 질문하지 않았기 때문이라는 것인데, 누구도 질문하지 않았다는 것은 그럴 필요가 있다고 생각한 사람이 하나도 없었다는 뜻이다. 당시 시공간에 있었던 사람의 인식 속에는 성관계가 인간 행복의 필수 요소라는 개념이 존재하지 않았다. 성관계는 욕구, 욕망, 출산을 위한 필수 수단으로 간주되었다. 이것은 오히려 잠재적으로 우리를 노예로 만들 수 있는 무언가로 보였지만, 성경은 이런 노예 상태로부터 우리를 자유롭게 하겠다는 메시지를 전달했다. 따라서 성적 경향과 무관하게 성취감을 위해 필요한 모든 것이 우리 모두에게 주어졌고, 그것은 성관계 안에서 찾을 수 있는 것이 아니다.

그렇다면 우리가 갈망하는 이 참된 사랑과 친밀감은 어디에 있을까? 바로 하나님과 이웃 모두를 사랑함에서 찾을 수 있다(참조. 마 22:37-40). 이 명령들은 단순히 행동만을 묘사하는 것을 넘어서 우리를 하나님 및 다른 사람들과 맺는 깊고 친밀한 사랑의 관계로 초청한다. 앞서 논의한 것처럼 하나님과 깊고 친밀한 사랑의 관계를 가질 때 우리는 다른 사람들을 이와 비슷하게 순수하고 친밀한 방식으로 사랑할 능력을 얻는다. 이것이 바로 모든 인간이 가장 깊이 갈망하는 참된 사랑과 친밀감을 얻을 수 있는 방식과 장소다.

따라서 일부 인기 있는 현대 복음주의 신학이 말하는 것과는 반대로, 결혼을 하고 잠자리를 나누라는 것은 가장 큰 계명이 아니다. 결혼이 참된 사랑과 친밀감을 경험하는 유일한 수단은 아니다. 물론 결혼은 가족을 위해 존재하는 중요한 제도로서 하나님은 결혼한 이들이 아주 멋진 결혼 생활을 누리길 원하신다. 하지만 결혼의 질은 부부가 하나님과, 서로와, 이전에 묘사된 대로 확대된 관계망 내의 나머지 사람들과 함께 참된 사랑과 친밀감을 누리는 역량과 연결되어 있다. 성관계를 통해 때로 아이들이 생길 것이고 결혼한 부부를 하나로 묶는 데 유용한 연대감이 생성될 것이다. 하지만 성관계 그 자체는 행복이나 성취를 위한 촉매제가 될 수 없는데, 그것은 성관계의 내재된 목적이 아니기 때문이다.

성관계가 인간 성취의 필수 불가결한 부분이라는 개념은 i세계가 성경 본문으로 가지고 들어온 추정이지만, 사실상 이런 추정을 본문 안에서 찾아볼 수는 없다. 결과적으로 우리는 21세기에 들어서 동성 결혼을 포함해 지난 수백 년 동안 도덕적으로 상상할 수 없었던 행위를 보호하기 위한 법들이 수립되는 광경을 목격하고 있다. 이런 추정을 우리에게 건넨 성 혁명은 i세계에서 가장 중요한 자리를 차지한다. 성적 자유는 i세계의 주춧돌이며, 그것을 사용하기로 선택할지 여부와 상관없이 모든 거주자들의 삶에 스며들어 있다. i세계와 r세계가 인간의 행복에서 성이 갖는 자리에 대해 완전히 다른 개념을 갖는 이유가 여기에 있다.

논쟁의 핵심

마침내 우리는 "i세계와 r세계 중 어떤 세계가 인간의 행복과 성취에 대해 더 정확한 이해를 가졌는가"라는 질문에 도달함으로써 논쟁의 핵심을 마주한다. 이제 우리는 r세계와 i세계가 서로 어떻게 다른지 알기 때문에, 두 세계가 다르다는 점을 넘어서 실제로 어떤 것이 더 나은 것인지, 또한 일부 사람들만을 위해서가 아니라 모든 사람들을 위해 그렇게 할 수 있는지를 질문해야 한다.

그렇다면 둘 중 어느 세계가 거주자들에게 가장 큰 만족과 안전, 자유, 성취감을 가져다줄까? 성 혁명의 약속은 정말로 실현 가능할까? i세계는 모든 사람들이 성적으로 관계 맺는 것을 허용할 뿐 아니라 더 다양하고 양적으로 많은 성관계를 가질 자유를 제공하며 거주자들에게 참된 행복을 가져다주는데, 그렇다면 이 세계가 r세계보다 더 우월할까? i세계는 개인들이 자신의 정체성과 성적 관계를 원하는 대로 조정하도록 허용하는 반면 r세계는 이것을 부인하는데, 그렇다면 i세계가 더 나은 세계일까?

결론적으로 말해 나는 r세계가 i세계에 비해 더 만족스럽고 질 높은 사랑과 친밀감을 제공한다고 믿는다. 성 혁명의 문제점은 우리로 하여금 성과 감각적, 관능적 경험 안에서 행복을 찾는 일에 지나치게 집중하게 만든 나머지 우리의 영혼이 갈망하는 사랑과 친밀감을 쉽게 놓치게 한다는 데 있다. 우리는 단순히 성관계를 갖는 것을 넘어서 사랑과 친밀감을 누리기 위해 창조되었기 때문에 사랑과 친밀감의 우물 깊은 곳으로부터 올라오는 물을 마실 때 비로소 성취감을 얻을 수 있다. 성적 자유가 가진 문제 중 하나는 성관계가 쾌락적이지 않다는 것이 아니다. 성관계는 쾌락적이다. 오히려 문제는 속박되지 않은 성적 자유가 사랑과 친밀감을 구축하고 누리는 우리의 역량을 억제할 수 있다는 것이다.

왜 그럴까? 너무나도 쾌락적인 것을 대할 때 이것은 반직관적으로 보인다. 혼전 또는 혼외 성관계를 갖는 것이 뭐가 그렇게 해로울까? 이성 간, 한 명의 파트너에 충실한 결혼을 벗어난 성관계가 우리를 타락하게 한다고 믿을 만한 그럴듯한 이유가 과연 존재할까? 이런 경고들이 정말 사실이라면 i세계 자체는 유지 불가능하다. i세계가 공공연히 긍정하는 성적 행위는 우리에게 해로울 뿐 아니라 우리를 망가뜨릴 수도 있다는 의미이기 때문이다. 사실 다양한 기준에서 볼 때 이런 일이 이미 일어나기 시작했다고 주장할 수 있다. 우리가 이미 살펴본 것처럼 (그리고 9장에서 더 자세히 살펴볼 예정이지만) i세계의 불안정은 가정 제도와 자녀 양육 분야에서 이미 파괴적인 결과를 가져왔다. 이런 관계 모형의 장기적인 효과와 관련하여 인류는 미지의 해역을 항해 중이고 우리는 모두 이 실험의 일부에 속해 있다. 이 정도 규모의 패러다임 전환이라면 그것이 대중적이고 선한 의도로 인한 변화라고 해도 예측하지 못한 꽤나 반갑지 않은 부작용이 있을 수 있다.

이런 추정은 잠시 제쳐 두더라도, 결혼 관계를 벗어난 남자와 여자 사이의 성관계가 실질적으로 뭐가 그렇게 잘못되었다는 것일까? 가장 먼저 우리 모두에게 익숙한 두어 가지 명백한 문제가 있다. 하나는 혼외 자녀의 출생이다. 이것을 인정하게 되면 가족 제도를 훼손하고 약화시키는 것은 물론 아이들의 안녕에도 영향을 미칠 것이다. 또 다른 문제는 간음이라는 관계적인 피해다. 두 사람이 맺은 성적 배타성에 관한 언약이 배신되었을 때 그것이 관계에 미치는 피해는 심각하다. 그로 인한 영향이 너무나도 심각해서 어떤 경우에는 그 관계가 영영 회복되지 못할 수도 있다. 간음과 관련된 치정 범죄도 드물지 않다. 결혼의 유대는 법적 문제에만 결부된 것이 아니라 관련된 이들의 가장 깊은 중심에까지 닿아 있다. 성적 배타성을 약속한 배우자 외 다른 사람의 하체를 범함으로써 신뢰를 깨는 것은 가장 가까운 사람에게 상처를 입히는 것과 관련한 두 번째 금기를 어기는 것에 해당함은 물론 심각한 수준의 관계적인 폭력을 행하는 것이다.

i세계의 거주자 중 많은 사람들이 사생아와 간음의 문제가 도덕적, 실질적으로 문제가 된다는 데 폭넓게 동의한다. 하지만 이 문제에서 피임의 사용을 통해 사생아의 쟁점을 지워내고 또 세 가지의 금기를 통해 간음을 통제한다면 (개방 결혼과 같은 합의가 아니라면 간음은 배신을 당하는 배우자에게 심각한 피해가 되기 때문이다) 결혼을 하지 않은 성인들이 상호 동의하에 성관계를 갖는 것이 무슨 잘못인가?

성 혁명이 도래했을 당시 이런 종류의 질문에 대한 t세계의 반응은 완벽하게 안전한 섹스나 실패 가능성이 전혀 없는 피임 같은 것은 존재하지 않는다는 논쟁에 주로 집중되어 있었다. 따라서 혼외로 이루어지는 성적 관계가 아무리 요원하다고 해도 다름 아닌 임신이나 성병의 가능성을 이유로 모든 사람들에게 부도덕인 것으로 남아 있었다.

이 지점에서 t세계의 거주자들은 리더들을 바라보면서 궁금해했다. "그게 전부인가요? 이게 여러분이 하실 수 있는 최선의 논쟁인가요?" t세계의 거주자들은 더 나은 제안을 듣지 못한 채로 성 혁명을 거치면서 i세계를 향해 이주하기 시작했고 탈출의 속도는 시간이 지나면서 점점 더 빨라졌다. 수십억 적어도 수백만의 사람들이 안전한 섹스와 효과적인 피임이 폭넓게 가능하다는 i세계의 주장을 받아들였고, 그 결과 성관계에 대한 전통적인 금지 조항은 더 이상 적용되지 않는다. 이런 금지는 세 가지 금기들로 대체되었고, 이제 이 세 가지 금기들이 승리를 거머쥐었다.

성 혁명은 인간 역사에서 혁명이라는 이름이 적절한 소수의 혁명 중 하나다. 이른바 혁명으로 불리는 사건들 중 사실상 모두는 애초에 약속한 목표에 미치지 못하는 데 반해, 성 혁명은 역사에서 전례 없는 속도와 능력으로 서구를 변화시켰다. 안전한 섹스와 피임의 상징으로서 콘돔이 갖는 영향력과 더불어 이것이 인쇄기를 포함한 다른 인간 발명에 버금가는 강력한 변화의 도구라는 점은 논쟁의 여지가 없는 사실이다. 안전한 섹스와 피임은 전통적인 성 윤리의 완벽한 패배를 이끌어냄으로써 t세계를 우리와 무관한 세계로 만들었고 동시에 i세계에는 왕관을 씌웠다. 상호 동의하의 성관계를 금지하는 데 사생아 출산, 공중위생, 간음 외의 다른 강력한 이유가 없다면 문화적 논쟁은 길을 잃는다. 기독교인들과 비기독교인들 모두 비슷하게 콘돔을 사용하면서 세 가지 금기들을 존중한다면 상호 동의하에 이뤄지는 성관계가 건강상 혹은 도덕적인 위험이 될 수 없다고 결론지었다.

구약 이스라엘에는 피임이 존재하지 않았다는 사실과 함께 그 사회의 긴밀한 농업적 가족 구조를 감안하면 사실상 t세계가 왜 그렇게 엄격히 성관계를 규제했는지를 이해할 수 있다. 하지만 피임과 안전한 성관계를 위한 방법들이 생겨나면서 새로운 성적 밀레니엄이 시작되었다는 믿음이 존재하며, 점점 더 많은 수의 기독교인들이 이 주장을 기꺼이 받아들이고자 한다.

사실상 모든 사람들이 간과해온 것은 이처럼 성적 경계가 침식되다 보면 가장 높은 수준의 관계적인 위험이 생겨난다는 사실이다. 우리는 레위기 18장을 통해 이 사실을 확실히 배운다. 레위기 18장은 가나안 사람들의 삶이 성적 부도덕으로 인해 너무나도 오염된 나머지 하나님의 분노가 초래되었고, 그들의 부도덕이 접촉하는 모든 사람들에게 분명하고 현재적인 위험으로 인식되었다는 사실을 분명히 보여준다. 나열된 성범죄들은 출산으로 귀결되는 행위로 제한되지 않고 성병 또한 위협으로 포함되지 않았기 때문에 이것은 하나님 쪽에서 임의적으로 금지한 사항일 가능성이 높으며 이런 경계를 위반할 경우에 추가적이고 눈에 보이지 않는 피해가 따라왔음을 짐작할 수 있다.

성관계와 영혼

그렇다면 이 피해는 무엇인가? 이미 살펴본 것처럼 비물질적 실재에 관한 i세계의 부인은 영혼의 존재에 대한 여러 부인으로 귀결되었다. 이런 경향의 영향 아래 놓인 i세계의 시민들은 자신들의 영혼과 더불어 건강한 모든 관계의 토대를 이루는 참된 사랑과 친밀감의 영적 차원을 개발하지 못하도록 방해를 받았다. i세계는 우리가 성적이고 감각적인 것에 집중하도록 했고, 그 결과 우리는 관계의 성숙과 정서 발달을 방치하기에 이르렀다. 궁극적으로 i세계 거주인들은 우리가 맺고 있는 관계를 성적, 감각적, 감정적 기준으로 평가하려는 경향을 보이게 된다. i세계는 "사랑"과 "친밀감"이라는 단어에 성적, 감각적, 감정적 의미를 부여함으로써 이들을 재정의한다. 이 모든 것의 결과로 i세계의 시민들은 우리의 관계와 스스로에 대한 영적인 차원을 쉽게 그리고 완전히 놓쳐버린다. 그렇다고 혼외로 이뤄지는 모든 성적 관계에 사랑과 친밀감이 결여되어 있다는 말은 아니다. 꽤나 솔직히 말해서 어떤 경우에는 대부분의 결혼 관계보다 더 깊은 사랑과 친밀감이 드러나는 경우도 있다. 그럼에도 불구하고 자아에 대한 i세계의 집착은 감각적인 쾌락에 너무나도 집중한 나머지 영혼의 인식과 더불어 참된 사랑과 친밀감을 상실할 위기에 처해 있다.

i세계의 성관계는 이 세계의 추정들이 성적 경험의 본질에 대한 우리의 이해를 변화시켜온 방식을 보여주는 심오한 예시다. t세계에서 성관계는 결혼의 배타적인 영역으로 이해되었다. 그 세계에서 성관계는 출산 목적으로 국한되었으며 결혼 생활의 전반적인 질을 평가하는 지배적 요소가 아니었다.

여러 면에서 성관계에 대한 i세계의 이해는 "i섹스"(iSex)로 요약될 수 있고, 관계에 대한 i세계의 이해는 "i관계"(iRelationship)라는 용어로 표현될 수 있다. i세계는 자기실현이 행복으로 향하는 주된 경로로서 삶의 모든 영역에 적용되는 것이라는 주장을 고수한다. i세계에서 맺는 관계를 통해 자신이 원하는 바를 얻는 것은 각자의 역량에 달려 있고, 만일 그렇지 못하다면 그것을 찾는 것 또한 각자의 책임이다. i세계에서 성적인 성취는 개인의 성취에서 너무나도 중요한 부분이기 때문에 자신의 성적인 성취를 적극적으로 찾는 것 역시 각자의 책임이다. 관계적인 성취도 마찬가지다. 우리는 자신의 성취를 적극적으로 추구할 개인적인 책임을 갖고 있다. 이것이 참이라는 사실이 꼭 이기심의 징조는 아니다. 만일 우리가 홀로 자신이 누구인지를 이해할 수 있고 스스로 자신의 성취에 대한 책임을 진다는 것이 사실이라면, 이는 그 누구도 우리의 필요와 바람을 사실상 알 수 없다는 뜻이다. i세계의 가르침에 따르면 나 외에는 그 누구도 자신을 사랑하거나 만족시킬 방법을 알 수 없다. 따라서 i섹스와 i관계는 이기심 때문이 아니라 순전히 개인의 바람이나 필요를 타인이 확실히 알 수 없다는 믿음 때문에 존재한다. 성적이고 관계적인 성취는 우리가 각자 개인으로서 짊어지는 책임이다.

i세계는 감각과 관능을 위한 전례 없는 축제를 제공하는데 이는 제법 강력한 매력으로 작용한다. 앞서 살펴본 것처럼 i세계는 유연하다. 우리가 어떤 방식을 선택하든 자유로이 상호 동의 아래에서 관계를 구축할 수 있는 세상이다. 우리는 관계의 성적 차원을 탐색할 수도 있고, 어떤 경우에는 관계에서 성을 제외시키고 대신 다른 영역들을 탐색할 수도 있다. 세 가지 금기를 고수하는 한 성적으로 방탕한 삶을 살 수 있지만, 원한다면 성적 방탕을 버리고 i세계의 한복판에서 t세계의 존재를 살아내기로 선택할 수도 있다. 이런 폭넓은 선택의 자유를 보면 i세계는 모든 사람들을 위한 세상인 것처럼 보이기도 한다. 볼테르의 소설에 등장하는 팡글로스 박사가 한 말을 바꾸어 표현해

본다면, i세계는 모든 가능한 세계의 최선인 것 같다.[7] 이 세계가 선보이는 매력을 생각하면 기독교인들을 비롯한 많은 사람들이 i세계를 거처로 삼는 이유가 놀랍지 않다.

i세계에 매력적인 점이 많다는 사실을 나는 이해한다. 하지만 이 세계가 제시하는 모든 약속들과 감각적 쾌락 및 개인적 선택에도 불구하고, 이 세계는 깊이 있고 만족스러운 실존을 제공하지 못한다. i세계는 만족할 줄 모르는 특성이 있다. i세계에 다정함과 연민, 약속, 사랑, 친밀감이 없다는 말은 아니다. 이들은 어느 정도 존재한다. 하지만 i세계는 사람들이 친밀감과 성을 동일시하도록 함으로써 관계에서 얻어지는 깊이와 만족이 성적 표현과 같은 수단 없이는 완전하지 않다고 믿도록 한다.

i섹스와 i관계 및 i세계는 우리의 의식에서 다른 사람들과 함께 맺을 수 있는 영적인 연결 감각을 제거하도록 유혹했다. 우리에게 남은 것은, 사람들 사이에 존재하는 유일한 연결이 육체적, 감정적인 것이며 타인을 사랑한다는 의미는 그 사람이 육체적, 감정적 쾌락을 느낄 수 있도록 무언가를 해주는 것이라는 개념뿐이다. i세계는 사랑을 포함한 모든 범주를 근본적으로 육체적, 감정적인 범주로 만들었다. 하지만 이것이 인간으로서 우리가 무엇인지에 대한 정확한 표현일까? i세계의 한복판에서 너무나도 많은 사람들이 느끼는 공허감은 그것이 잘못되었음을 시사한다.

관계적인 온전함의 총체를 되찾기 위해 우리는 인간의 영혼과

---

7 Voltaire, *Candide or Optimism*, ed. Norman L. Torrey (Northbrook, IL: AHM Publishing, 1946), 2.

관계에 내재된 영적인 차원을 재발견해야 하며, 동시에 무엇이 우리를 참으로 만족시키는지를 이해하고 사랑과 친밀감에 대한 깊은 깨달음을 재발견해야 한다. 우리는 그런 과정을 통해 성관계와 사랑 및 친밀감이 행복과 성취 안에서 어떤 역할을 맡고 있는지를 이해할 새로운 방법을 발견할 수 있다. 그것이 분명히 표현되거나 파악되지 못했다 하더라도 행복과 성취가 분명 t세계 속 생활 경험의 일부였다는 점을 고려하면 충분히 가능한 일이다. 이는 근대와 계몽주의의 출현과 함께 바래진 끝에 상실된 인간 생명에 대한 인식이다. 이제는 이것을 회복할 때가 왔다.

r세계는 인간이 우리의 영혼을 사랑하고 하나님과 이웃을 친밀하게 사랑할 능력을 개발함으로써 가장 큰 성취와 만족을 찾는다고 주장한다. 사실 i세계와 r세계의 주된 차이는 "영혼"의 의미로 축약된다. 「히어로즈」라는 텔레비전 프로그램에 등장하는 유전학자 모힌더 수레쉬(Mohinder Suresh)는 영혼이 궁극적으로 뇌 안에 들어있는 신체 구조(bodily construct)라고 주장한다. 인간 게놈 프로젝트에 대한 연구와 인간 종의 진화에 대한 탐구를 이끄는 것은 이런 주제다. 인간 이해에 대한 수레쉬의 접근은 인간이 복잡한 생화학 반응의 집합체에 불과하다는 근대 과학 개념의 또 다른 표현에 불과하다. i세계가 이야기하는 영혼이나 성은 여전히 신비로 남아 있는 우리 존재의 한 영역을 지칭한다. 하지만 이 신비는 인간의 물리적 복합성의 산물로 추정된다. i세계에서 사랑과 친밀감은 인간이 다른 인간과 상호작용함으로써 야기되는 생화학 반응의 결과로 생겨나는 감정으로 이해되곤 한다. 따라서 오르가슴이 가장 강렬한 생화학적 반응 중 하나라면, 그리고 이것이 우리가 친밀하고 다정한 것 또는 그런 것이기를 바라는

관계와 연관되어 있다면, 많은 사람들이 성관계와 사랑, 친밀감을 연결하여 생각하는 것은 자연스러운 일이다. 모든 사람들은 생이 제공하는 최선에 참여할 기회를 원하기 때문에, i세계가 섹스를 위한 속박되지 않은 권리를 수립하려고 하는 이유를 이해하는 것 역시 어렵지 않다.

하지만 r세계는 친밀감과 사랑에 대해 매우 다른 정의를 갖고 있으며, 이런 생각은 사랑이 단순히 낭만적, 성적 관계에서 이루어진 생화학적 반응이 만들어낸 감정이 아니라 우리의 영혼에 주어진 은혜라는 생각에 기초를 둔다. 만일 이것이 사실이라면 우리의 행복과 성취는 궁극적으로 우리 영혼을 통해 하나님 및 서로와 관계 맺는 능력을 개발하는 것에 달려 있다. 인간은 다른 무엇보다 사랑을 갈망하고 있으며, r세계는 우리의 영혼을 하나님과 다른 이들에게 열 때 비로소 그 사랑에 닿을 수 있다고 믿는다. 우리가 누리는 친밀감의 질은 바로 이것을 할 수 있는 우리의 능력에 달려 있다. 우리가 하나님 및 타인과 맺는 관계 속에서 열려 있을수록, 창세기의 용어를 빌리자면 우리가 더 "벌거벗고" "부끄러워하지 않을"수록 보다 큰 친밀감을 성취할 수 있다. 하나님과의 친밀감이 커질수록, 거리낌 없이 그분의 사랑을 받고 그것을 다른 사람들과 나눌 수 있다. 하나님과 친밀하게 연결되어 있을 때 우리는 영적으로 사랑을 받는다. 그렇게 그분과 친밀감을 증진하고 그분의 사랑을 누리는 우리의 능력이 향상될수록, 다른 사람들과 친밀감을 쌓고 사랑할 우리의 능력도 커진다. 친밀감을 위한 우리의 역량이 크면 클수록 사랑을 받고 나눌 역량 역시 커진다.

이 문제에서 성은 중요한 일부가 아닌데, 이는 성관계가 나쁜 것이기 때문이 아니라 이것이 하나님 및 타인과의 영적인 연결 안에서 발견되는 가장 깊고 만족스러운 관계적인 삶의 필수 요소가 아니기 때문이다. 우리는 육체적인 존재이기 때문에 사랑과 친밀감이 육체의 경험으로 반영되는 것은 당연하다. 사랑과 친밀감이 성적 욕구를 포함해 우리 안에 있는 많은 욕구들을 유발하는 것도 놀랍지 않다. 하지만 우리가 궁극적으로 갈망하는 것은 성적인 것이 아니며 성관계가 그것을 발견하는 수단이 아니라는 사실을 깨닫는 것은 중요하다. 사실 i세계에서 성관계가 일으키는 주된 문제는 우리가 그것을 사랑이나 친밀감과 혼동함으로써 이번 장 서두에 제시한 인용구 중 윌리엄 예이츠가 묘사한 난제 가운데 빠지게 되었다는 데 있다. "성관계의 비극은 영혼의 영구적 순결이다." 성관계를 맺으면서도 성적 파트너를 포함한 누군가를 사랑하고 그 사람과 참으로 영적인 친밀감을 나눌 역량을 개발하지 않는 것은 결혼을 비롯한 모든 성적 관계에서 위험 천만한 일이다.

결론: 맥락 안에서의 성관계

이 지점에서 독자들은 과연 내가 인간이 호르몬과 성욕을 갖도록 창조되었다는 사실을 알고나 있는지 궁금해할 수 있다. 물론이다. 나는 성관계를 적당한 맥락에 배치하려 노력하지만, 우리가 성적 피조물이 아니라고 시사할 마음은 없다. 우리는 성적 피조물이고 사춘기를 지난 이후에는 특별히 더 그렇다. 하지만 우리가 성관계를 바라는 와중에도 더 깊이 갈망하는 것은 사랑과 친밀감이며, 가장 깊은 사랑과 친밀감은 성관계 없이도 얻을 수 있다. 같은 맥락에서 사랑과 친밀감이 없는 성관계 역시 가능하다. 우리가 사랑과 친밀감으로 가득한 관계를 맺고 있다면, 성관계가 이 관계를 더 만족스럽게 만들지는 않을 것이다.

친밀감과 사랑, 성취, 성에 대한 이런 이해에서 i세계와 r세계 사이의 근본적인 이견이 발생한다. 여기서 행복과 성취를 향하는 길이 두 개의 세계로 나뉘는데, 우리는 "어느 쪽 길이 우리가 가장 깊이 갈망하는 것에 더 가까이 닿아 있을까"라는 질문을 마주한다.

인간의 행복을 판단하는 기준이 성적 경험의 양과 질이라면 r세계는 i세계와 경쟁할 수 없으며 누구든 이와 다른 의견을 제시하는 사람은 현실에 어두운 사람 취급을 받는다. r세계에서 당신이 결혼을 하고 성관계를 가질 수 있다는 보장은 없고, 결혼을 한다고 해도 그 관계의 성적 차원이 i세계의 성관계가 선사했던 쾌락을 넘어설 거라는 보장도 없다. 게다가 불확실하고 일시적인 특성을 지닌 관계 속에서도 사랑과 친밀감을 누린 i세계의 사람들이 분명 있을 것이다. 질문은 이것이다. 어떤 세계가 더 큰 성취를 제공하는가? 어떤 세계가 우리 영혼의 기저에 있는 가장 깊은 관계적인 갈망을 만족시킬 기회를 제공하는가? 더 낫고 깊은 관계와 삶의 질을 위한 r세계의 잠재력은 우리가 i세계에서 누릴 수 있는 개인적인 자유들을 일부 포기할 만큼 충분한가? 우리는 이 질문들에 대답하기 위해 r세계가 현실에서 자신을 어떻게 내보이는지에 관해 자세히 살펴볼 것이다.

지금까지 우리는 r세계 안에서 성이 가지는 관계적인 의미와 위치를 살펴보았다. r세계는 실제로 어떤 모습일까? 그리고 이 세계는 우리의 삶에 어떤 실제적인 유형의 이익들을 가져다줄 수 있을까? 이제 우리는 이 세계를 창조하기 위해 필요한 공공 정책과 사회 의제들을 살펴봄으로써 질문에 대한 답을 탐색할 것이다.

9

r세계를 창조하다

불행의 주된 원인은 우리가 가장 원하는 것을 당장 원하는 것과 맞
바꾸는 것이다.

미상

며칠 전 아이가 태어났어
무사히 세상에 태어나주었지
하지만 타야 할 비행기와 지불해야 할 고지서들이 있었어
아이는 내가 없을 때 걷는 법을 배웠어
그리고 내가 알기도 전 말을 시작했고, 점점 자라갔지
아이는 "아빠, 저는 아빠처럼 되고 싶어요.
저는 아빠처럼 될 거예요"라고 말했지

요람 속 고양이와 은수저,
파란 옷을 입은 어린 소년과 달 위의 남자
"아빠, 언제 집에 오세요?"

"잘 모르겠구나. 하지만 그때 만나자.
그때 우리는 즐거운 시간을 보낼 거야."

며칠 전 아들은 열 살이 되었지
아이는 말했어. "공 선물 고마워요, 아빠. 우리 같이 놀아요.
던지는 법을 가르쳐줄 수 있어요?" 나는 말했어. "오늘은 말고,
아빠가 할 일이 많단다." 아이는 말했어. "괜찮아요."
걸어 나가면서도 웃음은 가시지 않았지
아이들 이렇게 말했어. "나는 아빠처럼 될 거야.
나는 아빠처럼 될 거야."…

며칠 전 대학에 다니는 아이가 집에 왔어
어른이 다 된 모습에 이런 말이 나왔어
"아들아, 너무 자랑스럽다. 잠깐 앉아볼 수 있겠니?
아이는 머리를 저었고 웃으며 말했지
"아빠, 자동차 키를 좀 빌릴 수 있을까요.
잠시 후에 뵈어요. 자동차 키 좀 빌려주세요."…

나는 진작 은퇴를 했고 아들은 집을 떠났지
며칠 전 아들에게 전화를 했어
나는 말했지. "아들아 네가 괜찮다면 한번 보고 싶구나."
아들은 말했어. "아빠, 시간이 있다면 정말로 그러고 싶네요.
새로운 직장 때문에 골치가 아프고 아이는 독감에 걸렸어요.
하지만 아빠 목소리를 들으니 좋네요.

목소리 들어서 좋았어요."

전화기를 내려놓으면서 그런 생각이 들었어
꼭 나처럼 자랐구나
내 아이는 나와 똑같구나

해리 채핀, 샌디 채핀
「요람 속 고양이」[1]

성과 관계에 대한 의미를 살펴보았으니 이제는 r세계를 창조하기 위해 무엇이 필요하며 r세계의 일상은 어떤 모습이고 이 세계가 제공할 수 있는 무수한 유익은 무엇인지에 관해 생각해볼 시간이다.

지금쯤이면 독자들이 주지하고 있을 텐데, r세계에 대한 지금까지의 묘사는 대부분 개인적인 자유에 한계를 부여하는 관계적인 경계의 윤곽을 서술하는 데 중점을 두고 있었다. 이런 경계들은 r세계를 세우는 비계와 같은 역할을 한다. 하지만 이 비계의 목적은 불필요한 제한을 두는 것이 아니라 i세계에서 거부당했던 풍부한 보호와 유익을 제공해줄 체제를 만들어내는 것으로서, 이 사실을 인정하는 것은 중요하다. 사실상 r세계의 본질은 그레이엄 내쉬와 i세계가 반발한 "규칙과 규제"보다 오히려 이들이 우리 모두를 위해 제공해주는 보호와 삶의 질에 근거를 둔다.

"삶의 질"이라는 말을 구성하는 짧은 단어들은 서로 경쟁하는 이

---

1 Harry and Sandy Chapin, "Cat's in the Cradle," *Verities and Balderdash (Elektra Records*, 1974).

상향 중 무엇이 우리 일상에 가장 실제적인 유익을 제공하는지를 분별하는 데 결정적인 역할을 한다. 여러 가지 면에서 이 두 세계의 차이점은 "생활 수준"과 "삶의 질" 사이의 차이로 축약된다. 논쟁을 위해 나는 넓은 범위의 개인적인 선택과 더 높은 생활 수준의 제공이라는 측면에서 i세계가 r세계를 명백히 뛰어넘는다는 사실을 인정한다. 평가의 기초가 이런 요인들로만 결정된다면 i세계는 r세계보다 분명 더 나은 선택일 것이다.

하지만 불행하게도 이런 선택과 부의 승리는 i세계에 사는 많은 사람들에게 삶의 질에 대한 다른 제한을 그 대가로 요구한다. 따라서 r세계를 검토할 때 일부 선택과 물질적 위안에 대한 개인적인 희생뿐만 아니라 이 세계가 제공하는 추가적인 유익과 보호를 함께 숙고할 필요가 있다. 이번 장 서두에 가장 먼저 등장한 인용 문구가 잘 설명하는 것처럼 인간은 순간의 유혹을 이기지 못하고 자신이 가장 원하는 것을 당장 원하는 것과 맞바꾸는 경향이 있다. 이것은 이 세상만큼이나 오래된 이야기들이 보여주는 현실이다. 아담과 하와의 이야기고, 미다스 왕의 이야기이며, 워싱턴 디씨의 빈민가는 물론 할리우드의 부유한 사람들 사이에서 매일 같이 일어나는 비극의 줄거리다. 어떤 면에서는 이 책을 읽고 있는 모든 사람의 이야기일 수도 있다. 우리는 순간적인 쾌락을 위해 희생된 큰 열망들이 결국 후회의 삶을 낳을 수 있다는 사실을 잘 알고 있다. 따라서 r세계의 체제는 우리가 만족과 성취를 위해 실제로 필요한 것을 놓치는 대가를 지불하면서까지 지금 원하는 것을 추구하며 살지 않도록, 그런 과잉의 성향으로부터 우리를 보호하고자 한다.

플라톤은 그의 저서인 『국가』를 끝맺으면서 전장에서 죽었지만

12일 후 다시 살아나는 에르(Er)라는 군인의 이야기를 들려준다. 에르는 "다른 세계"를 여행하면서 환생을 앞둔 영혼들이 다음 생에 관한 선택권을 얻는 장면을 목격한다. 그는 다시 태어날 준비를 마친 한 무리의 영혼들을 보게 되는데, 이들은 단순히 힘이나 특권에 집중하지 말고 삶의 질을 깊이 들여다봄으로써 자신의 삶을 신중히 선택하라는 주의를 받는다. 첫 번째 사람은 조급함을 이기지 못한 채 그 충고를 무시하고 표면적으로 자신이 원하는 것을 제공하는 삶을 선택한다. 하지만 선택을 한 후에야 비로소 자신이 갈망한 것을 얻기 위한 대가가 많은 악을 저지르는 것, 즉 자기 자녀들을 집어삼키는 것임을 알게 된다.

많은 사람들에게 i세계는 파우스트식 거래와 같으며, 이 거래에서 우리는 안녕과 성취를 위해 실제로 필요한 것을 경솔하게 포기하면서까지 자유로이 욕망을 충족시키려고 한다. 이는 사실상 해리와 샌디 채핀이 「요람 속 고양이」에서 묘사한 거래의 모습이다. 이 노래는 한 아들이 아버지로부터 개인주의라는 파우스트식 유혹을 배워가는 과정과 동시에 자신을 다음 세대로 복제하면서 고독과 외로움으로 이어지는 개인주의의 연대기적 초상화를 보여줌으로써 우리에게 강렬한 인상을 남긴다. 한마디로 이 노래 가사는 우리가 실제로 온전한 인간의 삶을 살기 위해 꼭 필요한 "규칙과 규제"로부터 "저 문을 열어" 걸어나갈 때 일어나는 의도치 않은 결과에 대한 가슴 아픈 요약이다. 따라서 이번 장에서 나는 우리가 깊이 갈망하는 건강하고 관계적인 삶을 위한 시간과 공간 및 자유를 대가로 지불하면서 실제로는 물질적이고 감각적인 세상을 얻지 않도록 도와주는, 그런 비계의 모습을 묘사하고자 한다.

r세계를 향한 첫걸음을 떼다

여론 조사가 괴로운 이유 중 하나는 나오는 결과가 지나치게 한결같이 정확하다는 점 때문이다. 설문 대상이 몇천 명밖에 되지 않아도 잘 구성된 표본은 수백만에 달하는 사람들의 의견을 정확히 설명할 수 있는데 이는 인간이 습관의 피조물이기 때문이다. 사람들은 종종 변화를 이야기하면서 새해에 맞춰 많은 다짐을 하지만 실제로 행동을 바꾸는 일은 거의 없다. 우리가 지금 어떻게 행동하고 생각하는지는 우리가 과거에 어떻게 자랐는지와 연결되어 있으며, 이 두 가지가 결합되어 미래에 우리가 어떻게 행동하고 생각할 것인지를 보여준다.

가족과 문화는 인간을 형성하는 데 큰 영향을 미친다. 두 가지로 인한 영향의 흔적은 너무나도 깊고 지속적이어서 개인적인 결심과 다른 사람들의 도움 없이는 그 누구도 의미 있는 변화를 일구기 어렵다. 「요람 속 고양이」가 i세계 속에서 우리가 부르는 애가가 될 수 있다. 하지만 그렇게 될 필요는 없다. 우리는 i세계에 꼭 살지 않아도 된다. i세계를 벗어나고자 한다면 의지와 노력이 필요하며, r세계를 세우기 위해서는 다른 사람들과 협력해야 한다. 하지만 r세계를 세우기 위한 작업은 가능한 일일뿐더러 많은 유형의 유익들을 가져다줄 것이다.

지금쯤이면 다들 확실히 알고 있겠지만, 우리는 동시에 두 가지 세계를 살기로 선택할 수 없다. i세계가 제공하는 속박 없는 개인의 자유와 r세계가 주는 관계적인 유익과 보호를 동시에 누릴 수는 없다. 마찬가지로 r세계 역시 i세계가 보장하는 만큼의 개인적인 자유를 제공할 수 없다. 두 세계는 인간의 성취에 대해 서로 다른 이상을 갖고 있으며, 각자의 목표를 성취하기 위해서는 독특한 문화 환경을 창조해야 한다. 이 새로운 세계는 신속히 창조될 수는 없어도 궁극적으로 만들어질 수 있기 때문에, 나는 독자들이 나를 비롯해 여러 다른 사람들과 함께 이 일에 동참하도록 권유하고 싶다.

첫 번째 단계는 "내"가 아닌 관계를 삶의 우선순위로 만드는 것이다. 이는 어떤 결정을 내리기 전 잠시 멈춰서서 이 결정이 우리의 관계적인 삶을 강화시킬지 아니면 약화시킬지를 묻는 것을 의미한다. 야근은 관계적인 비용을 지불할 만한 일일까? 빚을 지는 것은 관계적인 비용을 지불할 만한 일일까? 상대방에게 물건 대신 나를 선물로 건넬 수 있을까? 나에게 자신을 건네는 사람의 선물을 받을 수 있을까?

두 번째 단계는 다른 사람들과 더불어 새로운 삶의 방식 안에서 서로 지지하고 힘을 모아 이런 삶의 방식을 가능케 할 사회적, 정치적 비계를 구축하는 것이다. i세계의 공공 정책이 개인주의적인 자유의 확장을 지지하면서 경계를 완화한 것에 반해, r세계는 풍성한 관계망 곧 인간의 성취를 위한 관계적인 유익을 폭넓게 제공하는 체제를 만들어냄으로써 공공 정책에 접근해왔다. 이런 방식으로 비계를 구축하고 유지하는 방법으로는 정부의 지원은 물론 개인적, 공동체적인 참여가 있다.

이번 장은 주로 공공 정책에 집중하지만 r세계는 위로부터 주어지는 것이 아니므로 정부 혼자서는 r세계를 창조할 수 없다. r세계는 충분한 수의 시민들이 이 세계를 자유로이 끌어안고 정부가 그 행동을 지지하기 시작할 때 비로소 한 사회 안에서 모습을 드러낼 수 있다. r세계는 혁명을 통해 부여되지 않으며, 개인적인 노력만으로도 만들어지지 않는다. 이 세계는 다른 사람들 및 정부와 협력하는 시민들에 의해서만 창조될 수 있다. 토크빌의 통찰력 넘치는 이해가 보여주듯이 r세계와 같은 변화를 이끌어내는 데는 국가가 아닌 지역 정부가 더 효과적일 수 있다. 과정은 비계의 일부에 속하고, r세계가 등장하기까지 과정은 결과만큼이나 중요하다. 비인격인 과정은 관계의 측면에서 긍정적인 결과를 낳지 못한다. 국가 혹은 주 정부는 r세계가 존재하기 위해 필요한 적절한 관계적 경계들을 법으로 정의하는 데 중요한 역할을 하지만, 구체적인 방안을 실행하기 위해서는 언제나 지역의 참여와 감독이 필요하다.

여전히 의구심을 갖고 있는 사람들을 위해 다시 한번 말하자면 r세계는 t세계가 아니다. r세계를 창조하자는 말은 t세계로 되돌아가자는 뜻이 아니다. 물론 t세계와 r세계 사이에는 관계망의 경계를 좇아 사는 것과 남성과 여성의 독특함이 중요하다는 사실을 인정하는 것과 같은 유사점들이 있다. 하지만 특별히 남녀 사이의 관계와 가족의 역할에서 드러나는 중요한 차이점도 있다. 우선 r세계는 가부장적인 강요를 하는 세계가 아니다. 성적 불평등이 제도화된 세계도 아니다. 성적 차이는 인정되지만, 이것은 어디까지나 남성과 여성이 가족, 기업, 공적, 사적으로 맺어지는 관계들 안에서 상호 보완하는 방식으로 협력하도록 한다는 의미다.

i세계가 내세우는 공공 정책은 개인적인 자유의 확장에 초점을 맞춘다. 하지만 r세계의 공공 정책은 적절한 관계적인 경계를 세우면서 사람들에게 건강한 관계를 구축할 수 있는 시간을 제공하는 일에 관심이 있는데, 건강한 관계야말로 r세계가 존재하는 이유이기 때문이다. i세계의 정부는 사람들이 타인의 방해 없이 개인적인 목표와 꿈을 실

현할 수 있도록 최대한의 자유와 공간을 제공하고자 t세계의 비계를 해체하는 일에 전력을 다했다. 하지만 r세계에서 새로운 관계적인 비계를 구축하려면 정부와 개별 시민뿐만 아니라 가족, 이웃, 종교 단체, 학교, 기업, 기타 모든 공적 협회의 역할이 중요하다. 정부의 역할은 관계적인 경계를 정의하고 시행함으로써 시민들이 만족스럽고 즐거운 관계를 개발하기 위한 시간과 공간을 확보하도록 돕는 것이다.

솔직히 r세계는 i세계와 근본적으로 다른 장소이며, 두 세계 사이에 드러나는 차이는 성 윤리를 훨씬 넘어선다. r세계가 입지를 굳히기 위해서는 시민들이 "나"에서 "우리"로 범주적인 방향 전환을 이룰 필요가 있다. 그렇게 하려면 우리는 매사에 "이게 나에게 어떤 의미가 있지?"를 묻기보다는 "이게 우리에게 어떤 의미가 있지?"를 생각해야 한다. 실제로 우리는 "우리"라는 단어가 무엇을 나타내며 "우리"를 세우기 위해 무엇이 필요한지를 온전히 이해할 필요가 있다.

r세계의 관계망

i세계에서 우리는 자신을 너무 개인주의적으로 바라본 나머지 점점 더 세상을 **개인** 혹은 **모두**의 측면으로 이해하려는 경향을 갖는다. 우리는 삶에 꼭 필요한 관계망을 간과한다. 우리의 관계망을 구성하는 모든 관계의 범주들은 r세계에 포함되지만 이전과 동일한 방식으로 되지는 않는다. 이 관계망은 t세계에서처럼 모든 사람이 태어나면서 관계적인 연결과 책임을 갖는다는 점과 성취가 이 망을 회복하고 구축하는 것에서 발견된다는 사실을 인정한다.

r세계에서 이 망은 다음 관계들로 구성된다.

삼대 가족
결혼
확대 가족
우정
이웃
지리적 공동체
신앙 공동체
이웃으로서의 세계

t세계에서처럼 결혼은 한 남자와 한 여자 사이의 영구적 관계로서 가족을 위해 존재한다. r세계는 우리 이웃과 지리적 공동체, 국가, 신앙 공동체 내의 관계는 물론 삼대 가족, 결혼, 확대 가족의 중요성과 가치를 회복시킨다. 그렇게 함으로써 세상 모든 사람들을 이웃으로 삼아야 한다는 상호 공통의 의무와 이들을 개인적, 집합적 의사 결정에 포함시키는 것의 중요성을 회복하는데, 천국의 이 편에서는 모든 이들과 관계적인 친밀감을 느끼는 것이 불가능하다는 사실을 인정하면서도 그렇게 한다. 우정은 선택의 관계로 남겨두지만 t세계로부터 온 상호 공통의 의무 관계는 부활시킨다.

　r세계에서 삶은 우리를 행복하게 만들어줄 사람들을 찾는 데 소비되기보다는 우리에게 이미 주어진 관계들을 구축하는 데 쓰인다. 삶의 질은 대부분 그 사람이 맺은 관계의 질에 의해 결정되고, 정부는 우리가 이 일을 잘 할 수 있도록 시간과 공간 및 지지 네트워크를 제

공하고 보호하는 일을 도울 수 있다. 그렇게 함으로써 우리가 관계망 내에 속한 관계에 대한 책임과 의무를 방치하지 않은 채로 가장 가까운 이들에게 집중할 수 있도록 도울 것이다.

관계를 효과적으로 구축하는 데는 모두의 유익을 위해 사회 특정 영역들의 방향과 우선순위를 재설정하는 일이 포함될 것이다. "회심"이라는 단어가 어떤 일이 일어나야 할지를 적절히 묘사해주는데, 구체적으로 삶에 대한 우리의 접근이 더 집합적으로 바뀐다는 뜻이다. 혼자서는 이런 노력이 시작될 수 없기 때문이다. 또한 변화에는 인내와 의도가 요구된다. 니체는 이 점을 알고 있었다. "'하늘과 땅'에서 꼭 필요하다고 비쳐지는 것은…오랜 기간에 걸쳐 한 가지 방향으로 순종이 있어야 한다는 사실이다."[2]

r세계는 i세계의 부분 집합으로서는 온전히 실현될 수 없다. 따라서 r세계가 존재하기 위해서는 정부의 관여가 필요하다. r세계를 위한 공공 정책의 개발을 논하려면 책 한 권이 통째로 필요하겠지만 여기서는 경계를 설정하고 관계적인 삶을 구축할 수 있도록 우리가 시간을 투자하는 데 중요한 기여를 해줄 정책 방향의 일부를 간단하게나마 살펴보도록 하자.

---

2   Nietzsche, *Beyond Good and Evil*, 101.

건강한 관계적 역할과 경계들

한 사회의 관계적 건강은 그 사회의 관계들이 집합적으로 보여주는 건강으로 측량해볼 수 있다. r세계의 초점은 사랑하고 친밀해지는 역량을 향상시킴으로써 우리의 관계를 강화하는 것이다. 사랑과 친밀감은 인간이 이루는 관계적인 성취의 핵심 요소다. 사람과 친밀감은 안전한 장소에서만 자랄 수 있기 때문에 그런 성취를 위해서는 관계적인 역할과 경계를 꼭 지켜야 한다.

현대적인 정서에서 볼 때 "관계적 역할과 경계"라는 개념은 우리를 제한하거나 왠지 함정에 빠뜨리는 듯한 느낌을 준다. 하지만 사실은 그 반대인데 이들이 자유의 필수적인 측면이기 때문이다. 사람은 관계망 가운데서 태어나고, 우리가 이루는 개별적, 집합적 성취는 개인이 각자 관계망 안에서 맡는 다양한 역할과 각 역할의 자리에 대한 이해에 기초를 둔다.

r세계를 구성하는 관계적 구조의 온전한 개요를 서술하는 것은 서론의 범주를 넘어서는 일이지만, 가이 브랜든은 그 역할의 중요성과 의미에 대해 유익한 개요를 제공한다.

역할(자녀, 부모, 학생, 친구, 배우자, 직장 동료, 상사)에 따라 서로 다른 기대와 책임이 따른다. 애착 곧 관계는 가장 기본적인 인간의 필요다. 역할과 경계는 애착이 의도된 대로 기능하도록 함으로써 애착을 확보하고 지켜낸다. 하나님과 문화는 모두 사람들에게 능력을 부여해서 이들이 자신의 다양한 역할을 수행하도록 한다. 신적, 문화적 견해 그 어느쪽으로 봐도, 우리에게 주어진 역할과 관련된 능력을 잘 사용하는 일은 중요하다. 집안에서 큰소리를 치는 어린아이나 학생에게 휘둘리는 교사를 보면 혼란스럽고 파괴적인 느낌이 든다. 역할에는 네 가지 중요한 구성 요소가 있다.

1. 책임
2. 금지
3. 특권
4. 자격

일례로 결혼한 사람의 역할에는 배우자를 돌볼 책임은 물론이고 다른 성적 파트너를 가져선 안 된다는 것을 비롯해 성관계의 특권과 배타성의 자격이 포함된다. 마찬가지로 부모의 특권 역시 책임을 동반하는 일이다. 이들은 별개로 간주되지 않는데 적어도 좋은 부모라면 그렇게 하지 않기 때문이다. 어떤 역할의 남용이란 그것에 주어진 힘을 **잘못** 사용하는 것이 아니라 그 영역에서의 시작에 **실패**한 것을 뜻한다. 부재한 아버지, 신실하지 못한 배우자, 부정 행위를 한 학생, 감사할 줄 모르는 자녀…각 역할에 부여된 이런 이상과 거기에 수반되는 것들은 관계적 질서의 개념을 이해하는 데 중요하고, 이 질서는 다음과 같은 질문을 던진다. "누가 누구에게 어떠한 책임이 있는가?"

서로 다른 역할들의 책임과 금지, 특권, 자격에 대한 이해는 관계적 질서를 유지하기 위해 꼭 필요하다.…이런 이해는 건강한 심리 발달의 결과다. 따라서 "사회적인 체계의 건강은 성숙에 의존한다." 사람들이 자신이 처한 역할의 본질과 그것에 수반되는 목적과 책임 및 경계를 이해할 때만이 관계의 네트워크가 지속될 수 있다.

성숙 곧 건강한 심리 발달은 두 사람 사이의 상호 친밀감을 위해 꼭 필요하다. 성관계는 친밀감의 조건도, 친밀감으로 향하는 길도 아니다. "영혼의 벌거벗음"을 가능케 하는 전반적 문맥으로부터 분리된 성관계는 거짓된 친밀감을 제공하기 때문에 관계와 감정의 총체에 기여하지 못한다. 오히려 그 반대의 경향이 있는데, 사람에게 가능한 한 가장 친밀한 육체적인 행위를 친밀감이라는 보다 넓은 문맥으로부터 제거함으로써 친밀감이 정말로 의미하는 바에 대한 개인의 기대와 이해를 훼손하기 때문이다. 따라서 이것과 관계를 둘러싼 태도와 행동을 다루는 공공 정책의 목적은 성숙을 지향해야 한다. 곧 건강한 심리 발달을 가능케 하고 육성함으로써 성관계가 이런 틀 안에서 이해되도록 보장하는 것이다.[3]

정의된 관계적 역할, 적절한 관계적 경계, 우리가 어떻게 관계적 삶을 향해 나아가야 할지에 대한 이해는 이 장에서 제시하는 공공 정책 방향의 기초를 형성한다.

짚고 넘어가야 할 부분은 어떤 사람들을 비난함으로써 이들이 폭력적이고 유독한 관계에 머물도록 할 역할과 경계를 세우자는 말이 아니라는 점이다. 이와 반대로 r세계는 이런 관계로부터 피해자들을 보호하기 위해 만들어졌다. 역할이 남용되고 경계가 침범될 때 우리는 피해자들을 위한 안전한 장소를 제공해야 하며 이들의 치유를 도와야 한다. 누구도 자신의 의지에 반해 타인과 관계를 맺도록 강요

---

3 Guy Brandon, *Just Sex? Why It's Never Just Sex* (Nottingham, UK: Inter-Varsity, 2009), 32-33.

받아서는 안 된다. 관계적 경계와 r세계의 역할은 우리를 건강하지 못한 관계에 가두어 두는 것이 아니라 아니라 피해로부터 보호하고 관계적 건강을 위한 최상의 환경을 제공하는 것이다. 이들은 우리에게 안전한 장소를 제공함으로써 다른 사람들과 효과적으로 관계를 맺을 수 있도록 한다. 이런 역할과 경계는 우리가 맺고 있는 다양한 관계들, 그러니까 결혼, 가족, 이웃, 공동체, 우정을 인도하고 보호하며 그 성숙을 돕기 위해 존재한다. 이들은 우리의 종교 공동체와 직장 생활 안에서 이루어지는 상호 작용을 인도한다. 이 관계적 역할과 경계들은 우리가 무엇이 적절하고 부적절한지를 이해할 수 있도록 도와줌으로써 적절한 친밀감과 건강한 관계를 개발할 길을 제공해준다. 이들은 우리 모두의 관계적 건강을 위해 창조되거나 시행되는데, 이 과정에서 우리가 인간으로서 누구인지를 알 수 있도록 돕기도 한다. 공공 정책을 위해 마땅히 유념해야 할 수많은 역할과 경계들이 있지만, 우리의 목적을 위해 인간과 성별, 성, 결혼과 가족에 관련된 것들을 살펴볼 것이다. 정부는 각 영역에서 법과 공공 정책을 사용해 시민들이 역할과 경계를 이해하도록 돕고 사람들이 이를 따르는 일을 단념하거나 반대하지 않도록 하며 규정 준수를 거부하는 사람들을 규제할 수 있다.

관계적 자유

i세계와 r세계 사이에는 자유의 본질에 대한 근본적인 의견 차이가 존재한다. i세계는 개인의 자유가 규칙과 규제 및 체계의 부재 속에서 발견된다고 믿는다. r세계는 자유가 개인적, 집합적인 자제력에 닻을 내린 규칙 및 경계와 함께 다차원적인 사회 체계 속에서 관계적으로 발

견된다고 믿는다. 우리는 이미 이런 차이를 이해할 수 있을 만큼 r세계의 커튼을 충분히 걷어 젖혔다. i세계는 인간이 세 가지 금기를 어기지 않는 한 자기 자신을 창조하고 변화시키면서 원하는 대로 살 수 있다고 주장하는 반면, r세계는 인간이 컴퓨터와 마찬가지로 기계 장치에 내장된 운영 체계를 가지고 태어나며 이 세계가 그것에 따라 기능한다고 주장한다. 우리는 하드웨어를 망가뜨리거나 응용 소프트웨어를 우회할 수 있지만 운영 체계를 교체할 수는 없다.

관계에 대한 모든 논의와 관련해서 r세계 안에서 각 사람의 중요성을 무시하거나 깎아내리는 것은 실수다. i세계만이 개인으로서의 우리를 염려하는 것은 아니다. r세계는 개인이 성취를 향해 나아가도록 돕는다. i세계와 r세계의 차이는 성취를 향해 우리가 취하는 길과 관련이 있다. 글렌 틴더는 그의 책 『기독교의 정치적 의미』에서 모든 시민에게 자유와 기능적인 일관성을 제공하는 자유로운 사회를 만들기 위해 모든 사람들과 협력하는 것이 기독교인들의 책임이라고 주장한다. 틴더가 지적하듯이 하나님은 우리에게 덜 이상적인 선택을 할 수 있는 자유를 주셨고 우리는 서로에게 동일한 자유를 건네야 한다.[4] 예를 들어 관계는 궁극적으로 선택이기 때문에 누구도 어떤 사람과 관계를 맺도록 강요받아서는 안 된다. 관계를 포기함으로써 손해를 자초하는 사람이 있더라도 모든 사람의 안녕을 위해 그런 선택을 할 자유가 필요하다.

불행히도 천국의 이쪽 편에는 관계로 인한 많은 아픔과 병리가

4　Glenn Tinder, *The Political Meaning of Christianity: The Prophetic Stance* (San Francisco: HarperCollins, 1991).

있다. 많은 이들이 심리적, 영적으로 건강하지 못한 상황에서, 우리는 건강하지 못하고 폭력적이거나 심지어 상대방을 노예로 삼으려는 관계에 연루되지 않을 자유가 있다. 우리에겐 타인의 관계적인 병리를 치유할 능력이 없고, 도움을 원치 않는 사람을 도울 수도 없다. 우리가 관계를 맺고 있는 사람들이 성숙해지려는 노력을 하지 않는다면 이들과 맺을 수 있는 관계의 종류는 제한된다. 천국의 이편에서 모든 사람들과 건강한 관계를 맺을 수는 없다.

부모와 형제나 확대 가족처럼 우리에게 일방적으로 주어지는 관계적인 연결들이 있지만, 만약 이 관계가 건강하지 못하거나 폭력적인 양상을 보인다면 피난처를 찾을 자유와 기회가 필요할 것이다. 하지만 우리에게는 확대 가족의 안팎에서 많은 사람들과 건강하고 성숙한 관계를 개발할 이상적인 기회가 있다. 우리는 관계와 서로에 대한 섬김을 통해 자신이 갈망하는 친밀감과 사랑을 발견한다. 이런 관계가 개발될 수 있는 문맥을 창조하고자 하는 것이 r세계가 내세우는 공공 정책의 초점이다.

성별의 구분

앞서 살펴본 것처럼 성별은 개인적으로나 관계적으로 중요한 요소다. 관계에서 얻어지는 깊이를 최대한으로 개발하고 누리기 원하는 사람은 남성, 여성 모두와 관계를 맺어야 한다. r세계의 정부가 성별의 구분을 유지하기 위해 해야 할 일은, 남성과 여성을 미리 형성되고 사회적으로 길들여진 성 역할에 들어맞도록 강요하는 것이 아니라 두 성별 모두 가능한 한 모든 방식으로 발전할 수 있도록 이끄는 것이다. 즉 어떤 사람의 성별이 그 사람의 온전한 잠재력을 개발하는 데 방해가 되어서는 안 된다. 하나님께서 남성과 여성이 비슷한 일을 해낼 역량을 갖도록 지으셨다면 둘 다 비슷한 일을 할 수 있도록 허용되어야 한다. 이런 경계의 목적은 명확하다. 우리가 인간으로서 비슷한 부분을 가졌지만 아직은 이해할 수 없는 방식으로 남성과 여성이 관계적으로 상호 보완한다는 점을 인식하게끔 하는 것이다. 두 성별은 우리의 관계적인 삶에 풍요로움과 깊이를 제공하는데, 단순히 성별에 대한 역사적인 추정 중 일부가 잘못되었다는 이유로 이 장점이 희생되어서는 안 된다. 정부는 성별을 사회적으로 무의미하게 만드는 노력이나 계획들을 막아냄으로써 성별의 구분을 유지하기 위한 노력을 해야 한다. 이에 따라 정부는 외과적, 화학적으로 자신의 성별을 바꾸려는 시민들의 시도를 막아야 한다. 하지만 동시에 성별 결정을 모호하게 하는 생물학적 이상을 가지고 태어나는 이들의 성을 이해하고자 애쓰는 부모와 사람들을 도와야 한다. 이런 경계는 성을 기초로 남성과 여성을 임의적으로 제한하는 것이 아니라 무엇이 각 성별을 독특하게 하는지, 그리고 우리가 모두의 유익을 위해 어떻게 상호보완 할 수 있는지를 끊임없이 탐색하도록 하는 것이다.

성관계의 경계

우리는 성욕을 가진 존재로 창조되었지만 앞서 살펴보았듯이 성관계는 인간 성취의 필수 요소가 아니며 성적 경계가 침범될 때 발생하는 관계적, 사회적인 결과는 대단히 크다. 성적 경계가 침범을 받으면 관계적인 건강과 공존할 수 없는 아픔과 불안이 발생함으로써 친밀감이 억제되거나 파괴된다. 더욱이 우리가 관계에 투입해야 할 에너지를 관계의 성적 측면에 불균형적으로 쏟아붓는다면 관계 맺음의 중요한 다른 측면들을 방치하게 된다. 개인의 관계적인 결핍에는 사회적인 결과가 뒤따르기 때문에, 관계에서 결함이 생기거나 혼란이 야기될 때 우리의 삶은 효과적으로 기능하기 어렵다.

아이들이 미혼 부모에게서 태어났을 때 그 아이와 사회가 치러야 할 비용은 크다. 미혼의 개인이나 커플이라도 아이를 돌보고 양육할 수 있다는 데는 의심이 없지만, 통계적 현실을 보면 이런 환경에 놓인 아이들이 잘 자라지 못하는 경향이 있으며, 사회는 평생에 걸쳐 이들이 겪는 불운한 결과를 상대하기 위해 심각한 비용을 부담해야 한다. 한 남자와 한 여자 간의 결혼으로 성관계를 제한하는 경계를 세운 공공 정책은 다음과 같은 장점이 있다. (1) 혼외 성관계를 통해 발생하는 육체적, 감정적, 영적 피해를 막을 수 있다. (2) 사람들로 하여금 인간의 성취에 성관계보다 사랑과 친밀감이 훨씬 더 본질적인 요소임을 깨닫게 한다. (3) 성적 노력에 기울이는 시간을 관계적으로 자신을 개발하는 쪽으로 돌릴 수 있다. 꼭 성적인 측면이 아니어도 다른 사람들을 움직여 우리가 원하는 일을 하는 데 들이던 시간과 에너지를 상호 관계를 쌓는 방식으로 전환하면, 이를 건설적으로 사용할 수 있다. 관계는 타인을 조종하는 것이 아니며 개인의 성취를 이루기 위한 공동 사업으로서 존재하는 것도 아니다. 관계는 함께 서로를 알아가는 모험이다.

일부 사회에서는 이런 경계가 침범될 때마다 형사 고발이 관행처럼 이뤄지고 있는데, 나는 이를 지지하지 않는다는 사실을 분명히 하고 싶다. 대신 사회는 혼외 성관계가 야기하는 관계적인 피해에 대한 반감을 분명히 할 필요가 있다. 정부는 모든 성인이 자신의 성적 행위로 인해 아동 복지와 장기적 의료 비용과 같은 영역에서 사회에 부과되는 경제적인 비용을 충분히 인지하도록 하는 방안을 고심해야 한다. 한 사람이 다른 사람의 성적 선택을 위한 비용을 지불하는 구조는 분명히 불공평하다. 하지만 그 초점이 징계 처분에 맞춰져서는 안 된다. 침실을 감시하는 일이 정부가 해야 할 일이 아니라는 사실을 제외하더라도 혼전 성관계를 처벌하기란 사실상 불가능하다. 이런 경계의 위반을 발견하는 유일한 명백한 방법이 혼외 임신인 것을 고려할 때, 관련된 이들을 처벌하려는 시도는 오히려 더 많은 수의 낙태라는 원치 않는 결과로 이어질 확률이 높다. 법이 성취할 수 있는 것에는 한계가 있다. 모든 도덕적 제약이 형법의 일부일 필요는 없다. 법이 어느 정도 행동을 규제할 수는 있지만 마음을 바꾸지는 못한다. 마음의 변화가 없는 법적 제재는 사회 변화를 가져오는 데 한계가 있다.

결혼

결혼이 평생에 걸친 한 남자와 한 여자 사이의 연합이라는 사실과 더불어 가족과 다른 사람들을 위해 존재하는 제도라는 사실을 다시금 이해한다면 사회에 유익이 될 것이다. 행복한 결혼 안에서 남편과 아내는 자녀를 양육하고 가족 구성원들을 비롯하여 부모, 친척, 도움이 필요한 다른 사람들을 지지한다. 이와 같은 결혼의 정의에서 파생되는 긍정적인 사회 효과 중 아이의 돌봄과 관련된 증거들은 차고 넘친다.[5] 앞서 살펴본 것처럼 일부다처, 동성, 집단 결혼이나 연대를 포함한 다른 어떤 방식도 전통적인 결혼이 아이들을 위해 제공하는 필수적인 돌

---

5   이미 언급된 자료들과 함께 다음을 참조하라. James Q. Wilson, *The Marriage Problem: How Our Culture Has Weakened Families* (New York: HarperCollins, 2002), 170-75; and Hymowitz, *Marriage and Caste*.

봄과 보호를 대체할 수 없다.

4장에서 인용된 통계 증거는 자녀의 양육 및 돌봄과 관련해서 전통적인 결혼이 갖는 압도적인 유익을 분명하게 지지하지만, 일부 비평가들은 여전히 이를 납득하지 못한다. 우리 사회가 대안적인 관계 모형들을 수용하고 이 관계 안에 있는 사람들이 현재 감수하고 있는 도덕적인 비난을 더 이상 감수하지 않아도 되는 상황에 이른다면, 이 모형들도 전통적인 결혼만큼 양육에 유익하다고 주장하는 이들이 생길 것이다. 따라서 추가 연구와 추적 연구가 이뤄지기 전까지는 해결이 어려운 논쟁에서 길을 잃고 헤매기보다, 전통적인 결혼 외의 다른 대안을 지지하지 않는 나의 이유를 통계 척도를 인용하지 않은 채로 제시해보려고 한다. 내가 제시할 세 가지 근본적인 이유는 다음과 같다. (1) 성별은 중요하다. (2) 성취를 위해 성관계가 꼭 필요한 것은 아니다. (3) 결혼보다 덜 영구적인 연합은 그것이 무엇이든 아이들에게 해가 된다.

성별은 중요하다

결혼에서 성별은 중요하다. 앞서 언급한 대로 동성 결혼을 지지하는 이들조차 사회가 동성 결혼은 물론 동성 연대의 지지로 향하는 속도에 놀라고 있다. 이런 전례 없는 전환의 속도를 어떻게 설명할 수 있을까? 나는 현대 사회에서 남성과 여성의 명칭을 중성화시킨 것이 가장 큰 원인이라고 생각한다. 만일 우리 사회가 결혼과 가족을 위해 남성과 여성의 구분이 중요하다고 믿었다면, 동성 결혼이나 연대를 위한 시도는 심각하게 고려되지 않았을 것이다. 하지만 우리 사회가 성별의 구분이 중요하다는 사실을 간과했을 때 모든 실질적인 측면에서 남성과 여성의 관계가 중성화되었다. 만일 우리가 본질적으로 사람에 지나지 않는다면, 만일 남성과 여성이 사회적으로 구성된 범주에 불과하다면, 성별이 왜 우리의 관계적 혹은 성적 고민과 관련되어야 할까?

사회 혁명은 어느 한순간에 일어나지 않는다. 한순간에 시작했더라도 그것이 실현되기까지는 한 세대나 그 이상의 시간이 걸린다. 우리가 인간 종을 중성화시킨 순간 동성 결혼에 대한 사회 혁명에 극적 전환점을 제공한 셈이다. 중성화로 인한 온전한 영향은 즉각적이지는 않아도 결국 시간을 두고 드러날 것이다. 사실 이 논쟁 전체는 궁극적으로 성별의 의미에 대한 의견의 불일치로 귀결될 수 있다. 우리는 본질상 남성과 여성인가, 아니면 서로 다른 성적 기관을 갖는 사람에 불과한가?

성별은 중요하기 때문에 결혼의 정의를 한 남자와 한 여자 사이의 관계로 유지하는 것은 출산, 관계의 질, 양육에서 광범위한 중요성을 갖는다. 성별은 이 모든 차원에서 단순화하기 어려울 정도의 의미가 있다. 그렇다고 행복하고 건강한 결혼과 가족을 구축하는 데 다른 요인들이 전혀 필요하지 않다는 뜻은 아니다. 건강한 결혼에는 많은 요소가 포함되지만, 성별이 우리의 관계적인 존재, 특별히 결혼에 미치는 영향의 특징을 잃는다면 상상할 수 없는 방식으로 우리 자녀들과 가족을 빈곤에 빠뜨릴 위험이 있다.

성취를 위해 성관계가 꼭 필요한 것은 아니다

인간의 성취를 위한 최선의 소망이 꼭 성적일 필요가 없는 여러 건강한 관계 안에서의 생활을 포함한다면, 결혼의 정의나 성관계의 경계에 동성애를 포함시킴으로써 이룰 수 있는 실제적인 목적은 없다. 결혼의 성별 경계를 완화하는 일은 관계적인 성취의 의미에 대해 잘못된 신호를 보내는데, 이에 대한 답례로 되돌아올 식별 가능한 사회적인 이익은 없다. 하지만 이로 인한 잠재적인 사회적 비용은 상당할 수 있다.

결혼보다 덜 영구적인 연합은 그것이 무엇이든 아이들에게 해가 된다

조나단 라우치같은 동성 결혼 지지자마저도 결혼이 아이를 기르기 위한 최선의 사회 제도라는 데 동의한다.[6] 사회과학은 자녀 양육을 위해 전통적인 결혼보다 우월한 다른 대안이 있음을 증명하지 못했기 때문에, 그렇게 하려는 모든 시도는 불필요하고 무책임하게 아이들을 사회 실험이나 사회 공학에 몰아넣게 된다. 해로운 경험이 될 수 있는 실험의 대상으로 삼기에 아이들의 삶은 너무나도 연약하고 중요하다.

부모가 사실혼 관계와 동거의 형태로 사는 아이들은 안정감을 누리지 못할 가능성이 크고, 이는 명백히 열악한 결과로 이어진다. 따라서 성별이 정말로 중요하고 결혼이 인간의 성취에 본질적이지 않다면, 한 남자와 한 여자 사이의 결혼을 벗어나 자녀를 양육하는 것에 대한 사회적 실험을 이어나갈 강력한 유익은 없다.

공공 정책은 이 모든 요인을 감안하여 전통적인 결혼과 그것을 둘러싼 경계들을 지지하고 강화하기 위한 노력을 기울여야 한다. 여기에는 합의 이혼의 폐지도 포함된다. 분명 이혼이 정당한 경우도 있지만, 이혼은 특정한 경우로만 제한되어야 하고 화해를 위한 모든 노력이 기울여진 다음에 허가되어야 한다. 결혼은 중요한 사건이다. 섭

---

6   Jonathan Rauch, *Gay Marriage: Why It Is Good for Gays, Good for Straights, and Good for America* (New York: Henry Holt, 2004), chap. 6.

게 발을 들일 수 없는 영역이며, 이렇게 맺어진 영원의 맹세는 쉽게 깨져선 안 된다. 이혼은 정당한 이유 없이 허가되어선 안 된다. 커플이 당면한 문제를 해결할 수 있도록 면밀한 기회를 제공하는 숙려 기간이 먼저 주어져야 한다.

이혼법을 엄격히 하는 조치는 i세계의 관점에서 보면 불필요하고 가혹한 처사로 여겨질 수 있으나, 이는 성적 관계가 성취의 주된 수단이라는 잘못된 추정 아래 i세계가 움직이기 때문이다. 개인의 섹스와 관계적인 성취 사이의 차이를 명백히 구별하게 되는 순간, 이들은 자기 불행의 근원적인 해결이 또 다른 결혼이나 관계가 아닌 기존의 관계망 안에서 관계적인 성취를 찾으려는 노력에 있다는 것을 깨닫게 된다. 무엇이 만족스러운 관계에 기여하는가를 알게 된다면 결혼을 통해 치유받고 성숙할 수 있으며, 현재 결혼 생활을 상상 이상으로 만족스럽게 만들 수도 있다.

이것은 공공 정책이 어떻게 사람들이 성취를 찾는 데 도움을 줄 수 있는지에 대한 한 예시다. 정책이 관계를 위한 적절한 경계를 설정함으로써 모든 사람들은 결혼 여부와 관계없이 자신이 갈망하는 사랑과 친밀감을 찾을 수 있는 더 큰 기회를 얻게 된다.

r세계의 핵심은 시간이다

r세계가 제시하는 공공 정책의 핵심은 단순히 관계적인 경계를 유지하는 것에서 더 나아가, 건강한 관계를 창조하고 유지하기 위해 시간을 만들어내는 것이기도 하다. 시간은 r세계를 구성하는 비계에서 꼭

필요한 부분이다. 앞서 살펴보았듯이 성은 그 자체로는 관계적인 성취의 중심적인 자리에 있지 않다. 어쨌든 한 주는 168시간으로 구성되어 있고 대부분의 사람들은 이 시간의 아주 작은 부분을 성적 관계를 위해 쓴다. 그렇다면 무엇이 중심적인가? 시간 그 자체다. 시간만 가지고는 건강한 관계를 세울 수 없지만, 채핀 부부가 알고 있었던 것처럼 그 무엇도 시간을 대체할 수는 없다.

모든 관계에서 시간은 중요하다. 기도, 묵상, 연구, 예배를 통해 하나님과 시간을 보내는 것 외에는 그분과 그분의 사랑을 온전히 알 수 있는 길이 없다. 지름길이 없다는 말이다. 모든 사랑이 하나님으로부터 오는 것이 사실이라면 관계적인 성취로의 여정은 이곳에서 시작되며 그 길을 가기 위해서는 시간과 집중된 관심이 필요하다.

하지만 이는 여정의 시작에 불과하다. 시간 역시 인간관계의 본질적 요소다. 우리는 다른 사람들과 시간을 보내면서 그들에게 관심을 집중해야만 건강하고 사랑스러우며 만족스러운 관계를 이어갈 수 있다. 다른 사람을 깊이 알아가는 데는 시간이 걸리고 반대로 그 사람이 당신을 깊이 알아가는 데도 시간이 걸린다. 관계는 시간을 기꺼이 내어줄 의사(availability)를 요구한다. 모든 순간을 다른 사람을 위해 존재하는 사람은 없지만, 누군가를 위해 내어줄 시간이 없다고 하면 그에 대해 관계적인 결과가 발생한다. 계속해서 시간이 없다는 이유를 댄다면 관계에서 친밀감과 성취를 쌓지 못하게 되고 급기야 그 기회를 박탈당할 것이다.

시간은 우리에게 가장 부족한 것인 동시에 가장 가치 있는 원자재이기 때문에 우리는 매우 계획적인 방식으로 시간을 사용해야 한다. 우리가 시간을 사용하는 방식을 보면 무엇에 가치를 두고 소중히 여기는지를 알 수 있다. 만일 우리가 다른 사람들과 함께 시간을 보내고 있다면 우리에게는 참된 사랑과 친밀감 안에서 타인과 함께 성장할 가능성이 있다. 만일 다른 목적을 위해 시간을 사용한다면 우리 삶에서 이런 특징들이 결핍될 것이고 적어도 우리를 사랑하는 사람들은 우리에게 실망감을 느낄 것이다.

시간과 돈

시간의 가장 큰 경쟁자는 부를 추구하는 마음이다. 만일 우리가 진지하게 건강한 관계를 위해 시간을 내길 원한다면, 돈의 유혹을 잘 살펴본 후에 맘몬을 좇기 위해 관계를 희생시키려는 유혹에 어떻게 저항해야 할지에 관해 고심해야 한다. 섹스와 돈을 따르다 보면 우상숭배로 이어질 확률이 매우 높다.

교회가 성도덕에 대해 역사적으로 확고하고 강경한 입장을 취해온 것을 감안한다면, 이 문제를 얼핏 본 평범한 사람들은 성관계가 성경에서 가장 중요한 도덕적 문제라고 쉽게 결론지을 것이다. 하지만 이는 사실이 아니다. 성관계는 순결의 한 측면이지만 구약과 신약의 저자들은 자신들의 가장 강력한 언어를 경제 정의를 위해 남겨둔다. 말씀은 유혹의 가장 큰 두 가지 원천이 부와 섹스임을 시사한다. 그리스도는 산상수훈에서 이 가르침을 다음과 같이 설명한다.

> 너희를 위하여 보물을 땅에 쌓아 두지 말라. 거기는 좀과 동록이 해하며 도둑이 구멍을 뚫고 도둑질하느니라. 오직 너희를 위하여 보물을 하늘에 쌓아 두라. 거기는 좀이나 동록이 해하지 못하며 도둑이 구멍을 뚫지도 못하고 도둑질도 못하느니라. 네 보물이 있는 그곳에는 네 마음도

있느니라.…한 사람이 두 주인을 섬기지 못할 것이니 혹 이를 미워하고 저를 사랑하거나 혹 이를 중히 여기고 저를 경히 여김이라. 너희가 하나 님과 재물을 겸하여 섬기지 못하느니라. 그러므로 내가 너희에게 이르 노니 목숨을 위하여 무엇을 먹을까, 무엇을 마실까, 몸을 위하여 무엇을 입을까 염려하지 말라. 목숨이 음식보다 중하지 아니하며 몸이 의복보 다 중하지 아니하냐. 공중의 새를 보라. 심지도 않고 거두지도 않고 창 고에 모아들이지도 아니하되 너희 하늘 아버지께서 기르시나니 너희는 이것들보다 귀하지 아니하냐. 너희 중에 누가 염려함으로 그 키를 한 자 라도 더할 수 있겠느냐. 또 너희가 어찌 의복을 위하여 염려하느냐. 들 의 백합화가 어떻게 자라는가 생각하여 보라. 수고도 아니하고 길쌈도 아니 하느니라. 그러나 내가 너희에게 말하노니 솔로몬의 모든 영광으 로도 입은 것이 이 꽃 하나만 같지 못하였느니라. 오늘 있다가 내일 아 궁이에 던져지는 들풀도 하나님이 이렇게 입히시거든 하물며 너희일까 보냐. 믿음이 적은 자들아! 그러므로 염려하여 이르기를 무엇을 먹을까, 무엇을 마실까, 무엇을 입을까 하지 말라. 이는 다 이방인들이 구하는 것이라. 너희 하늘 아버지께서 이 모든 것이 너희에게 있어야 할 줄을 아시느니라. 그런즉 너희는 먼저 그의 나라와 그의 의를 구하라. 그리하 면 이 모든 것을 너희에게 더하시리라. 그러므로 내일 일을 위하여 염려 하지 말라. 내일 일은 내일이 염려할 것이요, 한 날의 괴로움은 그날로 족하니라(마 6:19-21, 24-34).

이 본문은 우리 삶의 우선순위에 관해 많은 것을 언급함으로써 우리의 시간 사용에 대해 중요한 질문을 던진다. 우리는 하나님이 우리에게 주신 시간을 어떻게 투자할 것인가? 물질적인 소유를 추구하는 데 투자할 것인가, 아니면 하나님과 이웃을 사랑하라는 두 가지 위대한 계명에 순종하는 데 투자할 것인가?

　역설적으로 부와 시간의 사용에 대한 그리스도의 가르침은 우리의 생활 방식과 사회적 우선순위에 커다란 변화를 요구한다. r세계는 단순히 성적 경계를 넘어서 우리가 맺는 관계의 질에 집중한다. 서구 사회에 살고 있는 대부분의 사람들은 너무나도 많은 시간을 일에 쏟는 나머지 하나님이나 다른 사람들과의 관계에 투자할 시간을 남기지 못한다. 호주에서 최근 발표된 한 보고서에는 자국민들이 시간을 사용하는 방식과 그것이 관계에 미친 영향에 대한 아찔한 비평이 담겨 있다.

30년 전 호주 노동자는 평균적으로 일주일에 40시간 미만을 직장에서 보냈다. 이 시간의 대부분은 안정 고용으로서, 이들은 주중 오전 8시에서 오후 6시까지 근무를 했다. 이런 근로 생활의 패턴은 사회에서 폭넓게 공유되었고, 그 결과 대부분의 호주 사람들은 직장 **밖에서의** 삶이라는 지속적인 패턴을 누릴 수 있게 되었다. 이는 예측 가능한 기반을 바탕으로 가족, 친구들 및 다른 공동체와 관련된 활동에 시간을 쏟을 수 있었다는 뜻이다.

　호주의 지난 30년은 경제적 번영의 시기였다. 하지만 이런 성공에는 대가가 따랐다. 근무 패턴이 크게 변화되었고, 이제 호주는 다음과 같은 근무 형태를 갖춘 유일한 고소득 국가가 되어버렸다.

· 고소득 국가 중 가장 높은 평균 근무 시간
· 평일 저녁과 주말 근무 추세

· 취업 인구 중 상대적으로 높은 비율의 임시 고용

장시간에 걸쳐 시간 외 근무를 하는 사람들일수록 가족이나 친구들과 양질의 시간을 적게 보낸다는 사실과 더불어 대부분의 호주인들이 업무로 인한 시간 압박을 경험한다는 사실을 보여주는 증거들은 매우 많다.

최근 등장한 국제 연구들에 따르면 이와 같은 장시간 근무 및 일반적이지 않은 근무 패턴이 역기능적 가족 환경과 연관되어 있으며, 그 구체적인 내용은 다음과 같다.

a. 이런 근무 형태를 보이는 사람들 중 특히 가정 내 부모 역할을 담당하는 사람들에게 영향을 주는 부정적인 건강 문제
b. 어그러진 가족 관계
c. 분노와 모순 및 비효율로 특징되는 양육

결정적으로 장시간에 걸친 일반적이지 않은 근무 시간과 역기능적 가족 환경은 모두 아래와 연관이 된다.

d. 아이의 행복 감소

특별히 이런 연관성은 부모 중 한 사람 혹은 둘 모두가 일반적이지 않은 일정으로 근무를 할 때 더 명백하게 나타나기 때문에, 아이들에게는 어머니뿐만 아니라 아버지의 근무 형태 역시 매우 중요한 요소다. 호주 사회의 저소득층 구성원들이 이런 변화에 대체로 더 예민한 영향을 받고 있지만, 전반적으로 공동체의 모든 계층이 이 문제에서 자유로울 수 없다.

지난 30년에 걸쳐 가족 내의 관계적인 건강의 악화로 인해 별거와 이혼이 증가했다는 점은 놀랍지 않다. 지금은 과거 어느 때보다 한부모 가정이 많다. 한 명 혹은 그 이상의 자녀를 돌보는 부모가 한 명일 때 증가하는 시간의 압박과 스트레스는 성인의 건강 문제와 양육 부담 및 자녀가 겪는 어려움에 영향을 준다.

호주의 직장 및 사회에서 목격되는 다른 추세들은 여기에 묘사된 관계적인 건강의 문제를 악화시킴과 동시에 노동자들을 궁극적인 경기 침체에 더 취약하게 만든다. 이와 같은 추세에는 고용 안정성의 지속적인 감소, 업무 책임의 강화, 가계 부채의 증가가 포함된다.[7]

이는 호주 사람들의 삶을 압축적으로 보여주고 있지만, 호주에만 국한되는 이야기는 아니다. 이런 측면에서 호주가 다른 서구 국가를 앞서가고 있다고 해도 그 차이는 크지 않다.

그렇다면 우리가 할 수 있는 일은 없을까? 서구 사회의 부채 증가, 중산층의 감소, 생계를 꾸리기 위해 부모 두 명이 모두 일을 하는 가정의 수(여러 가지 일을 하는 경우도 있다)를 감안할 때 이 문제는 단순히 선택이 아닌 생존의 문제다. 그렇게 하는 것이 꼭 필요하다는 사실에 설득되었다고 해도 많은 사람들에게 실제로 관계에 쏟을 자기 재량의 시간이 있는지도 분명하지 않다. r세계는 이 점을 인정하고, 공공 정책을 통해 이 부분에 도움을 줄 수 있다.

---

7 "An Unexpected Tragedy: Evidence for the Connection between Working Patterns and Family Breakdown in Australia," Relationships Forum (2007), 13, www. relationshipsforum.org.au/report/index.html#ut_download.

관계를 위해 시간을 내다

앞서 살펴본 것처럼 r세계에서 추진하는 공공 정책의 목적 중 하나는 효과적인 관계 체제를 구축하는 데 꼭 필요한 적절한 경계를 세우는 것이다. 또 다른 목적은 사람들이 건강하고 성숙한 관계를 맺고 구축하는 데 필요한 시간을 제공하는 것이다.

앞서 인용된 "예기치 않은 비극"(An Unexpected Tragedy)이라는 연구가 분명히 보여주듯 지난 10년 동안 호주에서 일어난 가장 심각한 변화 중 하나는 일에 쏟는 시간의 양과 그것이 관계에 미치는 영향에서부터 시작되었다. 하지만 그것은 호주만의 일이 아니다. 로버트 퍼트넘은 미국 내 공동체의 붕괴를 다룬 책 『나 홀로 볼링』에서 미국의 비슷한 이야기를 찾아낸다.

> 시민 참여와 사회 자본의 감소에 기여해온 요인들에 대해 우리가 배운 것을 요약해보자.…먼저 맞벌이 가족이 받는 특별한 압박을 포함해 시간과 돈이 주는 압박은 우리의 사회 공동체적 관여가 축소되는 데 어느 정도 기여를 했다.…둘째, 교외화, 통근, 도시의 확산 현상 역시 이를 돕는 역할을 했다.…셋째, 우리의 여가 시간을 사유화하는 측면에서 전자 오락 특히 텔레비전은 의미심장한 역할을 했다.…마지막이자 가장 중요한 것으로는 세대의 변화다. 오랜 시민 세대가 상대적으로 외부에 관심을 덜 갖고 있는 이들 자녀와 손주들로 천천히, 꾸준히, 불가피하게 대체되어온 것은 매우 강력한 요인이었다.[8]

---

8   Robert D. Putnam, *Bowling Alone: The Collapse and Revival of American Community* (New York: Simon & Schuster, 2000), 283.

퍼트넘이 언급한 마지막 요인을 통해 우리는 i세계가 우리의 관계와 사회 구조에 미친 영향을 재확인한다. t세계에서 성장한 미국의 마지막 세대가 i세계에서 성장한 세대로 이어지고 대체되면서, 우리는 i세계의 개인주의가 만들어낸 사회적 비용을 마주하게 되었다. 이런 흐름을 역전시킬 손쉬운 방법은 없지만 그렇게 하기 위해서는 우리 자신뿐 아니라 관계를 위한 시간을 우선시해야 한다. 또한 우리는 각자 의도적인 선택을 해야 한다. 하지만 이런 결정은 우리의 통근 거리를 바꿔주지 못하고 확대 가족은 물론 우리의 삼대 가족이 지리적으로 분산되어 있다는 사실에도 영향을 미치지 못한다. i세계에서는 부모들이 이혼을 하거나 별거를 할 가능성이 점점 더 커지고 있다. 우리의 이웃을 깊이 알아갈 가능성이 점점 더 줄어들고 있으며, 우리의 "가장 가까운" 친구들은 지리적으로 멀리 떨어져 있다. 고용주들은 정기적으로 근무지의 이동을 요구할 수도 있고, 근무 일정으로 인해 맞벌이 부모를 둔 가족이 매주 같은 날에 쉬지 못할 수도 있다. 이처럼 많은 요인들이 가족과 공동체의 붕괴에 기여하고 있다.

그럼에도 불구하고 어떤 변화가 있으려면 우리 각자로부터 무언가가 시작되어야 한다. 여기에는 어떻게 살 것인가에 대한 우리의 개인적인 결정뿐만 아니라 정부에게 무엇을 우선하도록 요구할 것인지에 관한 결정도 포함이 된다. 우리는 이런 변화를 겪으면서 생활 수준보다 삶의 질에 훨씬 더 높은 가치를 둘 것을 요구한다. 우리는 관계의 질이 삶의 질에 큰 영향을 미친다는 점을 받아들여야 하며, 우리의 시간을 단순히 물질적인 부를 창조하는 것보다 관계에 투자하는 편이 더 낫다는 사실을 이해해야 한다. 그러기 위해서는 수용하기 어려운 관계적인 희생을 요구하는 생활 방식을 멀리해야 한다. 즉 가족이나 이웃과 함께 시간을 보내기 위해서는 텔레비전을 보고 게임을 하는 것과 같은 특정한 개인 취미에 들이는 시간을 줄여야 한다. 개인의 의지가 바뀌지 않은 상태에서 정부가 사람들이 맺는 관계의 질을 증진시키기 위해 할 수 있는 일은 별로 없다. 하지만 우리가 진정으로 이런 변화를 이루기 원한다면, 정부가 우리를 도울 수 있는 일들은 많다. 그 예로 몇 가지 가능성을 제시해보자.

일요일을 다시 특별한 날로 만들기

우리는 일요일에 쇼핑할 자유를 모든 선진국 국민이 마땅히 누려야 할 권리로 인식하는 경향이 있다. 현실은 일요일 쇼핑에 대한 규제를 없앰으로써 우리 사회가 관계적으로 비극적인 결과를 초래했고, 이는 경제적으로도 이치에 맞지 않는다. 예를 들어 일주일 중 하루만 쇼핑을 금지함으로써 모든 상점들이 일곱 번째 날 상점의 문을 여는 비용을 절감할 수 있는데 일주일에 7일 동안 문을 여는 것이 왜 장려되어야 할까? 현실은 일요일 쇼핑 금지를 철회함으로써 핵가족들이 다른 확대 가족, 이웃, 친구들은 물론이고 서로 함께 시간을 보내기가 더 어려워졌다. 더 많은 사람들이 일요일에 나와서 일을 해야 하고 어린이 스포츠 리그와 같은 공동체 활동의 일정이 일요일에 잡히면서 관계를 위한 공동의 시간을 찾기가 더 어려워졌다.

비용이 들지 않고 상점들의 이익을 증가시킬 뿐만 아니라 서로를 위한 보다 더 많은 시간을 낼 수 있는 방안이 있다. 그것은 바로 일요일 쇼핑과 공적으로 일정이 잡힌 여러 활동에 대한 금지를 다시 제정하는 것이다. 이렇게 해야 하는 가장 중요한 이유는 잠재적인 재정적 이익을 떠나 관계적인 이유 때문이다. 하지만 정부의 개입 없이는 사실상 이를 성취할 수 없다. 일요일에 대한 규제가 없다면 모든 상점들이 시장 점유율을 잃지 않기 위해 영업을 하려고 할 것이다. 공공정책에서 이런 한 가지 변화를 이끌어 낸다면, 다른 어떤 변화보다 적은 비용으로 관계를 위한 시간을 만들어내는 데 큰일을 해낼 것이다.

　　같은 날 쉬는 것이 중요하다는 사실에는 동의하지만 일요일 말고 다른 날을 선호하는 이들도 있을 수 있다. 하지만 문화적, 정치적인 현실을 생각하면 주중의 다른 날을 규제하는 것보다 일요일 쇼핑을 다시 규제하는 것에 저항이 덜 할 것이다. 만일 다른 날로 의견의 합치가 이루어진다면 고려해볼 가치가 있겠지만, 적어도 미국에서는 일요일이 아닌 다른 날을 상상하기가 어렵다.

잠시 머무르는 것보다 뿌리내리는 것을 장려하기

우리는 엄청난 이동성의 시대를 살고 있다. 우리는 상대적으로 쉽게 다른 도시와 주, 나라, 심지어 세상을 여행할 수 있다. 이런 이동성 덕분에 아주 멀리 떨어져 있는 친구와 가족들을 방문함으로써 관계적인 유익을 얻는다. 더불어 모든 나라의 사람들과 관계를 맺을 수도 있으며, 이런 장점들은 세계를 우리의 이웃으로 바라보게끔 함으로써 관계망의 중요한 요소로 작용한다. 하지만 이동성으로 인해 가족이나 친구들과의 지리적인 분리가 이루어진 것 역시 사실인데, 여기에는 파괴적인 관계 비용이 따른다. 즉 함께 시간을 보내지 않고는 보람된 관계를 일굴 수 없다는 것이다. 현대 기술은 관계의 유익을 불러오는 소통의 편이를 제공하지만, 장거리 소통은 물리적으로 함께 있는 것을 대체할 수 없다.

　　이동성이 우리에게 영향을 미친 또 다른 방식은 직장으로 통근

하는 사람들의 숫자가 점점 더 늘고 있다는 것이다. 퍼트넘이 발견한 것처럼 "우리는 점점 더 많은 시간을 자동차에서 홀로 보내고 있다.… 하지만 자동차와 통근은 공동체 생활에 분명 좋지 않다. 어림잡아 증거가 제시하는 사실은 **매일 통근 시간이 10분씩 추가될 때마다 공동체 문제에 대한 관여가 10퍼센트씩 줄어든다**는 것이다."[9] 이 현상을 가능케 한 것은 분명 기술의 발전이지만, 이동성의 발전에 크게 기여한 것은 공공 정책이다. 정부가 도로에 지출한 수십억 달러의 돈은 도시의 확산 현상과 통근 증가라는 결과를 불러왔다. 반대로 대중교통 수단에 대한 투자는 너무나도 미미해서 우리는 이동성에만 의존하여 우리 경제를 쌓아 올려왔다. 환경뿐만 아니라 이것이 관계에 미치는 영향은 심각하다.

정부는 적어도 부분적으로는 이동성으로 야기된 사회 문제, 예를 들어 이웃과 맺는 관계적인 연결성이 악화되는 문제나 자녀들과 근거리에 살지 못하는 노인들을 돌보는 비용이 증가하는 것을 해결하느라 점점 더 지출이 늘고 있는데도 불구하고, 이동성에 의존하는 일을 지속하고 있다.

꼭 이런 식일 필요는 없다. 정부는 이동성을 장려했던 것처럼 정착도 장려할 수 있다. 지나친 강요를 하지 않고도 지리적인 안정성을 촉진하기 위한 목적으로 공공 정책을 수정할 수 있다. 과세와 교통 정책을 수정함으로써 기업들이 직원들에게 긴 통근 시간을 요구하는 산업 센터보다 인근 지역에 있는 사업장으로 이전하도록 장려할 수 있다. 덧붙여 자동차 대신 대중교통을 개발한다면 사업주가 사업을

---

9   Ibid., 213.

현지에서 운영할 수 있게 되어서 결국 더 많은 사람이 그곳에서 일할 수 있게 될 것이다. 이와 관련해 정부는 노년의 부모와 함께 살고 있는 가족들과 노년의 친척과 가까이 살기 위해 이사한 자녀들에게 세금 우대 조치를 해줄 수도 있다. 이렇게 함으로써 공익사업의 부담을 덜 수 있으며 상당한 재정 자원을 절감할 수 있을 것이다. 이상은 정부가 가족과 이웃을 경제적, 관계적인 방면에서 활성화하기 위해 할 수 있는 일의 몇 가지 예시다.

관계를 중시하는 학교

정부는 또한 교육 제도에 관계의 의미와 중요성을 가르치는 교육 과정을 도입하기 위해 공공 정책을 사용할 수 있다. 아마도 i세계에서 가장 크게 고통을 받는 것은 어린아이들일 텐데, 이들이 성인이 되었을 때 이것이 어떤 의미로 드러나게 될지에 대한 온전한 결과는 아직 알려지지 않았다.[10] 생물학적인 부모 밑에서 양육되거나, 관계적으로 건강한 이웃 속에서 성장하거나, 유년 시절을 한 지역에서 보내는 아이들의 수가 점점 줄어들고 있다. 이 모든 요인들은 아이들의 관계적인 연결성에 직접적으로 영향을 미친다. 사실 더 많은 아이들이 i어린이가 되어감으로써 결과적으로는 자신이 무엇을 놓치고 있는지를 알지 못한다. 사회는 아이들이 예전처럼 활동적이지 않고 함께 어울려 놀지도

---

10 이런 주장을 뒷받침하는 증거는 사실상 모든 선진국에서 찾아볼 수 있다. 예로 영국 보수 정당의 사회 정책 그룹이 쓴 Breakthrough Britain을 참조하라. 앞서 언급된 "An Unexpected Tragedy"도 참조하라. 미국 가치 연구소(www.americanvalues.org)와 영국 케임브리지 관계 재단(www.relationshipsfoundation.org)에서 발표된 모든 자료들도 마찬가지다.

않는다고 한탄하지만 이것은 그런 방법 외의 다른 방식을 알지 못하기 때문은 아닐까? i세계에서의 삶은 이들 부모에게는 선택이었지만 아이들에게는 이 문제에 대한 발언권이 없었다. 이것이야말로 학교에서 가르치는 관계적인 교육 과정이 대단히 중요한 이유다.

현재 공립 학교는 개인적인 선택이라는 언어에 뿌리를 내린 교육 과정에 전문화되어 있다. 아이들은 시작부터 i세계의 가치들을 배운다. 하지만 우리는 적어도 아이들에게 도덕적, 관계적인 책임의 특징을 포함해서 세상을 바라보는 전혀 다른 방식을 인지할 수 있는 교육을 제공할 의무를 갖는다. 아이들에게 관계적인 체제 위에 세워진 학교에서 교육받는 기회를 줄 수 있다면 더욱 좋을 것인데, 그곳에서는 관계적으로 건강한 삶이 단순히 말로 다루어지는 것이 아니라 모범적인 표본으로 제시되기 때문이다.

이런 교육은 어떤 모습일까? 이 책이 제시하는 기본적인 구조는 단순한 제안에 불과하지만 미국 가치 연구소(The Institute for American Values), 영국의 가치 재단(The Relationships Foundation), 호주의 관계 포럼(The Relationships Forum)과 같은 단체들은 이미 중요한 연구를 진행해온 끝에 이런 접근 방법에 대해 자세한 내용을 제시한다.

우리는 관계를 위한 시간을 우선시하고 이를 실제 삶에서 만들어내기 위해 공공 정책이 어떤 일을 해야 하는지에 관해 표면적으로 다루어보았다. 이 개요의 핵심은 우리가 관계를 위한 시간을 만들어내는 데 정부가 많은 도움을 줄 수 있다는 것을 보여준다. 이 문제를 넓은 관점으로 보면 관계적인 사업 구조, 금융 형태, 정의, 건강 관리, 생활 방식을 도입했을 때 생겨나는 유익이 포함된다. 만일 우리가 가족과 자녀의 안녕을 위해 관계적인 가치들을 우선순위에 두게 되면,

이를 위해 정부가 중추적인 역할을 감당해야 한다는 사실 역시 더 명백해진다.

공공 정책과 r세계라는 주제에 대해 쓸 내용이 많지만, 여기서는 적어도 i세계와 r세계의 삶이 어떤 방식으로 서로 다른지를 피상적으로나마 살펴보았다. 이제는 두 세계를 비교, 대조함으로써 우리의 삶과 세상을 위해 어느 편이 더 효과적인 모형일지 생각해볼 시간이다.

10

그렇다면 우리는 i세계와 r세계 중 어디에 살아야 할까?

당신은 진짜 나를 볼 수 있나요?

피트 타운센드, 「진짜 나」[1]

나는 확실히 믿었어. 나 자신 말고는 아무도 필요치 않다고

나는 진심으로 그렇게 생각했어. 나는 너무나도 온전하다고 봐.

네가 얼마나 틀릴 수 있는지

로드 스튜어트, 「모든 그림들은 이야기를 들려준다」[2]

이제 서로 경쟁하는 i세계와 r세계의 모형이 제시된 상황에서 우리는 둘 중 어떤 세계가 우리 삶과 가장 잘 어울리는지 생각해볼 기회를 얻었다. 두 세계는 각자 이익과 한계를 갖고 있으며, 우리는 두 곳에서 동

---

1   Pete Townsend, "The Real Me," *Quadrophenia*, The Who (Track Polydor, 1973).

2   Rod Stewart, "Every Picture Tells a Story," Every Picture Tells a Story (Mercury Records, 1971).

시에 살 수 없다. 우리는 삶과 세상에 영향을 미칠 선택을 해야 한다.

　많은 사람들에게 이것은 쉬운 선택이 아니다. i세계에서 자라면서 이 세계의 괄목할 만한 개인적인 자율을 중시하는 이들에게 r세계로의 이동은 쉽지 않은 전망일 수 있다. 그런 자율을 행사할 기회가 정작 드물다고 해도 말이다. 하지만 개인적인 수준에서 볼 때 이런 사회의 재조정을 통해 잃는 것보다 얻는 것이 훨씬 더 크다. 사람들은 i세계가 발생시킨 관계적인 비용과 삶의 질에 미친 해로운 영향에 대한 심각한 의혹을 바탕으로 그 세계가 우리를 이끌어가는 방향에 대해 염려하고 있으면서도, 진보와 근대성에 대한 자신의 믿음을 이유로 i세계의 정책을 기꺼이 따라오고 있었다.

　일상에서 자신에게 심각한 영향을 미치는 비용이 발생하고 있음에도 불구하고, 대다수의 사람들이 제대로 행사하지도 못하는 i세계의 자유에 과도하게 높은 가치를 두고 있다. 사실 i세계는 우리가 일상에서도 거짓으로 알고 있는 철학의 구현이라고 말할 수 있는데, 바로 우리가 당장 원하는 것이 가장 원하는 것을 대가로 찾아오기 때문이다. 여기에 속하는 예는 아주 많다. 다이어트 중 반칙을 하는 것, 충동적인 소비에 빠지는 것, 결승선에 도달하기 전 경주를 포기하는 것 등이 그렇다. 이런 방식은 개인적이고 집합적인 수준 모두에서 우리를 매우 불행하고 불만족스러운 삶으로 인도한다. 이렇게 얻는 쾌락은 순간이지만 후회는 지속되기 때문이다. **불행의 가장 큰 원인이 우리가 가장 원하는 것을 당장 원하는 것과 맞바꾸는 데 있다는 사실**은 i세계조차 반박하기 어렵다. 사람들은 i세계를 대체할 효과적인 대안이 없다는 믿음 때문에 자연스레 이 길을 선택해왔다. 하지만 r세계에 진짜 대안이 존재한다.

여전히 이 둘 가운데 하나를 선택해야만 한다는 생각에 반대를 표하는 사람들이 있다. 이렇게 할 수밖에 없는 이유는 i세계와 r세계가 본질적으로 양립할 수 없다는 데 있다. 현실에서 i세계는 선택을 제공하지만 중립적이지는 않기 때문에 서로 경쟁하는 세계관을 지닌 사람들이 그 안에서 타협 없이 살도록 허용하지 않는다. i세계와 r세계는 삶의 의미에 대한 서로 다른 근본 추정들을 바탕으로 움직이고, 이 체계는 그 안에 거주하는 모든 사람들의 삶을 깊이 형성한다. i세계에 살면서 r세계의 도덕 체계를 따라 살겠다고 시도할 수는 있지만 결국 r세계가 주는 근본적인 관계의 유익, 그러니까 관계망, 도덕 체계, 건강하고 보람된 관계를 기르기 위해 경계들이 제공하는 장려와 보조 같은 유익 중 여러 가지를 놓치게 될 것이다. i세계 거주자들은 r세계에 호의적인 사람들에게 그 세계의 도덕 체계를 따라 살 자유를 충분히 제공할 수 있다고 주장한다. 불행히도 이런 생각은 i세계가 자신의 한계를 온전히 이해하지 못하고 있다는 사실을 보여줄 뿐이다. r세계가 주는 관계의 유익은 이런 유익을 가능케 하는 사회적, 도덕적 경계 없이는 온전히 실현될 수 없다. r세계 안에서 i세계를 온전히 살아낼 수 없는 것처럼, i세계 안에서도 r세계를 온전히 살아낼 수 없다. 두 세계의 목적은 상호 배타적이다.

아미쉬 공동체(the Amish community)와 i세계가 빚어내는 긴장은 i세계의 한계를 잘 보여준다. i세계는 아미쉬 사람들이 종교적인 신념을 따라 살 공간과 자유를 제공하지만 이들은 여전히 자신들이 믿는 신앙의 기본 요소인 기독교 평화주의와 깊이 반목하는 사회에서 살아야 한다. 더욱이 i세계는 아미쉬 사람들이 이런 세계관을 자녀들에게 물려주는 일을 어렵게 만드는데, 아미쉬 공동체가 지향하는 세계관을 온전히 살아내지 못하도록 i세계의 제한을 받는 상황 아래서 성장하는 아미쉬 자녀들은 그 세계관이 무엇을 낳는지에 대한 온전한 그림을 볼 수 없기 때문이다.

이 지점에서 i세계는 자신이 아미쉬 사람들에게 할 수 있는 최선을 제공했다고 항의할 수 있다. 맞는 말이다. 하지만 가능한 최선과 충분은 다르다. i세계는 모든 사람들을 위해 모든 것을 제공할 수는 없다.

r세계도 마찬가지다. 만일 우리가 r세계를 우리를 위한 세계라고 결정짓는다면 이 세계를 세우기 위해 한 세대에 걸친 시간과 노력을 기울여야 할 것이다. i세계의 우세는 수십억 명에 이르는 사람들이 내린 수십억 개의 결정이 빚어낸 결과물이다. i세계는 하루 만에 지어지지 않았고 r세계도 마찬가지다. 이미 살펴본 것처럼 r세계는 위에서 아래로 만들어질 수 없다. 아래에서 위로 지어져야 한다. 충분한 수의 사람들이 i세계에서 r세계로의 전환을 받아들였다고 해도, 이런 전환에는 집중된 노력과 헌신 및 비전은 물론 시간이 요구된다는 사실을 인지해야 한다.

이런 선택이 모든 사람에게 영향을 미치기 때문에 우리가 이 사실을 염두에 두고 자기중심적인 동기보다는 모두에게 최대의 유익을 가져다줄 세계를 선택해야 한다면 극단적인 주장인가? 나는 이것이 우리가 해야 할 일이라고 권하고 싶다. 하지만 어떻게 이것이 모든 사람들을 위한 최선이라고 결정지을 수 있을까? 그렇게 하기 위해서는 하나의 사회로서 현재 광장에서 마주한 가장 중요한 의견 차이 중 하나를 해결해야 한다. 바로 인간으로서 우리가 누구인지를 이해하는 것이다. 우리는 공동의 본성을 가지고 창조되었다. 그렇기 때문에 개별적인 차이에도 불구하고 모두에게 건강과 성취를 가져다줄 무언가를 발견할 수 있는가? 아니면 행복과 성취로 가는 공동의 길을 발견하지 못할 만큼 우리는 본질상 서로 다른가?

우리는 누구인가 그리고 그것을 어떻게 아는가?

이 책의 중심 질문은 "우리가 누구인가?" 그리고 "우리가 그것을 어떻게 알 수 있는가?"이다. 우리는 서두에 언급한 니체의 인용과 이 장의 서두에 밝힌 피트 타운센드의 인용으로 대화를 시작했다. 두 가지 모두 "우리가 누구인가?"라는 질문에 답하는 과정에서 겪는 어려움을 다룬다. 우리가 이 질문에 어떻게 답을 하는지에 따라, 로버트 프로스트의 말대로 우리가 여행하기로 선택하는 길에서 "모든 것이 달라"질 것이기 때문에 두 질문은 이 책의 시작점이라고 볼 수 있다.

역사적으로 우리가 누구인지를 이해하는 두 가지 주된 접근 방식이 있었다. 옥스퍼드 영어사전에 따르면 개인의 정체성이라는 개념은 17세기 근대 철학자들이 언급하면서 영어라는 언어에 등장하기 시작했으며, 그 이전에는 찾아볼 수 없었다. 서구 역사에서 볼 때 이 시점 전에는 근본적으로 인간이 공동의 본성을 공유한다고 추정했으며 성취를 위한 개인의 탐색이 본성상 인간이 누구인지를 이해하고 그것에 따라 사는 것에 주로 집중되었다. 사람들은 우리 자신을 아는 문제와 관련해서 인간의 본성을 이해하는 것이 개인의 특징을 인지하는 것보다 더 중요하다고 믿었다. 계몽주의가 시작되면서 자기 이해를 위한 탐색은 한층 더 개인주의적인 탐구가 되었다. "우리가 누구인가?"라는 질문에 답하기 위해서는 인간의 본성보다 개인의 특징을 이해하는 것이 더 중요해졌다. 즉 계몽주의가 시작되면서 "우리가 누구인가?"보다 "나는 누구인가?"라고 묻게 되었다는 것이다. 계몽주의 이후 정체성을 탐구하는 과정을 보면 이런 개인주의적인 질문이 더 강조되는 추세가 드러난다.

마침내 t세계에서 i세계로의 전환이 일어나게 된 주된 이유는 우리가 누구인지에 대한 이해가 변화했기 때문이다. t세계는 우리가 공동의 본성을 공유한 타인과의 관계망 안에서 생활함으로써 인간으로서 자신이 누구인지를 이해할 수 있다는 추정을 기초로 한다. i세계는 우리가 다른 사람들과 함께 공유하는 것이 아닌 개인적인 차이를 통해 자신이 누구인지를 알 수 있다고 생각한다. 결과적으로 i세계가 세워진 이유는 우리의 공통된 인간성보다는 개성을 존중하기 위해서다.

t세계처럼 r세계 역시 우리의 정체성을 결정짓는 데 인간 본성에 대한 이해가 중요하다는 공통된 생각에 기초를 둔다. t세계와 마찬가지로 r세계와 i세계 역시 우리가 누구이며 개인으로서 어떻게 발전하고 유지되며 양육되는지를 가장 잘 이해할 수 있는 방식을 놓고 논쟁한다. 만약 정체성이 개인에 의해 개별적으로 가장 잘 결정된다면, r세계보다는 i세계가 이 과정에 잘 어울릴 것이다. 하지만 정체성이 관계망이라는 맥락에서 가장 잘 결정된다면, i세계보다는 r세계가 더 적합할 것이다.

이 책의 남은 분량을 통해 이런 논쟁을 해결하기란 불가능하지만, 논쟁의 조건을 명확히 할 수는 있다. 과학과 철학은 이런 노력에 도움이 될 수 있다. 하지만 둘의 이름으로 주장되는 여러 모순점이 있기 때문에, 우리는 두 가지를 모두 검토하면서 각 주장이 논쟁에 기여할 수 있는 점과 없는 점을 염두에 둬야 한다.

근대 과학, 성적 취향 그리고 자기 이해

성적 취향이 개인의 정체성에 어느 정도 근본적인 요소로 고려되어야 하는가에 대한 생각은 i세계와 r세계를 분리하는 지점이 된다. 한 사람의 성적 취향은 그 사람의 정체성을 이해하는 데 인류가 공유하는 측면들보다 더 중요한 요인으로 작용하는가? r세계는 성적 성향이나 끌림을 기준으로 사람들을 정의하지 않는다. r세계는 각자 서로 다른 성적 갈망이나 충동이나 관심을 가질 수 있다는 사실을 인정하지만, 우리가 누구인가에 대한 가장 깊은 대답은 성적 취향이나 끌림이 아닌 우리의 공통된 인간 본성 안에서 찾을 수 있다고 믿는다. 인간이 하나님의 형상을 따라 지어진 존재이며 그분의 사랑과 그에 동반되는 존엄을 받아 마땅한 남자 혹은 여자라는 사실이야말로 우리가 누구인가에 대한 가장 깊은 진실이라고 주장하는 그리스도인도 있을 것이다. r세계는 우리가 누구인지에 대한 근본적인 진실이 개인의 서로 다른 특성들이 아닌 우리의 공통된 인간 본성에 있다고 주장한다.

하지만 i세계는 의견을 달리한다. i세계는 나와 타인의 공통점 안에서 자기 이해를 찾기보다 각자 갈망하는 것에 집중하도록 격려한다. 사실상 대부분의 사람들에게 성적 충동이란 가장 강력한 감각 요소 중 하나이기 때문에, i세계에서는 우리를 자유롭게 함으로써 거리낌 없는 성적 시도를 행하고 만족을 찾는 것이 가장 높은 가치 중 하나가 되었다. 성이 이토록 높은 가치를 갖고 있다는 사실을 감안한다면, 왜 i세계의 자기 이해에서 성적 선호가 더 중요한 측면에 속하는지를 쉽게 이해할 수 있다. 점점 더 많은 i세계의 거주자들이 자신을 공통된 양식 안에서의 인간으로 식별하기보다는 주요 표지 중 하나인 성적 선호와 함께 특정한 양식 안에서의 인간으로 식별한다. 우리는 인간이기 이전에 동성애자, 양성애자, 성전환자, 이성애자 등등이 된다.

이것이 r세계와 i세계 사이의 결정적 차이다. 성적 선호는 우리의 근본 정체성에 어느 정도로 결정적인 역할을 해야 할까? 물론 우리는 성적 취향이 우리의 근본 정체성인 것처럼 또는 그렇지 않은 것처럼 살 수 있지만, 성적 취향을 핵심 정체성과 동일시하는 것은 숙명이 아니라 선택임을 인정할 필요가 있다. 그것이 무엇이든 성적 선호는 정해졌고 따라서 정체성의 한 요소가 되어야 한다는 추정을 기반으로 많은 사람들이 움직인다. 하지만 실제로 성적 선호는 모든 사람에게 정해진 것이 아니며, 만일 그렇다고 해도 성적 선호가 우리 정체성을 결정짓는 핵심 요인이 될 필요는 없다. 때때로 딘 해머와 피터 코플랜드가 쓴 『욕망의 과학』을 과학적 연구라고 이야기하면서 동성애 유전자라는 것이 존재하고 더 나아가 동성애적 행위가 생물학적으로나 유전학적으로 결정된 것이기 때문에 도덕적으로 정당하다고 주장하는 사람들이 있다. 이런 주장을 하는 사람들이 그 책을 자세히 읽어보지 않았다는 사실은 차치하더라도(저자들은 이들이 발견한 것이 행동에 결정적이었다거나 도덕적으로 그 행동을 정당화한다고 주장하지 않는다) 이것은 해머와 코플랜드가 지적한 대로 근대 과학이 할 수 있는 것과 할 수 없는 것에 대한 기본적인 오해를 드러낸다. 저자들이 이야기하는 것처럼 "'선'과 '악' 혹은 '옳음'과 '그름' 같은 개념들은 생물학 교과

서에 등장하지 않는다. 그럼에도 불구하고 사람들은 생물학을 이용하여 동성애나 그와 흡사한 인간의 행위들을 비난하거나 정당화하려는 거부할 수 없는 충동을 느끼는 것 같다. 이들은 무엇이 '자연스럽고' 그렇지 않은지, 또는 무엇이 진화론적으로 '말이 되는지'에 대해 이야기한다. 하지만 이 논쟁 중 어떤 것도 실제로 이 문제를 해결하지는 못한다."[3]

첫째, 인간의 성에 대해 설명되지 못한 과학적 질문들이 많다. 따라서 현대 담론을 수반하는 성적 선호에 관한 학설 대부분은 아직 정당화되지 못했다고 보아야 한다. 둘째, 인간의 성적 끌림에 대한 과학적 이해가 분명하고 정확하다고 해도, 과학적 방식은 그것이 찬성이든 반대든 성적 행위와 성적 정체성에 관한 도덕적 질문들을 해결할 위치에 있지 않다. 여기서 다시 한번 데이비드 흄을 떠올려보자. 우리는 "존재"로부터 "당위"를 이끌어낼 수는 없기 때문에 성적 끌림의 존재 자체로는 특정한 성적 행동을 정당화하거나 정체성과의 연결을 명령/금지할 수 없다. 과학적 관찰만으로 도덕적/신학적 명령을 이끌어낼 수 없다는 뜻이다.

성적 취향을 결정짓는 요인들은 복합적이고 과학자들은 여전히 이 문제를 해결하는 중이다. "성적 취향은 대개 어떤 사람이 경험하는 성적 끌림의 방향성을 지칭한다. 성적 취향은 어떤 사람의 성적 성향을 뜻하며 여기에는 다양한 원인들이 있다. 바로 **천성**(생물학적 선행)이나 **교육**(환경적 혹은 심리적 요인들)이 해당되며, 이 둘의 조합이 원인

---

3   Dean Hamer and Peter Copeland, *The Science of Desire: The Search for the Gay Gene and the Biology of Behavior* (New York: Simon & Schuster, 1994), 213.

이 될 가능성이 높다.[4]

천성의 측면과 관련하여 과학자들은 성적 선호에서 유전, 생화학, 호르몬적인 요소가 어떤 역할을 하는지 탐색하고 있다. 동일한 측면에서 어떤 사람의 인생 경험이 성적 선호에 어느 정도 기여할 수 있는지도 탐구 주제가 된다. 성적 끌림의 신비를 풀어내는 일이 가능하다고 해도 이런 경험적인 증거가 성적 끌림에 기초한 행동의 도덕적인 기반을 제공할 수는 없다. 예를 들어 우리는 어떤 요인이 알코올 중독으로 이어지는지 잘 모른다. 성적 끌림과 마찬가지로 알코올 중독 역시 천성과 사회적인 요인들이 결합되어 생기는 것이다. 이런 요인들의 존재가 결과적으로 일어난 일을 설명해줄 수는 있지만, 이런 설명이 그 행동의 정당한 이유가 되지는 못한다. 단지 그와 같은 경향과 끌림을 설명해줄 뿐이다.

짚고 넘어가야 할 중요한 사실은, 대부분은 아니더라도 많은 사람들에게 성적 끌림은 선택이 아니라는 사실이다. 우리는 자신의 행동에 대해 선택을 할 수 있지만 끌림을 선택할 수는 없다. 게다가 끌림의 대상(사람)은 바뀔 수 있고 끌림의 방향(성별)도 마찬가지다. 변화를 원하는 사람들도 있지만, 대부분은 성적으로 선호하는 성별이 평생 고정되어 있다. 하지만 의도치 않게 성적 선호가 바뀐 사람들이나 자기 애정의 성별 방향을 바꾸기로 선택한 사람들도 있다.[5]

---

4   Stanton L. Jones and Mark A. Yarhouse, *Ex-Gays? A Longitudinal Study of Religiously Mediated Change in Sexual Orientation* (Downers Grove, IL: IVP Academic, 2007), 27. See also Simon Burton, *The Causes of Homosexuality* (Cambridge, UK: Jubilee Centre, 2006).

5   Jones and Yarhouse, *Ex-Gays?* 42.

핵심은 근대 과학이 인간의 성적 끌림, 인간 행동의 도덕성, 우리가 누구인지에 대한 이해 사이의 관련성을 인지하지 못한다는 것이다. 정치적 올바름이 성적 선호와 정체성 정치학(identity politics)을 존중하도록 명령할 수는 있지만, 현실의 압박은 과학이나 객관적 이유보다는 i세계의 사회 관습으로부터 나온다.

근대 과학 연구는 i세계와 r세계를 대등한 위치에 둔다. 어느 쪽에도 이점을 제공하지 않는다. 근대 과학은 인간의 정체성과 도덕성의 질문을 미제로 남겨두는데, 이는 정확히 흄이 우리에게 이야기하려던 바와 같다. 이것이 정체성을 이해하려는 탐색에 철학을 참여시키는 편이 유익한 이유다.

철학적으로 풀어보는 정체성의 난제

만일 과학이 우리가 누구인지를 확정적으로 이야기해줄 수 없다면 철학은 어떤 도움을 줄 수 있을까? 찰스 테일러는 이런 문제를 최종적으로 해결하지는 못해도 정체성 문제가 왜 지금과 같은 난제가 되었는지에 관한 철학적인 이해를 제공한다.[6] 테일러는 『문화 다원주의』에서 계몽주의 이후 서구에서의 자기 이해와 정체성에 일어난 변화를 검토함으로써 정체성의 역사를 추적한다. 앞서 살펴본 것처럼 계몽주의 전까지 정체성 문제는 사람들의 관심사가 아니었다. 사람들은 개인의 정

---

6   나는 철학자들과 심리학자 특히 발달 심리학자이 정체성을 이해하는 방식에 간극이 있다는 사실을 인정한다. 나는 이 간극을 좁히려 애써보겠지만 그렇게 하지 못하는 부분이 있다면 심리학자가 아닌 철학자로서 발언을 하고 있기 때문이다.

체성을 확립하기 위한 탐색보다 자신에게 주어진 삶을 최선을 다해 살아내는 일에 집중했다. 오늘날에 비하면 당시 개인의 정체성이라는 것은 사회에서 차지하는 역할과 중요성이 미미했다.

하지만 이런 경향은 계몽주의와 더불어 바뀌었다. 초기 계몽주의 작가인 루소는 인간의 정체성이 공동의 본성으로부터 나오는 무언가가 아니라 오히려 자기 이해를 향한 개인적인 탐색의 결과물이라는 관념을 제시했다. 이 안에서 우리는 어떤 변화를 감지한다. 테일러는 이런 전환을 연대순으로 기록한다. 사람들은 인간의 정체성 구축에서 **독백주의적**(monological) 전환이라고 그가 명명한 것을 통해 내면을 바라보도록 격려를 받으며, 그렇게 자신의 참된 자아를 찾은 끝에 발견한 모습을 삶에 진정성 있게 반영하고자 한다. 출생과 천성이 아닌 자기 발견과 진정성이 인간 정체성의 새로운 근원이 되었다. 우리는 전통적인 방식 안에서 정체성을 맹목적으로 받아들이기보다 그것을 스스로 찾도록 권유받는다. 이런 탐색을 하는 과정에서 우리는 지지해주는 동료들을 만날 수 있지만, 그 일을 대신해줄 사람은 없으며 또한 다른 사람이 자신에 대해 발견한 것을 규범으로 받아들일 수도 없다. 개인의 정체성을 찾는 일은 아마도 우리 삶의 가장 중요한 탐색이자 고독한 모험일 것이다.

자기 정체성을 향한 독백주의적 탐색의 문제는 효과가 없다는 것이다. 테일러가 지적한 대로 헤르더(Herder)와 같은 후기 계몽주의 사상가들은 인간이 자기 밖에 있는 기준점 없이 스스로를 이해할 수 없다고 인정한다. 왜 그럴까? 독백주의적 탐색을 하는 사람은 자신이 누구인지에 대해 결코 확신을 가질 수 없는데, 자신에게 아직 개발되거나 발견되지 못한 영역들이 있는지를 절대로 알 수 없기 때문이다. 하지만 이후 등장한 계몽주의 작가들은 자기 이해를 위한 개인주의적 탐색을 포기하고 계몽주의 이전의 t세계로 회귀하기보다는 독백주의적 탐색(정체성을 우리 자신 안에서 스스로 찾는 것)을 **대화체적** 탐색(dialogical quest, 정체성을 다른 사람들과의 대화를 통해 찾는 것)과 맞바꾸었다.

대화체적 탐색에서 우리는 자신에 대해 발견했다고 믿는 사실의 진위를 입증하기 위해 다른 사람들을 찾는다. 이렇게 사람들이 서로를 위한 기준점이 된다. 자기 발견을 위한 탐색의 기초는 여전히 개인주의적이지만 자신에 대해 발견했다고 믿는 바를 입증하기 위해서는 타인의 도움이 필요하기 때문에, 결국 이 탐색은 다른 사람들의 도움이 있어야만 가능하다. 대화체적 탐색은 여전히 주관적인 노력이다. 하지만 자기 이해에 대해 정당하고 신뢰할 만하다고 생각되는 다른 접근들이 없기 때문에, 어느 정도의 불확실성과 불안감은 i세계로 변해가는 세계의 거주자들이 찾는 정체성의 고정된 특성이 되었다.

사회적 차원에서 대화체적 접근을 하다 보면 비슷한 정체성을 가진 사람들로 구성된 그룹들이 만들어지는 경향이 있고, 이들은 또 그룹 내 다른 사람들의 정체성을 확인해준다. 이 그룹들은 사람들이 자신에게 있다고 생각하는 정체성의 수만큼이나 다양하고 많다. 문제는 대화체적 탐색도 우리가 누구인지 확실하게 이야기해줄 수 없다는 것이다. 만일 그 누구도 다른 사람의 도움 없이 자신이 누구인지를 알 수 없다면, 그리고 다른 사람들의 도움을 받는다고 해도 이들이 우리가 정말로 누구인지를 알아볼 수 있다는 확신이 없다면, 우리 중 그 누구도 이런 접근을 통해 자신이 누구인지에 관한 확신을 찾지는 못할 것이다.

대화체적 접근은 중요한 정치적 함의들과의 역학을 만들어낸다.

만일 우리가 자신이 누구인지를 알기 위해 다른 사람의 도움이 필요하다는 것이 사실이라면, 우리의 안녕은 정말로 다른 사람의 지지에 의존하게 된다. 따라서 i세계는 우리가 존재하길 원하는 방식으로 지지를 받고 우리에게서 이런 안심을 앗아갈 가능성이 있는 사람들을 제한하는 데 최선을 다하도록 정부에게 요구한다. 테일러는 이것이야말로 i세계의 정치가 입증과 지지에 집중하게 된 이유라고 주장한다. 모든 사람들이 자신이 인지한 정체성을 참으로 입증하려는 탐색 과정에서 최대한의 사회적인 지지를 받도록 하는 것이 정치적인 과제가 된다. 그리고 이것은 정부가 비차별법을 확장/집행하는 과정에서 세 가지 금기를 어기지 않는 한 시민들의 생활 방식과 정체성이 최대한 폭넓은 지지를 받도록 하는 자극이 된다. i세계에서 지지가 지닌 정치적인 중요성은 성적 자유 다음으로 크다.

이것은 i세계에서 사회와 정치가 어떻게 발전하는지를 이해하는 데 유용한 방식이지만, 동시에 정체성의 난제를 보여주기도 한다. 많은 i세계 거주자들은 우리가 누구인지 그리고 누구였는지에 대한 불확실성을 안고 있는데, 그 누구도 자신이 과연 행복을 극대화해줄 정체성, 배우자, 진로를 선택했는지 확신할 수 없기 때문이다.

토크빌은 i세계가 직면한 딜레마의 본질을 다음과 같이 포착한다.

나는 미국에서 세상 제일 행복한 곳에서 살고 있는 가장 자유스럽고 개화된 사람들을 보았다. 그러나 그들의 눈썹 위에는 항상 한 조각 구름 빛이 덮여 있는 것처럼 보였고, 그래서 나는 그들이 즐거워하고 있을 때조차 슬픔을 느끼고 있다고 생각했다.

이런 대조적인 현상이 나타나는 중요한 이유는…그들이 현재 소유하지 못하고 있는 어떤 이익에 대해 언제나 가슴 아파하기 때문이다. 미국인들이 불꽃 튀는 열정으로 행복을 추구하는 광경을 보거나 행복에 이르는 가장 빠른 길을 반드시 선택하도록 끊임없이 그들을 쥐어짜는 막연한 불안감에 항상 시달리는 것을 목격할 때마다 이상한 생각이 든다.

미합중국의 주민은 마치 자신이 영원히 죽지 않을 것처럼 이 세상에서의 이익에 얽매인다. 그리고 손에 닿을 만한 물건이면 모든 것을 다 갖고 싶어 하는 마음이 너무나 간절하기 때문에, 우리가 보기에 가진 물건을 모두 소비하기 전에 죽게 될까 봐 항상 두려워하는 것 같다. 그는 모든 것을 붙잡으려 하지만 어떤 것도 단단하게 잡지는 못한다. 그래서 또 다른 새로운 쾌락의 추구를 위해 앞에 있는 것은 슬며시 놓아버린다.

미합중국에서는 노년을 지내기 위해 집을 지어도, 집값을 다 치르기도 전에 그 집을 팔아버린다. 정원을 가꾸고서는 나무들이 결실하는 그대로 내버려 둔다. 들판을 경작지로 만들어서는 다른 사람들이 수확하게 그대로 둔다. 직업을 가졌다가는 그것을 포기해버린다. 어떤 장소에 안주하지만 곧 자기의 또 다른 소망을 이루기 위해 다른 곳으로 떠난다. 개인적인 업무를 처리하고 나서 여가가 생기면 즉각 정치의 소용돌이 속으로 빠진다. 1년 동안 끊임없이 노력한 후 휴가를 며칠 얻으면, 호기심 때문에 전국을 누비며 그 짧은 기간에 미국 대륙 절반을 가로지르는 여행을 한다. 마침내 죽음이 엄습하는데, 이 죽음은 영원히 그 사람을 외면할 완전한 행복을 찾는 무모한 추구에 그가 지치기 전에 찾아온다.

그토록 행복하면서도 풍요로움에 들떠 있는 많은 사람들이 느끼는 이 이상한 불안 가운데는 첫눈에 보아도 놀랄 만한 어떤 것이 있다. 그러나 이는 어제오늘의 일이 아니고 세상이 생기면서부터 있었다. 신기한 것은 전체 국민이 그런 현상에 휩싸여 있다는 것이다.

물질적인 만족에 대한 흥미야말로 미국인들의 행동에서 찾아볼 수 있는 내적인 불안과 그들이 매일 드러내는 변덕스러움의 본질적인 원인으로 인식되어야 할 것이다. 마음을 오직 세속적인 행복의 추구에만 집중하는 사람은 항상 서두르는데, 왜냐하면 그 사람이 그것을 얻음으로써 향유할 수 있는 시간은 극히 제한되어 있기 때문이다.

인생이 짧다는 생각은 항상 그에게 자극제가 된다. 그는 현재 소유하고 있는 것 외에도 지금 당장 하지 않으면 죽음 때문에 하지 못하게 될 수천 가지의 다른 일들을 끊임없이 하고 싶어 한다. 이런 생각 때문에 마음은 불안과 공포와 후회로 가득 차게 되고 이런 상태가 지속된다. 그래서 그는 결국 계획을 바꾸고 주거지까지 옮기게 된다.

육체의 안녕에 대한 흥미와 더불어 법률이나 관습이 누구의 자리도 보장해주지 않는 사회적 상황이 추가된다면, 이런 마음의 불안에 추가적으로 큰 자극이 더해진다. 사람들은 이제 행복을 향한 가장 빠른 지름길을 놓칠 수 있다는 공포에 사로잡힌 채 계속해서 자신의 행로를 바꿀 것이다.[7]

토크빌은 삶과 행복의 의미에 대한 인식에 깊은 영향을 미치는 i세계의 사회학을 잘 알고 있다. 이는 특히 자기 이해란 측면에서 그렇다. i세계와 r세계는 우리 자신이 누구인지를 이해하는 방식에 대해 서로 다른 관점을 갖는다. 테일러의 용어를 사용한다면 그것이 독백주의적 접근 방식이든 아니면 대화체적 접근 방식이든, i세계는 자기 이해의 형성을 주로 개인주의적 활동으로 바라본다. 하지만 r세계는 우리가 가장 먼저

---

7   Tocqueville, *Democracy in America*, vol. 2, bk. 2, chap. 13.

하나님 및 다른 개인들과 관계를 맺음으로써 참된 인간의 본성을 알아갈 때만이 자신이 누구인지를 알게 된다고 믿는다. 그런 후에야 우리의 개인주의적인 특성을 이해하게 된다. 두 가지 접근 사이의 차이는 사소해 보일 수도 있지만 실제로 그 간극은 크다. 자기 이해에 대한 개인주의적 접근은 관계주의적 접근과 근본적으로 다르다. 전자는 자신의 개인주의적 정체성에 지나지 않는 무언가를 발견하기 위해 자신이나 다른 사람들을 **이용**한다. 후자는 우리가 인간으로서 누구인지를 가장 먼저 이해하고 그것을 통해 자신을 이해한다. 우리는 타인이나 하나님과 관계를 맺음(앎)으로써 이런 깨달음으로 나아오게 되며, 그제야 우리가 누구인지에 대한 독특한 측면들을 이해하게 된다.

이 지점에서 두 세계는 서로 길을 달리한다. r세계는 모든 사람들이 공동의 본성과 기준점을 가지고 있다고 주장하는데, 이는 i세계의 독백주의적, 대화체적 접근과는 반대되는 견해다. 결과적으로 r세계는 마땅히 보호되어야 할 인간의 권리라고 i세계가 믿는 다양한 인간의 행위와 정체성 인식을 도덕적으로 지지할 수 없다.

이것을 안다고 해서 두 세계 사이의 차이를 해결할 수는 없지만, 왜 그 차이들이 그렇게도 감정적이고 다루기 어려운지를 이해하는 데는 도움이 된다. 사람의 자기 정체성이 그의 성, 물적 자원, 결혼, 애완동물 등에서 발견되어야 한다는 사실을 r세계가 지지하지 않을 때, i세계는 도전을 받는다. 왜냐하면 i세계에서 정체성의 핵심 문제는 단순히 윤리적, 철학적 논의의 중심이 될 뿐 아니라 사람들과 또래 그룹의 확고한 뒷받침을 받으며 정부의 명령과 법으로도 보호를 받고 있기 때문이다. 우리가 누구인지를 결정짓는 방식은 우리가 원하는 세상을 결정하는 데도 큰 영향을 미친다.

남은 질문들

이 책에 기록된 모든 내용에도 불구하고 우리가 논의해온 세 가지 "세계들"에 대해 물어야 할 질문들이 몇 가지 남아 있다. 이것들은 어떤 세계가 우리에게 가장 유익할지를 결정짓기 위해 고려해야 할 질문들이다.

i세계에 묻다

i세계가 자랑스러워할 만한 많은 것들이 있다. 이 세계는 전례 없는 자유의 시대를 선사했으며, 앞으로도 예상을 뛰어넘는 경제 번영의 시대를 만들어낼 것이다. 또한 평등을 받아들였고 그것을 위한 투쟁에 도덕적 특성을 부여했는데, 이는 역사에 유례가 없는 일이다. 이와 더불어 i세계는 관용을 받아들였으며 좀처럼 실현되기 어려운 방식으로 공존이 유행하도록 했다. 나는 비평가지만 이 세계가 성취한 경이로운 일들을 인정한다. 나의 염려에도 불구하고 우리는 i세계보다 못한 세계에서 살 수도 있었고, 실제로 역사에는 그런 예가 넘쳐난다.

 i세계에 대해 내가 관심을 갖는 주된 질문은 이 세계의 지속 가능성 여부다. 이 정도의 개인주의와 자유가 고작 세 가지 금기를 도덕 지침으로 삼은 채로 앞으로도 효과적이고 독립적이며 장기간 유효한 사회 체제를 제공할 수 있을까? i세계는 지속적으로 유지될 만큼의 충분한 일관성을 갖고 있는가, 아니면 이 세계의 시민들은 개인의 추구에 매몰된 나머지 점점 더 다른 시민들과 공유된 관심으로부터 멀어질 것인가? i세계는 이런 붕괴에 뒤따를 사회적, 정치적 분열을 피할 수 있을 것인가? 이 세계는 자본주의가 기초한 사회적 응집

성과 도덕적 자본 없이도 자신을 경제적으로 유지할 방법을 찾을 수 있을까? i세계는 목적지일까, 아니면 근대에서 후기 근대로의 전환 가운데 있었던 시간과 장소의 정치적, 사회적인 우연으로 평가받게 될까? 앞서 살펴본 것처럼 i세계는 이미 정체성, 개인의 불안감, 사회적 불안정, 개인주의적인 선택이 제삼자에게 미치는 영향과 씨름하고 있다. 하지만 가능한 결과를 고려하지 않는 사실상 무한한 개인의 자유에 대한 이 세계의 헌신은 이 세계가 실패하는 원인이 될 것인가? 이런 세상은 얼마나 지속될 수 있을 것인가?

r세계에 묻다

r세계가 마주한 주된 질문은 이 모형의 신빙성과 이런 사회 구조의 시행 가능성에 대한 염려다. r세계의 지지자들와 비평가들은 모두 이 세계가 단순히 말뿐인 세계인지, 아니면 이 세계의 명칭에서 r이 "real" 곧 실재를 상징할 수 있을지를 궁금해한다. 사회 변화는 매우 어렵고 혁명은 상황을 악화시키기도 한다. 우리에게는 좋은 의도와 논리적인 계획도 있었지만 의도하지 않은 결과의 법칙에 의해 희생된 초라한 전적들이 있다. 경제를 활성화하려는 우리의 노력이 현 상태를 망칠 수 있다. 빈곤을 끝내려는 우리의 노력이 상황을 악화시킬 수도 있다. 인종차별주의를 몰아내려는 프로그램이 이것을 고질적으로 만들 수도 있다. 나는 r세계가 존재할 수 있다고 생각하지만, 동시에 지지자들과 비평가들 모두의 사려 깊은 도움이 없이는 이 세계를 성공적으로 창조할 수 없다는 사실 또한 믿고 있다. 만일 r세계가 자신을 비평하거나 타인의 비평을 받아들이거나 변해가는 현실에 적응하는 역량이 부족한 이념이 된다면, 이 세계도 다른 모든 이념들과 마찬가지로

실패하게 될 것이다. 반면 모든 사람들이 참여하고 기여할 수 있는 운동으로 발전한다면, 우리는 이 세계가 얼마나 실재적인지를 발견하게 될 것이다.

t세계에 묻다

이 시점에도 여전히 t세계를 위한 질문이 남아 있다는 사실에 놀라는 이들도 있겠지만, 아직 물을 것이 남아 있다. 인류의 번영을 위해 우리가 고대의 지혜와 계시, 자연법, 전통과 다시 연결되어야 한다고 믿는 독자들도 분명히 있을 것이다. 특히 젊은 사람들 가운데서 과거로부터 뿌리를 찾고 오래된 종교적 전통과 공동체 안에서 의미를 탐색하는 일에 대한 관심이 증가하고 있다. 오늘날의 세계에서 우리가 무언가를 놓치고 있다는 생각이 만연하다. 우리는 성취를 향한 탐색을 하고 있으나 아직도 우리가 찾는 것을 발견하지 못했다. t세계로의 회귀가 가능하다고 생각하지는 않지만, 그렇다고 이 세계가 여전히 제공해줄 수도 있을 무언가를 무시하기에 이 세계는 너무나도 오랫동안 견고했다. 기독교인으로서 나는 하나님께서 시간 자체를 창조하셨으며 그리스도께서 역사의 종점에 서서 우리를 집으로 부르신다고 믿는다. 과거를 의지하는 것은 문제가 되지 않지만, 나는 우리가 전진해야 한다고 믿는다. 우리가 그 대답을 i에서 찾을 수 없었다면 r에서는 발견할 수 있지 않을까?

후기

되풀이되는 기시감

자신에게 이렇게 물어볼 수도 있어

저 아름다운 집은 뭐지?

자신에게 이렇게 물어볼 수도 있어

저 고속도로는 어디로 가고 있지?

자신에게 이렇게 물어볼 수도 있어

내가 맞는 걸까?…틀린 걸까?

자신에게 이렇게 이야기할 수도 있어

어머나!…내가 무슨 짓을 한 거지?

토킹 헤즈, 「일생에 단 한 번」[1]

우린 상상도 할 수 없던 시대의 문턱에 서 있을 뿐이야.

페리 밀러, 『자연의 불안』[2]

---

1   Talking Heads, "Once in a Lifetime," Remain in Light (Sire Records, 1980).

2   Perry Miller, "The Insecurity of Nature," in Nature's Nation (Cambridge, MA: Harvard University Press, 1967), 121-33.

나는 이 책과 첫 번째 저서인 『매사추세츠 회중주의자의 정치적 견해, 1760-1790: 천국의 디자인』(*Massachusetts Congregationalist Political Thought, 1760 – 1790: The Design of Heaven*) 사이에 어떤 연관 고리가 존재한다고 생각해본 적은 없다. 하지만 페리 밀러는 하버드 강연을 하면서 이 장 서두에 인용된 서로 관계 없어 보이는 두 가지 인용을 연결하여 언급한다. 우리는 18세기 매사추세츠 회중주의 성직자들이 저지른 두 가지 중요한 실수를 결코 반복하지 말아야 할 것이다.

첫 번째 실수는 이들이 자신과 사회가 직면한 도전을 과소평가했다는 것이다. 회중주의자들은 계몽주의를 의식했고, 만일 이것이 수용된다면 자신들이 조심스레 구축해온 세상이 철저히 변화되고 약화될 만큼 재미난 발상이라는 사실도 알았다. 하지만 이 발상의 함의를 그대로 믿기에는 그 내용이 너무나도 환상적이었기 때문에, 회중주의자들은 합리적인 사람들이라면 이 발상들을 절대로 수용하지 않을 것이라고 단정했다. 이들은 뒤를 돌아보는 쪽을 선택함으로써 앞에 놓인 도전을 무시하기로 선택한 것이다.

두 번째 실수는 근대 과학이 자신의 도덕적인 추론을 지지할 것이라고 기대한 것이다. 회중주의 성직자들은 자연 신학, 즉 기독교 신학과 자연 연구가 서로 조화를 이룬다는 추정에 기초한 신학적인 접근 방식을 믿었다. 하버드 대학교에서 가장 오래된 초청 강연인 더들리 강연(Dudleian Lecture)은 부분적으로는 근대 과학과 신적 계시가 근본적으로 서로 조화를 이룬다는 믿음을 강화하기 위해 1750년에 만들어졌다. 성직자들은 18세기 이들이 발전시킨 과학과 신학 사이의 통합을 깊이 신봉했으며 이 둘의 자명한 진리가 서로를 영원히 보강할 것이라고 믿었다. 이들이 근대 과학을 온전히 이해했다면 분명히 보았겠지만, 문제는 과학적인 방식이 도덕적인 결론을 지지하지 않는다는 것이다. 밀러가 지적한 대로 자연 신학을 다룬 더들리 강연의 역사는 과학과 자연이 궁극적으로 철학과 신학의 자리를 대신할 수 없다는 역사적이고 현실적인 실증인데, 과학은 도덕의 질문에 대답하지 않고 자연은 해석을 요구하기 때문이다. 과학과 자연 세계에 대한 연구는 도덕적인 추론에 도움이 될 만한 정보를 제공해줄 수는 있지만 그 이상은 아니다. 밀러는 20세기 더들리 강연자들 중 다수가 과학과 자연의 이름으로 강연 기금을 기부한 더들리 가족의 신학적 신념에 완벽히 반하는 논쟁을 제시한 사실을 지적하면서 회중주의자들의 추정이 실패했음을 분명히 보여준다. 밀러가 파스칼(Pascal)을 인용해 기록한 바에 따르면 "사람이 자연스럽게 만들지 못할 것은 없고, 사람이 부자연스럽게 만들지 못하는 것보다 자연스러운 일은 없다."[3]

우리는 밀러의 심상을 사용함으로써 최근까지 상상도 하지 못했던 시대의 문턱에 서 있거나, 아니면 지금 그 문턱을 넘어서는 중이다. 우리 중 i세계가 어디로 향하고 있는지를 확실히 아는 사람은 없다. 우리는 모든 것이 다 잘 되리라는 기대나 과학이 모든 것을 바로잡아 주리라는 희망을 품기보다는 회중주의 성직자들의 잘못된 추정으로부터 배워야 할 것이다. 눈을 꼭 감고 세상을 바라보기보다는 눈을 뜨고, 변화의 소극적 관찰자나 잠재적 피해자가 되는 대신 적극적으로 미래를 주도하며 실제 세상 속에서 살아갈 책임을 끌어안아야 한다.

---

3 Perry Miller, "The Insecurity of Nature," Dudleian Lecture for the Academic Year 1952-1953, Harvard University, Cambridge, MA, 36.

우리가 "세상을 바꾸는 일"을 어렵게 느낄 수도 있지만 우리 중 미래를 주도해야 하는 책임으로부터 자유로운 사람은 없다. 우리는 급속도로 변화하는 세상에서 헤드폰을 뒤집어쓴 채로 우리를 둘러싼 모든 일들을 무시함으로써 이런 책임에서 벗어나고 싶을 것이다. 또 근대 과학이 우리의 교사이자 안내자가 될 것이라고 자신을 설득하고 싶을 수도 있다. 하지만 불행하게도 이 두 가지 반응은 모두 불완전하며 효과적이지 않다. 도덕 추론의 임무는 미래를 구체화하는 데 참여해야 할 우리의 책임인 동시에 인간의 근본적인 책임이다. 이 책임을 꼭 받아들일 필요는 없지만, 받아들이지 않는다면 우리가 원치 않는 방식으로 상황이 풀려나갈 때 불평해선 안 된다. 근대 과학은 우리에게 지식과 능력을 제공할 뿐이며 이것이 어떻게 사용되어야 할지에 대한 안내서를 주지는 않는다.

어떤 종류의 사회를 만들어 갈 것이냐는 문제와 관련해서 우리는 아직 선택을 할 수 있는 순간에 살고 있다. i세계와 r세계는 전혀 다른 대안들을 제공한다. 근대 과학이 도덕적인 추론을 내려야 하는 임무로부터 우리를 해방시킬 수 있는 것처럼 우리는 계속해서 전진할 것인가, 아니면 두려움이나 확신을 감내하면서 우리의 길을 선택할 것인가? 우리는 숲을 빠져나와 i세계로 들어섰고 로버트 프로스트와 마찬가지로 그 길의 갈림길에 서 있다. 우리가 선택하는 방향이 모든 차이를 만들어낼 것이다. i세계로 향한 길을 계속 걸어갈 것인가, 아니면 무언가를 놓치고 있다는 사실을 깨닫고 r세계를 세워가기 위한 길을 선택할 것인가? 우리가 각자 물어야 할 질문은 이 두 가지 중 하나다.

시인들과 작사가들은 내 생각과 감정을 나보다 더 잘 표현해준다. 따라서 나는 프로콜 하럼이 쓴 「천로역정」의 가사를 전하면서 이 책을 마무리하고 싶다. 이 노래는 내가 걷고 있는 순례길의 본질을 잘 포착해낸다.

간단한 이야기 한 편을 쓰려고 자리에 앉았어
결국에는 한 편의 노래가 될 수도 있는 이야기를
어떻게 시작해야 할지 고심을 하고 있었는데
내가 품어왔던 생각들이 떠올랐어

처음에는 닻이 되고자 나의 무게를 쟀어
나를 여기저기 끌고 다녀줄 두려움도 끌어모았어
그때 나 자신의 망상을 똑똑히 보았어
나의 노력은 나를 더 꼼짝 못 하게 만들었어

처음에는 탐험을 떠날 생각이었어
그리고 가장 가까운 길로 발을 디뎠지
약속된 갈림길을 찾아 헤맸지만 허무하게도
내가 집에서 얼마나 멀어졌는지만 보였어

탐색 중 나는 배움의 길을 잃어버렸어
대신 해적의 금을 찾아 나섰지
싸움 중 나는 내게 중요한 사람들에게 상처를 줬어
아직도 내가 밝혀낸 숨은 진리는 없어

간단한 이야기 한 편을 쓰려고 자리에 앉았어

결국에는 한 편의 노래가 될 수도 있는 이야기를

모든 단어들은 이전에 누군가 사용한 것들이었어

우리는 번갈아 가며 이들을 전해주려 노력한 거야

오, 우리는 번갈아 가며 이들을 전해주려 노력한 거야[4]

---

4   Procol Harum, "Pilgrim's Progress," *A Salty Dog* (A&M, 1969).

참고 문헌

Amaechi, John. "John Amaechi Busts Out." *ESPN the Magazine*, February 26, 2007, 68-74

Aristotle. *Nicomachean Ethics*. Translated by Terence Irwin. Indianapolis: Hackett, 1985.

Ash, Christopher. *Marriage: Sex in the Service of God*. Vancouver: Regent College Publishing, 2003.

Atkins, Anne. *Split Image: Male and Female after God's Likeness*. Grand Rapids: Eerdmans, 1987.

Bahnsen, Greg L. *Homosexuality: A Biblical View*. Grand Rapids: Baker Books, 1978.

Bainton, Roland H. *What Christianity Says about Sex, Love and Marriage*. New York: Association Press, 1957.

Barger, Lilian Calles. *Eve's Revenge: Women and a Spirituality of the Body*. Grand Rapids: Brazos, 2003. 『예수처럼 생각하라』(사랑플러스 역간).

Barna, George. *Revolution*. Carol Stream, IL: Tyndale House, 2005.

_____. *Think Like Jesus: Make the Right Decision Every Time*. Nashville: Integrity Publishers, 2003.

Barna Group. "American Lifestyles Mix Compassion and Self-Oriented Behavior." *Barna Update*. February 5, 2007. www.barna.org/FlexPage.aspx?Page=BarnaUpdateNarrow&BarnaUpdateID=264.

_____. "Born Again Christians Just As Likely to Divorce As Are Non-Christians." *Barna Update*. September 8, 2004. www.barna.org/FlexPage.aspx?Page=Barna UpdateNarrow&BarnaUpdateID=170.

_____. "A New Generation of Adults Bends Moral and Sexual Rules to Their

Liking." *Barna Update*. October 31, 2006. http://www.barna.org/FlexPage. aspx?Page=BarnaUpdate&BarnaUpdateID=249.

Barnett, Rosalind, and Caryl Rivers. *Same Difference: How Gender Myths Are Hurting Our Relationships, Our Children, and Our Jobs*. New York: Basic Books, 2004.

Barrow, John. *Theories of Everything*. Oxford: Oxford University Press, 1991.

Baum, Frank. *The Wizard of Oz*. Screenplay by Noel Langley, Florence Ryerson, and Edgar Allan Woolf. Loew's Incorporated, 1939.

Beall, Anne E., and Robert J. Sternberg, eds. *The Psychology of Gender*. New York: Guilford Press, 1993.

Becker, Carl L. *The Heavenly City of the Eighteenth Century Philosophers*. New Haven: Yale University Press, 1932.

Bellah, Robert N., Richard Madsen, William M. Sullivan, Ann Swidler, and Steven M. Tipton. *The Good Society*. New York: Vintage Books, 1992.

_____. *Habits of the Heart: Individualism and Commitment in American Life*. Berkeley: University of California Press, 1985.

Blackburn, Simon. *Truth: A Guide*. Oxford: Oxford University Press, 2005.

Blankenhorn, David. *The Future of Marriage*. New York: Encounter Books, 2007.

Bloom, Allan. *The Republic of Plato*. 2nd ed. New York: Basic Books, 1991.

Boswell, John. *Christianity, Social Tolerance, and Homosexuality*. Chicago: University of Chicago, 1980.

_____. *Same-Sex Unions in Premodern Europe*. New York: Villard Books, 1994.

Brandon, Guy. *Just Sex? Why It's Never Just Sex*. Nottingham, UK: Inter-Varsity, 2009.

Brown, Montague. *Restoration of Reason: The Eclipse and Recovery of Truth, Goodness, and Beauty*. Grand Rapids: Baker Academic, 2006.

Browning, Don S., M. Christian Green, and John Witte Jr., eds. *Sex, Marriage, and Family in World Religions*. New York: Columbia University Press, 2006.

Burke, Edmund. *Reflections on the Revolution in France*. Edited by J. G. A. Pocock. Indianapolis: Hackett, 1987.

Burnside, Jonathan. *God, Justice and Society*. Unpublished manuscript.

Burton, Simon. *The Causes of Homosexuality*. Cambridge, UK: Jubilee Centre, 2006.

Cere, Dan. *The Future of Family Law: Law and Marriage Crisis in North America*. A Report from the Council on Family Law. New York: Institute for American Values, 2005.

Chesterton, G. K. *Orthodoxy*. Garden City, NY: Image Books, 1959. 『G. K. 체스터턴의 정통』(아바서원 역간).

_____. *What's Wrong with the World*. New York: Dodd, Mead, 1927.

Comiskey, Andrew. *Strength in Weakness: Healing Sexual and Relational Brokenness*. Downers Grove, IL: InterVarsity, 2003.

Crompton, Louis. *Homosexuality and Civilization*. Cambridge, MA: Belknap Press of Harvard University Press, 2003.

Dallas, Joe. *A Strong Delusion: Confronting the "Gay Christian" Movement*. Eugene, OR: Harvest House, 1996.

Davies, Bob, and Lori Rentzel. *Coming Out of Homosexuality: New Freedom for Men and Women*. Downers Grove, IL: InterVarsity, 1993.

"Dutch 'marriage': 1 man, 2 women: Trio becomes 1st officially to tie the knots." *World Net Daily*, September 30, 2005. www.worldnetdaily.com/news/article.asp?ARTICLE_ID=46583.

Edgar, Brian, and Gordon Preece, eds. *Whose Homosexuality? Which Authority? Homosexual Practice, Marriage, Ordination and the Church*. Adelaide, Australia: ATF, 2006.

Edsall, Nicholas C. *Toward Stonewall: Homosexuality and Society in the Modern Western World*. Charlottesville: University of Virginia Press, 2003.

Elshtain, Jean Bethke. *Public Man, Private Woman: Women in Social and Politica Thought*. Princeton, NJ: Princeton University Press, 1981.

Eskridge, William N., and Darren R. Spedale. *Gay Marriage: For Better or for Worse: What We've Learned from the Evidence*. Oxford: Oxford University Press, 2006.

Fausto-Sterling, Anne. *Sexing the Body: Gender Politics and the Construction of Sexuality*. New York: Basic Books, 2000.

"4% Fall in UK Marriages." National Statistics. www.statistics.gov.uk/CCI/nugget.asp?ID=322.

Fox-Genovese, Elizabeth. *Marriage: The Dream That Refuses to Die*. Wilmington,

DE: ISI Books, 2008.

Frost, Robert. "The Road Not Taken." In *Mountain Interval.* New York: H. Holt, 1916.

Gagnon, Robert A. J. *The Bible and Homosexual Practice: Texts and Hermeneutics.* Nashville: Abingdon, 2001.

"Gay Marriage." Pew Forum on Religion and Public Life. http://pewforum.org/gay-marriage.

George, Robert P. *The Clash of Orthodoxies: Law, Religion, and Morality in Crisis.* Wilmington, DE: ISI Books, 2001.

George, Robert P., and Jean Bethke Elshtain, eds. *The Meaning of Marriage: Family, State, Market, and Morals.* Dallas: Spence, 2006.

Giddens, Anthony. *Modernity and Self-Identity: Self and Society in the Late Modern Age.* Stanford, CA: Stanford University Press, 1991.

Grant, Michael, trans. *Tacitus: The Annals of Imperial Rome.* Rev. ed. London: Penguin Books, 1971.

Greenberg, David F. *The Construction of Homosexuality.* Chicago: University of Chicago Press, 1988.

Hamer, Dean, and Peter Copeland. *The Science of Desire: The Search for the Gay Gene and the Biology of Behavior.* New York: Simon & Schuster, 1994.

Hanigan, James P. *Homosexuality: The Test Case for Christian Sexual Ethics.* New York: Paulist Press, 1988.

Hawthorne, Nathaniel. *The Celestial Rail-Road.* Washington DC: Trinity Forum Reading, 2003.

Hays, Richard B. *The Moral Vision of the New Testament: A Contemporary Introduction to New Testament Ethics.* San Francisco: HarperSanFrancisco, 1996.

Heimbach, Daniel R. *True Sexual Morality: Recovering Biblical Standards for a Culture in Crisis.* Wheaton: Crossway Books, 2004.

Helminiak, Daniel A. *What the Bible Really Says about Homosexuality.* San Francisco: Alamo Square Press, 1995.

Hopfl, Harro. *The Christian Polity of John Calvin.* Edited by Maurice Cowling, G. R. Elton, E. Kedourie, J. G. A. Pocock, J. R. Pole, and Walter Ulmann.

Cambridge, UK: Cambridge University Press, 1982.

Hume, David. *A Treatise of Human Nature*. 2nd ed. Edited by L. A. Selby-Bigge and P. H. Nidditch. Oxford: Clarendon, 1978.

Hymowitz, Kay S. *Marriage and Caste in America: Separate and Unequal Families in a Post-Marital Age*. Chicago: Ivan R. Dee, 2006.

"An Illegitimate Argument." *Spectator*, December 12, 2007. www.spectator.co.uk/coffeehouse/399431/an-illegitimate-argument.thtml.

Instone-Brewer, David. *Divorce and Remarriage in the Bible: The Social and Literary Context*. Grand Rapids: Eerdmans, 2002.

Jaki, Stanley L. *Bible and Science*. Front Royal, VA: Christendom, 1996.

James, Carolyn Custis. *Lost Women of the Bible: Finding Strength and Significance through Their Stories*. Grand Rapids: Zondervan, 2005.

———. *When Life and Beliefs Collide: How Knowing God Makes a Difference*. Grand Rapids: Zondervan, 2001.

Jefferson, Thomas. *The Life and Morals of Jesus of Nazareth: Extracted Textually from the Gospels, Together with a Comparison of His Doctrines with Those of Others*. St. Louis: N. D. Thompson, 1902.

———. *Selected Writings*. Edited by Harvey C. Mansfield Jr. 1979. Reprint, Arlington Heights, IL: Harlan Davidson, 1987.

Jones, E. Michael. *Degenerate Moderns: Modernity as Rationalized Sexual Misbehavior*. San Francisco: Ignatius, 1993.

Jones, Stanton L., and Mark A. Yarhouse. *Ex-gays? A Longitudinal Study of Religiously Mediated Change in Sexual Orientation*. Downers Grove, IL: IVP Academic, 2007.

———. *Homosexuality: The Use of Scientific Research in the Church's Moral Debate*. Downers Grove, IL: InterVarsity, 2000.

Kinnaman, David, and Gabe Lyons. *UnChristian: What a New Generation Really Thinks about Christianity . . . and Why It Matters*. Grand Rapids: Baker Books, 2007.

Lewis, C. S. *The Abolition of Man; or, Reflections on Education with Special Reference to the Teaching of English in the Upper Forms of Schools*. New York: Macmillan, 1955. 『인간 폐지』(홍성사 역간).

_____. *The Four Loves.* New York: Harcourt Brace Jovanovich, 1960.

Lord, Charles. *Aristotle: The Politics.* Chicago: University of Chicago Press, 1984.

Lovelace, Richard F. *Dynamics of Spiritual Life: An Evangelical Theology of Renewal.* Downers Grove, IL: InterVarsity, 1979.

Machacek, David W., and Adrienne Fulco. "The Courts and Public Discourse: The Case of Gay Marriage." *Journal of Church and State* 46, no. 4 (2004): 767-86.

MacIntyre, Alasdair. *After Virtue: A Study in Moral Theory.* 2nd ed. Notre Dame, IN: University of Notre Dame Press, 1984. 『덕의 상실』(문예출판사 역간).

Marquardt, Elizabeth. "When 3 Really Is a Crowd." *New York Times,* July 16, 2007. www.nytimes.com/2007/07/16/opinion/16marquardt.html?adxnnl=1&adxnnlx=1185202864-E43yMY4/Iit5/TTsWQlPZA.

Marriage and the Law: A Statement of Principles; A Call to the Nation from Family and Legal Scholars. New York: Institute for American Values, 2006.

McCourt, James. *Queer Street: Rise and Fall of an American Culture, 1947-1985.* New York: W. W. Norton, 2004.

Mill, John Stuart. *On Liberty.* Edited by Elizabeth Rapaport. Indianapolis: Hackett, 1978.

_____. *Utilitarianism.* Indianapolis: Hackett, 1979.

Miller, Perry. "The Insecurity of Nature." Dudleian Lecture for the Academic Year 1952-1953, Harvard University, Cambridge, MA.

_____. "The Insecurity of Nature." In *Nature's Nation,* 121-33. Cambridge, MA: Harvard University Press, 1967.

Mitchell, R. B. *Castaway Kid: One Man's Search for Hope and Home.* Carol Stream, IL: Tyndale House, 2007.

National Association of Secretaries of State. "American Youth Attitudes on Politics, Citizenship, Government and Voting." *New Millennium Project,* part 1, 1999.

Nietzsche, Friedrich. *Beyond Good and Evil: Prelude to the Philosophy of the Future* Edited by Rolf-Peter Horstmann and Judith Norman. Cambridge, UK: Cambridge University Press, 2002.

_____. *The Will to Power.* Edited by Walter Kaufmann and R. J. Hollingdale. New

York: Vintage Books, 1967.

Nouwen, Henri J. M. *Life of the Beloved: Spiritual Living in a Secular World.* 10th anniversary ed. New York: Crossroad, 1992.

Nozick, Robert. *Anarchy, State, and Utopia.* New York: Basic Books, 1974.

O'Donovan, Oliver. *Resurrection and Moral Order: An Outline for Evangelical Ethics.* 2nd ed. Leicester, UK: Apollos, 1994.

Olson, David T. *The American Church in Crisis: Groundbreaking Research Based on a National Database of Over 200,000 Churches.* Grand Rapids: Zondervan, 2008.

Paine, Thomas. *Common Sense.* London: Penguin Books, 1986.

Pangle, Thomas, trans. *The Laws of Plato.* Chicago: University of Chicago Press, 1980.

Peck, M. Scott. *The Road Less Traveled: A New Psychology of Love, Traditional Values and Spiritual Growth.* New York: Touchstone, Simon & Schuster, 1978.

Peterson, David, ed. *Holiness and Sexuality: Homosexuality in a Biblical Context.* Carlisle, UK: Paternoster, 2004.

Phillips, Melanie. *The Sex-Change Society: Feminised Britain and the Neutered Male.* London: Social Market Foundation, 1999.

Pinello, Daniel R. *America's Struggle for Same-Sex Marriage.* Cambridge, UK: Cambridge University Press, 2006.

Pinker, Steven. *The Blank Slate: The Modern Denial of Human Nature.* New York: Viking, 2002.

Piper, John. *What's the Difference? Manhood and Womanhood Defined according to the Bible.* Wheaton: Crossway Books, 1990.

Piper, John, and Wayne Grudem, eds. *Recovering Biblical Manhood and Womanhood: A Response to Evangelical Feminism.* Wheaton: Crossway Books, 1991.

Pope John Paul II. *The Theology of the Body: Human Love in the Divine Plan.* Boston: Pauline Books and Media, 1997.

Popenoe, David. "Essay: The Future of Marriage in America." In *The State of Our Unions 2007: The Social Health of Marriage in America.* National Marriage Project at Rutgers State University, 2007. http://marriage.rutgers.edu/

Publications/SOOU/TEXTSOOU2007.htm.

Preece, Gordon. "(Homo)Sex and the City of God." *Interface* 9, nos. 1 and 2 (May and October 2006): 187-216.

Putnam, Robert D. *Bowling Alone: The Collapse and Revival of American Community.* New York: Simon & Schuster, 2000.

Rauch, Jonathan. *Gay Marriage: Why It Is Good for Gays, Good for Straights, and Good for America.* New York: Owl Books, Henry Holt, 2004.

Rawls, John. *A Theory of Justice.* Rev. ed. Cambridge, MA: Belknap Press of Harvard University Press, 1999.

Regnerus, Mark D. *Forbidden Fruit: Sex and Religion in the Lives of American Teenagers.* Oxford: Oxford University Press, 2007.

"Resolution in Support of Equal Marriage Rights for All for General Synod 25 of the United Church of Christ." United Church of Christ. www.ucc.org/synod/ resolutions/RESOLUTION-IN-SUPPORT-OF-EQUAL-MARRIAGE-RIGHTSFOR-ALL-FOR-GENERAL-SYNOD-25.pdf.

Ridgeway, Stephan. "Sexuality and Modernity: The Sexual Revolution of the 60s." Annadale, Australia: Isis Creations, 1997. www.isis.aust.com/stephan/ writings/sexuality/revo.htm.

Rimmerman, Craig A. *From Identity to Politics: The Lesbian and Gay Movements in the United States.* Philadelphia: Temple University Press, 2002.

Rogers, Jack. *Jesus, the Bible, and Homosexuality: Explode the Myths, Heal the Church.* Louisville: Westminster John Knox, 2006. 『예수, 성경, 동성애』(한국기독교연구소 역간).

Saltzman, Russell E., ed. *Christian Sexuality: Normative and Pastoral Principles.* Minneapolis: Kirk House, 2002.

"Same-Sex Unions and Civil Unions." Ontario Consultants on Religious Tolerance. www.religioustolerance.org/hom_marp.htm.

Sarup, Madan. *An Introductory Guide to Post-structuralism and Postmodernism.* 2nd ed. Athens: University of Georgia Press, 1988.

Satinover, Jeffrey. *Homosexuality and the Politics of Truth.* Grand Rapids: Baker Academic, 1996.

Schluter, Michael, and John Ashcroft, eds. *Jubilee Manifesto: A Framework, Agenda and Strategy for Christian Social Reform*. Leicester, UK: Inter-Varsity, 2005.

Schluter, Michael, and Cambridge Papers Group. *Christianity in a Changing World: Biblical Insight on Contemporary Issues*. London: Marshall Pickering, 2000.

Schluter, Michael, and Roy Clements. "Reactivating the Extended Family: From Biblical Norms to Public Policy in Britain." Jubilee Centre, paper no. 1, 1986.

Schluter, Michael, and David Lee. *The R Factor*. London: Hodder and Stoughton, 1993.

_____. *The R Option: Building Relationships as a Better Way of Life*. Cambridge, UK: Relationships Foundation, 2003.

Schmidt, Thomas E. *Straight and Narrow: Compassion and Clarity in the Homosexuality Debate*. Downers Grove, IL: InterVarsity, 1995.

Schumacher, E. F. *A Guide for the Perplexed*. New York: Harper and Row, 1977.

Shalit, Wendy. *A Return to Modesty: Discovering the Lost Virtue*. New York: Touchstone Books, Simon & Schuster, 1999.

Sider, Ronald J. *The Scandal of the Evangelical Conscience: Why Are Christians Living Just Like the Rest of the World?* Grand Rapids: Baker Academic, 2005.

Siegel, Daniel J. *The Developing Mind: Toward a Neurobiology of Interpersonal Experience*. New York: Guilford Press, 1999.

Smith, James K. A. *Who's Afraid of Postmodernism? Taking Derrida, Lyotard, and Foucault to Church*. Grand Rapids: Baker Academic, 2006.

Spaeth, Harold J., ed. *The Predicament of Modern Politics*. Detroit: University of Detroit Press, 1964.

Storey, John. *An Introductory Guide to Cultural Theory and Popular Culture*. Athens: University of Georgia Press, 1993.

Storkey, Elaine. *The Search for Intimacy*. Grand Rapids: Eerdmans, 1995.

Stott, John. *Homosexual Partnerships? Why Same-Sex Relationships Are Not a Christian Option*. Downers Grove, IL: InterVarsity, 1987.

Strauss, Leo. "The Crisis of Our Time." In *The Predicament of Modern Politics*, 41-53. Edited by Harold J. Spaeth. Detroit: University of Detroit Press, 1964.

Sullivan, Andrew, ed. *Same-Sex Marriage: Pro and Con; A Reader*. Rev. ed. New York: Vintage Books, 2004.

_____. *Virtually Normal: An Argument about Homosexuality.* New York: Vintage Books, 1995.

"A Symposium on the Politics of Same-Sex Marriage." *PS: Political Science and Politics* 38, no. 2 (2005): 189-239.

Tanner, Lindsay. *Crowded Lives.* Melbourne, Australia: Pluto, 2003.

Taylor, Charles, K. Anthony Appiah, Jurgen Habermas, Steven C. Rockefeller, Michael Walzer, and Susan Wolf. *Multiculturalism: Examining the Politics of Recognition.* Edited by Amy Gutmann. Princeton, NJ: Princeton University Press, 1994.

"30 Day Sex Challenge Guide." February 17-arch 16, 2008. www.youtube.com/watch?v=MOr09AI7Rfk. Additional information is available at http://relevantchurch.com.

Thompson, Chad W. *Loving Homosexuals as Jesus Would: A Fresh Christian Approach.* Grand Rapids: Brazos, 2004.

Tinder, Glenn. *The Political Meaning of Christianity: The Prophetic Stance.* San Francisco: HarperCollins, 1991.

Tipton, Steven M., and John Witte Jr., eds. *Family Transformed: Religion, Values, and Society in American Life.* Washington DC: Georgetown University Press, 2005.

Tocqueville, Alexis de. *Democracy in America.* 2 vols. Edited by Phillips Bradley. New York: Vintage Books, 1990.

Tripp, C. A. *The Homosexual Matrix.* New York: McGraw-Hill, 1975.

"An Unexpected Tragedy: Evidence for the Connection between Working Patterns and Family Breakdown in Australia." Relationships Forum, 2007. www.relationshipsforum.org.au/report/index.html#ut_download.

Van Domelan, Bob. *The Church, the Sex Offender, and Reconciliation.* Resource Series: Church and Theology. n.p.: Exodus International-North America, n.d.

Van Leeuwen, Mary Stewart. *Gender and Grace: Love, Work and Parenting in a Changing World.* Downers Grove, IL: InterVarsity, 1990.

Vernon, Mark. *The Philosophy of Friendship.* New York: Palgrave Macmillan, 2005.

Via, Dan O., and Robert A. Gagnon. *Homosexuality and the Bible: Two Views.*

Minneapolis: Fortress, 2003.

Voltaire. *Candide or Optimism*. Edited by Norman L. Torrey. Northbrook, IL: AHM Publishing, 1946.

Wardle, Lynn D., Mark Strasser, William C. Duncan, and David Orgon Coolidge, eds. *Marriage and Same-Sex Unions: A Debate*. Westport, CT: Praeger, 2003.

Wells, David F. *God in the Wasteland*. Grand Rapids: Eerdmans, 1994.

_____. *No Place for Truth, or, Whatever Happened to Evangelical Theology?* Leicester, UK: Inter-Varsity, 1993.

West, Christopher. *Introduction to Theology of the Body*. 4 CD-ROMs. West Chester, PA: Ascension, 2004.

_____. *Introduction to Theology of the Body: Discovering God's Glorious Plan for Your Life*. An Adult Faith Formation Study Guide. West Chester, PA: Ascension, 2003.

_____. *Theology of the Body for Beginners: A Basic Introduction to Pope John Paul II's Sexual Revolution*. West Chester, PA: Ascension, 2004.

White, Heath. *Postmodernism 101: A First Course for the Curious Christian*. Grand Rapids: Brazos, 2006.

"Why Fireman Sperm Donor MUST Pay to Raise Our Children, by Lesbian Mother." Mail Online, November 4, 2008. www.dailymail.co.uk/news/article-499342/Why-fireman-sperm-donor-MUST-pay-raise-children-lesbian-mother.html.

Why Marriage Matters: Twenty-Six Conclusions from the Social Sciences. 2nd ed. A report from Family Scholars. New York: Institute for American Values, 2005.

Wilson, James Q. *The Marriage Problem: How Our Culture Has Weakened Families*. New York: HarperCollins, 2002.

Wilson, Robin Fretwell, ed. *Reconceiving the Family: Critique on the American Law Institute's Principles of the Law of Family Dissolution*. Cambridge, UK: Cambridge University Press, 2006.

Winner, Lauren F. *Real Sex: The Naked Truth about Chastity*. Grand Rapids: Brazos, 2005.

Wolfs, Frank. "Introduction to the Scientific Method." http://teacher.pas.rochester.

edu/phy_labs/AppendixE/AppendixE.html.

Wolfson, Evan. *Why Marriage Matters: America, Equality, and Gay People's Right to Marry.* New York: Simon & Schuster, 2004.

참고 음반 목록

이 책에 언급된 노래 대부분은 iTunes iMix list(http://tinyurl.com/dh6scj)에서 감상할 수 있다.

Bazilian, Eric. "One of Us." Recorded by Joan Osborne on *Relish*. Compact disc. Mercury Records, 1995.

Bono. "A Man and a Woman." *How to Dismantle an Atomic Bomb*. U2. Compact disc. Island Records, 2004.

_____. *U2 Go Home: Live from Slane Castle, Ireland*. DVD. Interscope Records, 2003.

Bono with The Edge. "Vertigo." *How to Dismantle an Atomic Bomb*. U2. Compact disc. Island Records, 2004.

Bonoff, Karla. "Someone to Lay Down Beside Me." *Karla Bonoff*. Compact disc. Sky Harbor Music, 1976.

Chapin, Harry, and Sandy Chapin. "Cat's in the Cradle." *Verities and Balderdash*. Compact disc. Elektra Records, 1974.

Crimes and Misdemeanors. DVD. Directed by Woody Allen. Produced by Robert Greenhut. New York: Orion Pictures, 1989.

Dada. "Puzzle." *Puzzle*. Compact disc. Blue Cave Records, 1992.

The Doobie Brothers. *What Were Once Vices Are Now Habits*. Compact disc. Warner Brothers Records, 1974.

Extreme. "Hole Hearted." *Pornograffitti*. Compact disc. A&M, 1990.

Jagger, Mick, and Keith Richards. "(I Can't Get No) Satisfaction." *Out of Our Heads*. Compact disc. Rolling Stones. Decca, 1965.

Joseph, Martyn, and Stewart Henderson. "Whoever It Was That Brought Me Here

Will Have to Take Me Home." *Whoever It Was That Brought Me Here Will Have to Take Me Home.* Compact disc. Pipe Records, 2003.

The Matrix. DVD. Directed by Andy Wachowski and Larry Wachowski. Warner Brothers Pictures, 1999.

McCartney, Paul. "The End." *Abbey Road.* The Beatles. Compact disc. Apple Records, 1969.

Mitchell, Joni. "Woodstock." *Ladies of the Canyon.* Compact disc. Warner Brothers Records, 1970.

Nash, Graham. "Chicago." *Songs for Beginners.* Compact disc. Atlantic Records, 1971.

Procol Harum. "Pilgrim's Progress." *A Salty Dog.* Compact disc. A&M, 1969.

Roland, Ed, and Ross Childress. "The World I Know." *Collective Soul.* Compact disc. Atlantic Records, 1995.

Stewart, Rod. "Every Picture Tells a Story." *Every Picture Tells a Story.* Compact disc. Mercury Records, 1971.

Stills, Stephen. *Love the One You're With.* Compact disc. Atlantic Records, 1970.

Talking Heads. "Once in a Lifetime." *Remain in Light.* Compact disc. Sire Records, 1980.

Townsend, Pete. "The Real Me." *Quadrophenia.* The Who. Compact disc. Track Polydor, 1973.

이 책에 관해 더 많은 정보가 필요하다면

www.therworld.com을 방문하라

학습 참고 자료는

www.bakeracademic.com/sexandtheiworld 홈페이지의

Resources(자료실)에서 다운받을 수 있다.

i세계의 섹스를 넘어서
개인주의 시대 이후의 관계를 다시 생각하다

Copyright ⓒ 새물결플러스 2022

1쇄 발행 2022년 1월 10일

지은이 데일 S. 큐엔
옮긴이 장혜영
펴낸이 김요한
펴낸곳 새물결플러스

편 집 왕희광 정인철 노재현 한바울 정혜인
　　　　 이형일 나유영 노동래 최호연
디자인 박인미 황진주 김은경
마케팅 박성민 이원혁
총 무 김명화 이성순
영 상 최정호 곽상원
아카데미 차상희

홈페이지 www.holywaveplus.com
이메일 hwpbooks@hwpbooks.com
출판등록 2008년 8월 21일 제2008-24호
주 소 (우) 04118 서울시 마포구 마포대로19길 33
전 화 02) 2652-3161
팩 스 02) 2652-3191

ISBN 979-11-6129-228-1 03230

책값은 뒤표지에 있습니다.